U0907733

丛书主编 曾天山 陈才明

G20

国家教育研究丛书

英国基础教育

李建民 著

图书在版编目(CIP)数据

英国基础教育/李建民著. --上海:同济大学出版社,2015.8

(G20 国家教育研究丛书/曾天山,陈才明主编. 第1卷,基础教育卷)

ISBN 978-7-5608-5932-3

Ⅰ.①英… Ⅱ.①李… Ⅲ.①基础教育—研究—英国 Ⅳ.①G639.561

中国版本图书馆 CIP 数据核字(2015)第 182297 号

G20 国家教育研究丛书

英国基础教育

李建民 著

责任编辑 陈佳蔚 **责任校对** 徐春莲 **封面设计** 王国樑 **出版策划** 曹 建

出版发行 同济大学出版社 www.tongjipress.com.cn
(上海市四平路 1239 号 邮编 200092 电话 021-65985622)
经　　销 全国各地新华书店
印　　刷 大厂回族自治县祁各庄乡冯兰庄兴源印刷厂
开　　本 710 mm×1 000 mm 1/16
印　　张 16.5
字　　数 330 000
印　　数 5 001—8 000
版　　次 2015 年 8 月第 1 版 2019 年 3 月第 2 次印刷
书　　号 ISBN 978-7-5608-5932-3
定　　价 74.00 元

G20 国家教育研究丛书
基础教育编委会

丛书主编

曾天山　　陈才明

执行主编

王　素　　朱维炳

分册主编

（按姓氏笔画为序）

冯俊华　　刘定鸣　　朱俊红　　肖　京
杨　明　　郑武天　　郭晋保　　徐钦福
徐晓蓉　　曹　岩　　喻　进

特约编辑

（按姓氏笔画为序）

计　琳　　宋旭辉　　沈勉荣　　张国强
陆志丰　　顾晓寒

视觉设计

王国樑

统　筹

陈征峰　　顾根荣　　谢　震　　郑　伟

资　助

上海文帆教育科技发展有限公司

序

“G20国家教育研究”丛书已经部分出版了，这套丛书由基础教育、大学教育、职业教育及幼儿教育四卷组成，已经出版的是“基础教育卷”部分，是一套分量不轻的丛书。

这套丛书首先引起我关注的是研究对象。从国内外来看，把G20国家的教育作为研究课题，将世界教育的发展情况进行系统的、全面的、集中的比较研究的丛书，目前尚未发现。G20，即20国集团，由美、俄、英、法、德、日本、意大利、加拿大8个发达国家，加上中国、阿根廷、澳大利亚、巴西、印度、印度尼西亚、墨西哥、沙特阿拉伯、南非、韩国、土耳其11个新兴工业国家以及欧盟组成。G20总人口约40亿，GDP占全球经济的90%，贸易额占全球的80%。G20教育发展的情况，一定程度上代表了世界教育的发展趋势和方向。其发展过程中的得与失，可为中国的教育改革向纵深发展提供可资借鉴的经验。由此可以说，出版发行这样一套书很有必要，也应该关注。

这套丛书的构思，不拘泥于国别的研究，它把国别教育的变革与发展放在全球化、信息化的大背景下展开，并与国际教育潮流有机地结合起来，使本丛书具有21世纪的时代特征。

从国别教育(基础教育部分)所写的内容来看，是比较丰富多彩的。它既有史诗般的展开，又有现实改革中的各种举措；既有各国改革的共同关注方面，又有各国在改革中的重点、特点和亮点。编写的内容比较全面、系统，涵盖了招生考试制度的改革、学校管理、教师队伍的建设、课程设置和教育装备等诸多方面。

其次，编写基础教育部分的作者是中国教育科学研究院和部分高等院校的中青年理论研究者，他们都在所著书的国家生活、学习、工作过，了解、熟悉编写所在国的基础教育的状况及发展趋势。这是一件可喜的事情，我国教育理论队伍亟须不断壮大并注入新鲜血液，需要大量的新生力量参与，才会显得更有朝气、更有活力。我衷心希望这支队伍能真正成为有战斗力的教育理论队伍中的生力军。

第三，引起我关注的是此丛书可资借鉴的积极意义。当前，教育资源在全球进行配置，教育要素在全球加速流动，世界各国教育相互影响、相互依存的程度不断提高，各国教育相互交流、相互竞争、相互包容、相互激荡，共同促进世界的繁荣和发展。各国在人才培训目标的确定、教育内容的选择以及教育手段和方法的采用等方面，不仅要满足来自本国、本土化的要求，而且还要适应国际间产业分工、贸易互补等经济、文化交流与合作的新形势。各国都想充分利用国内和国际两个教育市场，优化配置本国的教育资源和要素，抢占世界教育的制高点，培养出在国际上有竞争力的高素质人才，为本国的最高利益服务。

党的“十八大”以来，习近平总书记对教育工作作出了一系列重要论述，深刻阐明了新时期我国教育改革发展的重大理论和实践问题，丰富发展了中国特色社会主义教育理论，这是推进教育事业改革发展的强大思想武器。这些重要论述揭示了教育的本质属性，阐明了教育在实现中国梦伟大征程中的重要作用和战略地位。

中国自古以来就是一个教育大国，先人为我们留下了极其丰富的办学、治学遗产，我们一定要把扎根于祖国大地的这份遗产中最精华部分传承、发扬、光大。只有坚持从历史走向未来，从延续民族文化血脉中开拓前进，才能做好今天的事业。

然而，要坚守传承民族教育文化精华，还必须要有国际视野。所以，我们必须坚持改革开放。深化教育改革要有全球的视野，海纳百川，兼收并蓄，吸收国际先进经验，为我所用，推动我国教育事业健康发展。当今世界各国无不把教育改革与创新作为应对时代挑战和提高竞争力的重要举措，“提高质量，促进公平，推动发展”已成为许多国家教育改革的共同主题。在各国教育发展过程中，没有哪国的教育发展不需要参考和借鉴其他国家的经验。为此，我们希望有一套丛书来全景式地展示世界各国教育的现状、改革举措和教育成果，为我们揭示世界教育的共同点,比较不同点,寻找各国教育改革得失的原因,提出可资借鉴的可行性建议,为我国教育工作者提供一套不出国门就能知晓全球教育的权威资料性丛书。我希望这套丛书能起到这个作用。

第四,此套丛书也是教师素养培训的好教材。如果说科教兴国是国家的基本国策,那么,教师就是教育事业之本。强国必强教,强教必强师,教育质量本质上是师资质量。一个庞大的教育体系,必须要有一支庞大且道德高尚、业务精良的教师队伍。因此,要加强教师的继续教育。在这里,我特别强调一点,要大力提倡教师多看书,多读书,阅读是教师职业的本能。有了教师大量的阅读,才能对学生进行"传道、授业、解惑"。尤其在今天这个知识不断更新的时代,更要不断吸收新营养,来充实自己。此套丛书可以拓展教师的眼界,为其教育、教学和科研工作提供可资借鉴的经验,吸收营养,加强理论修养,提高业务水平。中国知识分子历来有手不释卷的习惯,而现在很多年轻人却手不释"机"。我希望我们的教师能成为社会阅读的榜样,至少在学校里为学生做一个努力阅读的楷模。当然,我们所有的教育工作者都应该如此。

最后,我要感谢"G20 国家教育研究"丛书的策划者、组织者、编写者以及出版者,感谢他们经过数年潜心研究,为我国基础教育推进国际化进程,融入全球化,加强国际教育文化交流,奉献了这样一套有时代意义的丛书。

郝　平

(作者为教育部副部长)

Brief Summary of 'Basic Education in the U. K.'

Currently, education in Britain is being confronted with unprecedented challenges and opportunities brought about by economic globalization and knowledge-driven economy. Education has become something vital to help the economy survive in the 21st century. Successful education should not only keep an eye on individual's needs, but also respond to the needs of the era and society for talents.

Focusing on the reform and development of British basic education in the 21st century, in particular the recent years, this book, on the basis of abundant data and materials and some major academic research results, makes a systematic analysis of basic education from various aspects including historical development, educational system, curriculum, educational quality, teachers' development, school management, and character education.

This book has eight chapters. Following the basic historical development of basic education, Chapter I talks of the general situation, especially its diversity, quality and equality so as to give readers a full picture. Chapter II analyzes the basic education administration from the perspective of the school system. Chapter III pays attention to curricula and textbooks. Focusing on the newly published 2014 *National Curriculum*, this section reviews curricula in the past and forecasts those in the future in a bid to help readers better understand the "soul" of British basic education. Chapter IV turns to educational quality testing and evaluation and analyzes different kinds of educational quality supervision, school evaluation and student evaluation. Chapter V tells of the cultivation of teachers for primary and secondary schools and relevant in-service training mechanisms and curricula, revealing the integrated features of pre-service cultivation and in-service training. Besides, this section also mentions the withdrawal mechanism of primary and secondary school teachers. Chapter VI discusses the system of boards of directors, professional standards for headmaster, teacher and student management, social participation in primary and secondary schools from the perspectives of management mechanism and content. After reviewing the development course of character education, Chapter VII introduces the targets, contents, and problems of character education. Focusing on the characteristics and highlights of British basic education, Chapter VIII analyzes the strict and flexible entrance examination system, public education aiming to cultivate elites, and the rich and varied social education resources.

目录

序

引言 /1

第一章　英国基础教育发展概况 /6

第一节　英国基础教育历史沿革 /7

一、英国国民教育制度的诞生与确立(截至 1944 年) /7

二、战后重建与福利国家时代的稳步发展(1944—1979) /15

三、撒切尔主义下基础教育动荡改革时代(1979—1997) /18

四、第三条道路下的英国基础教育发展(1997—2010) /20

第二节　英国基础教育发展现状 /23

一、趋于多样化的英国基础教育 /23

二、教育质量稳步提升 /28

三、教育投入成财政的重中之重 /32

四、教育公平强调基线提升 /34

五、英国学生在国际测试中的表现 /35

第三节　英国基础教育的发展方向 /37

一、继续推进国家课程改革 /38

二、重视 16—19 岁青少年教育与培训 /39

三、关注学生教育需求 /39

第二章 英国基础教育制度及结构 / 41

第一节 英国学制体系简介 / 42

一、英国现行学制结构 / 42

二、多样综合的英国中小学校 / 47

三、英国中小学的考试与证书制度 / 51

第二节 英国基础教育管理 / 54

一、中央与地方合作式教育管理机制 / 54

二、英国基础教育财政管理 / 57

三、英国基础教育人事管理 / 60

四、英国的教育督导制度 / 63

第三章 英国基础教育课程与教材 / 68

第一节 英国基础教育课程的演变 / 69

一、战后中小学课程改革 / 69

二、20 世纪六七十年代的课程改革 / 71

三、1988 年国家统一课程改革 / 74

四、20 世纪 90 年代以来对国家课程改革的“修补” / 76

第二节 英国基础教育的课程设置 / 80

一、2014 国家课程的主要内容 / 80

二、英国初等教育的课程设置 / 84

三、英国中等教育的课程设置 / 90

第三节 英国基础教育的教材制度 / 94

一、中小学教材的编写和发行 / 94

二、中小学教材的选择和使用 / 95

三、中小学教材选用案例 / 96

第四章　英国基础教育质量监测与评价 / 99

第一节　英国基础教育质量监测 / 100

一、英国教育督导官方监控 / 100

二、英国基础教育质量的半官方监控 / 112

三、基础教育质量的第三方监控 / 119

第二节　英国基础教育评价体系 / 119

一、强调发展的学校评价 / 119

二、分级实施的学生评价 / 123

第五章　英国基础教育教师发展 / 127

第一节　英国中小学教师的职前培养 / 128

一、中小学教师职前培养的目标与要求 / 128

二、中小学教师职前培养的路径与机构 / 130

三、中小学教师教育课程 / 135

第二节　英国中小学的教师资格 / 142

一、中小学教师专业标准 / 142

二、中小学教师资格的审定 / 148

三、中小学教师的聘用 / 149

第三节　英国中小学教师的在职发展 / 151

一、新合格教师入职培训 / 151

二、在岗教师的在职培训 / 152

第四节　英国中小学教师的退出机制 / 155

一、英国中小学教师退出机制的依据 / 155

二、英国中小学教师退出机制的运作 / 156

第六章　英国中小学校的管理 / 160

第一节　英国中小学的管理机制 / 161

一、学校董事会制度 /161
二、中小学校校长专业标准及任用 /169
第二节 英国中小学管理的内容 /175
一、中小学教师的岗位管理与评价 /175
二、中小学校的学生管理 /178
三、中小学校的课程管理 /182
四、中小学校的财务管理 /183
第三节 英国中小学管理中的社会参与 /184
一、社会参与学校管理的机制 /184
二、新型学校的创办 /186
三、社会参与学校管理的影响 /187

第七章 英国中小学的品格教育 /189
第一节 品格教育的发展历程 /190
一、品格教育的初步发展 /190
二、品格教育的转向 /191
三、品格教育的回归 /192
第二节 品格教育的目标 /194
第三节 品格教育的主要内容 /196
一、学校课程 /197
二、课外活动 /203
第四节 品格教育面临的问题与挑战 /204

第八章 英国基础教育的亮点 /207
第一节 严格而灵活的升学考试制度 /208
一、"小升初"考试 /208
二、初中升高中考试 /209

三、大学入学考试 /210
第二节 培育精英的公学教育 /215
一、公学的历史演变 /215
二、公学的发展现状 /218
三、公学教育的特色 /220
第三节 社会教育资源的渗透与补充 /224
一、社会教育资源的类型 /224
二、社会教育资源的作用 /227

附录 /231
一、英国学制图(英格兰) /231
二、英国著名教育家选介 /231
三、英国教育法律体系简介 /242

后记 /245

引言

作为老牌资本主义国家,英国教育广受关注。公元6世纪英国基础教育诞生之后,教育的场所从家庭不断向修道院拓展。与家庭中的教育不同,在修道院所开展的教育更多关注宗教信徒的培养,以及向各类人群传播宗教教义。开办学校逐渐成为教会完成传教使命的重要手段,这也为教育发展奠定了强大的财政基础,逐渐发展出"七艺"的学习内容。到中世纪,英国封建化进程加速,学校开始分化,除了教会支持下的学校,还出现了文法学校、唱诗学校、施济学校等多种类型的学校,世俗力量开始撬动教会在教育领域的权威,激发了自由教育理念的生长,法律、医学及神学等专业初露头角。

1640年,英国在世界上首先爆发了资产阶级革命,1688年的"光荣革命"进一步助推英国君主立宪制的确立,加速了圈地运动的进程,为英国工业革命储备重要制度和生产等要素。18世纪下半叶,工业革命首先在英国发生,机器生产代替手工劳动,家庭作坊向大机器工厂转型,生产力水平快速提升。同时,17—18世纪英格兰人口增长了110%,从411万人增加到866万人,圈地运动的加速使得更多的农业人口脱离土地,农业人口所占比例缩减了近一半。[1] 资本主义的种子在英国这块沃土上生根发芽,支持英国建立起所向披靡的海军,先后打败西班牙、荷兰和法国,成为海上霸主。一个又一个殖民地被纳入英国版图,英国国旗四处飘扬,形成庞大的"日不落帝国"。19世纪维多利亚时代,大英帝国迎来了发展的鼎盛时期,经济总量占全球的70%[2],出口贸易尤为突出。

---

〔1〕 黄宗智. 发展还是内卷? 十八世纪英国与中国——评彭慕兰《大分岔:欧洲,另及现代世界经济的发展》[J]. 历史研究,2002(4):149-176,191-192.

〔2〕 李以所. 现代国家治理:西方的经验和教训[J]. 领导科学,2014(17):6-8.

然而,经济、政治和军事上的成功并没有伴随以教育的繁荣。相反,与欧洲大陆国家相比,英国教育的发展相对落后,统一的国民教育体系直到19世纪后半期才开始逐渐建立起来。英国教育在18—19世纪弱势发展已经成为教育史研究者公认的事实,在这个时期,英国教育虽然显现了一定的进步,但总的来看仍然是高等教育发展缓慢、初等教育得不到重视、中等教育游离于政府视线之外。正如英国教育史家柯蒂斯(S. J. Gurtis)和博尔特伍德(M. E. A. Boultwood)所指出的:在已过去的时间里,"英国社会、政治和工业领域的变化是如此之大,几乎应该称之为'革命'了。但学校和大学却很少跟得上这种新的发展"。[1]尤其是在应对科技革命方面,远远落后于时代发展的需求,现代教育制度发展明显滞后。

那么,19世纪的英国教育与经济、社会发展的不协调原因何在?首先,英国在长期的发展过程中形成了自由主义传统,精神氛围相对宽容。这种自由主义、自由放任哲学不允许国家干预任何事情,为反对国家干预教育提供有力的理论支持。在自由主义信条的影响下,大部分中产阶级和贵族阶层、国教会等强烈反对国家办学。自由主义对国家控制的排斥不仅是一种政治哲学,而且几乎成了英国人的一种生活方式。[2] 19世纪英国科学和技术教育处于落后地位很大程度上也是受此影响。"英国政府在干涉、促进技术教育方面步履相当迟缓。造成这种迟缓的部分原因是对于技术教育的重要性有一种普遍的自满情绪,而这种自满是早期成功的工业革命的遗风之一,而工业革命似乎并不能归功于正规教育。"[3]第二,英国国家形成的特性使得教育发展相对滞后。17世纪,英国依靠强大的海军成就其海上霸权,通过建立殖民地不断攫取财富,并随后在教育缺位的状态下完成了第一次工业革命。18世纪英国几乎没有遭受军事冲突,这为英国资本主义发展提供了良好的外部环境。这样的强国崛起路径以及英国持久的繁盛使得英国政府和统治阶层危机意识淡薄,对民族性国家教育体系的追

〔1〕 单中惠.试析十九世纪英国科学教育与古典教育的论战[J].清华大学教育研究,2000(2):91-96.
〔2〕 易红郡.英国教育的文化阐释[M].上海:华东师范大学出版社,2009:272.
〔3〕 [英]安迪·格林.教育、全球化与民族国家[M].朱旭东,徐卫红,等译.北京:教育科学出版社,2004:82-83.

求意愿并不像欧洲大陆国家那样强烈。19 世纪之前，现代教育体制一直游离于政府职责的边缘或之外，尤其是科学技术教育。与欧洲大陆在职业学校中培养工匠和熟练工人的做法不同，英国认为工厂才是学习技术的唯一合适场所，致使英国在 19 世纪 70 年代之前未能建立起全日制国家技术学校体系[1]，职业教育明显落后。第三，英国固有的阶级社会关系也在一定程度上阻碍了英国现代教育体制的发展进程。19 世纪英国现代教育体制尚未建立之前，公立学校和文法学校等主要是为培养贵族和地主等上层阶级服务，遵循严格的阶级划分。处于优势地位的贵族和地主阶级无论是在政治或是经济上都享有较大的权力，在教育领域更是享有特权。现代教育体制的建立对于这些优势阶级来说，无疑等同于剥夺其特权，也必然会遭到贵族和地主等优势阶级的反对和阻挠。例如，1807 年教区学校法案建议政府在每个教区设立由国家管理的学校，但因贵族反对未能获得议会的通过；19 世纪前期国民教育的提案也往往以失败告终，这主要归结于英国贵族深刻的保守主义信念。

19 世纪下半叶英国现代教育制度发展的滞后明显满足不了随后英国政治、经济和社会发展的需求，也对英国国家发展的内在动力造成不利影响。19 世纪后半期技术的进步越来越依靠教育对科技人才的培养，而英国此前没有像其他国家那样建立起统一的国民教育体系，符合社会发展需求的人才培养明显不足。19 世纪末到 20 世纪初，英国经济发展放缓，而德国、美国等纷纷开始采用新技术与新设备，重点关注国内工业发展，提升生产力。一快一慢之间，英国在世界经济格局中的霸权地位逐渐被削弱。尽管如此，英国依然依靠掠夺殖民地、向殖民地大量输出资本，支撑起帝国主义的发展。

经过 20 世纪上半叶两次世界大战的洗礼，此前建立起来支撑大英帝国的殖民体系开始大面积瓦解，英国经济发展十分缓慢，被后起而上的美国、欧洲大陆国家等赶超并丧失了海上霸主的地位。第二次世界大战以来，为追赶美欧国家，英国在保守党和工党政权下几次调整教育改革方针。《1944 年教育法》提出了

[1] [英]安迪·格林. 教育、全球化与民族国家[M]. 朱旭东，徐卫红，等译. 北京：教育科学出版社，2004:57.

战后英国教育重建的总体规划，将义务教育划分为初等教育和中等教育两段，并历史性地将中等教育定位为衔接初等教育和继续教育的阶段，建立起连续的公共教育体系。在中等教育方面，围绕组织形态——三轨制还是单一的、多边性的还是综合性的，战后以来在保守党和工党的轮流执政的影响下争论不断，也使得战后英国基础教育发展跌宕起伏。相比之下，保守党更强调设置国家统一课程、实施国家统一考试扩大家长择校权利、实行学校管理自主化以及促进中等教育多样化等，而工党政府则更强调提高小学生的基础学力、推进中等教育综合化以及在实行学校管理自主化的同时使地方教育当局发挥更加积极的作用等。[1]

20世纪80年代末，撒切尔夫人主导下的教育改革对英国基础教育发展产生了重大影响。1979年，撒切尔夫人上台后发起了一系列英国经济、社会改革，并将基于市场原理的改革思想移植到教育领域。《1988年教育改革法》一方面增强市场化元素，例如给与学校自治权、多样化与选择等；另一方面强调教育中的标准、传统及秩序等，例如实施统一国家课程和考试等。由此，基础教育从公共服务走向市场，从地方教育当局走向中央政府。这些重要变化彻底打破了英国原有福利国家政策的做法，对此后英国教育发展影响深远。甚至1997年上台的工党教育政策中也可以捕捉到保守党教育政策的影子。例如，1988年开始实施的国家统一课程，尽管经过几次改革仍然得到实施；学校选择性和多样性去向也得到保留，教育私营化依然在继续推进。

当前，英国教育正面临前所未有的挑战和机遇。这些挑战和机遇来自经济全球化浪潮的推动与知识经济时代的要求。在知识经济时代，知识总量飞速增长。据联合国教科文组织的统计，人类近30年来所积累的科学知识，占有史以来积累的科学知识总量的90%，而在此之前的几千年中所积累的科学知识只占10%。同时，知识更新的速度也日益加快，尤其是进入21世纪以来，大数据的开发与应用进一步为教育发展提出挑战。面临快速增加和更新的知识与信息，人们无法像从前一样依靠获取知识来建立权威，也无法事必躬亲地去认识事物，而是通过获取信息来提高自身的认识水平和能力。这也就客观要求符合社会发展

〔1〕 单中惠．略论影响英国基础教育改革政策的因素[J].外国教育研究，2003(11):23-26.

需求的人才要具备获取、分析、加工及运用信息的能力。知识和信息已经成为知识经济时代价值链中的核心。教育的主要作用之一，就是培养未来的劳动者去应对他们所处时代的挑战。教育成了21世纪保持经济生存的关键所在。[1]成功的教育不仅要关照个体人的需求，也要回应时代和社会对所培养的人的要求。

本书重点关注新世纪以来，尤其是近几年英国基础教育改革和发展的动向，以翔实的数据和资料作支撑，以学术研究观点作引领，从历史发展、教育制度、课程、教育质量、教师发展、学校管理及品格教育等多个方面进行系统性分析。全书共分八章，第一章重点勾勒了英国基础教育发展概况，在把握基本历史发展脉络的基础上，基于数据描绘了英国基础的多样化、质量与公平等，以期给读者一个整体印象。第二章从学制入手，结合对英国基础教育行政管理的分析，为读者搭建起英国基础教育的“骨架”。第三章重点分析英国基础教育的课程与教材，以最新颁布实施的2014国家课程为核心，在了解以往课程状况的基础上，展望未来英国基础教育课程，让读者了解英国基础教育的“灵魂”。第四章以教育质量检测与评价为核心内容，分析了不同类别的的教育质量监测以及学校评价和学生评价。第五章重点分析英国中小学教师的培养和在职培训的机制与课程，呈现出明显的职前培养与职后培训一体化的特征，还分析了英国中小学教师的退出机制。第六章从管理机制和内容着手，分析了英国中小学的学校董事会制度、校长专业标准、教师和学生管理及社会参与等问题。第七章在回顾品格教育发展历程的基础上，总述了英国品格教育的目标、内容，指出品格教育面临的问题等。第八章围绕英国基础教育的几个亮点展开，分析了英国严格而灵活的升学考试制度、重在培育精英的公学教育以及丰富多样的社会教育资源。

由于研究积淀、时间和精力等所限，本书还存在很多不足和缺憾，一些地方也许还存在表述不准确的问题，恳请广大读者提出宝贵意见和建议。

---

〔1〕[美]伯尼·特里林，查尔斯·菲德尔. 21世纪技能：为我们所生存的时代而学习[M]. 洪友，译. 天津：天津社会科学出版社，2011：6.

第一章

英国基础教育发展概况

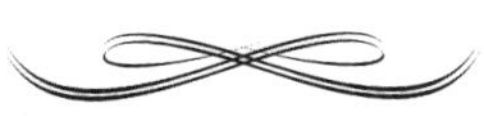

第一节 英国基础教育历史沿革

一、英国国民教育制度的诞生与确立(截至 1944 年)

英国教育历史源远流长,公元 5—6 世纪已经产生不少学校。英国的现代教育尤其是学校教育相对于欧洲大陆其他国家来说,起步较晚,且与教会紧密相连,甚至可以说是教会在英国传播和发展的结果。16 世纪,英国舰队打败西班牙的无敌舰队,一跃成为海上霸主。与此同时,资本主义也在不断发展,通过圈地运动进行原始资本的积累,通过海外贸易和殖民地滋养资本主义,通过工业革命将资本主义的发展推向巅峰。伴随资本主义的发展,英国教育的服务对象和功能也悄然变化,教会不再是教育唯一的服务对象,也不再是只培养统治者的机构。时至近代,英国基础教育的发展取得了世界公认的成就,同时也在世界教育改革的漩涡中不断摸索。

1. 英国基础教育的诞生

在英国,教育与家庭、性别、阶级、职业等紧密联系在一起,这些因素在不同的历史时期影响着英国基础教育的发展。家庭是教育的起点,也是最基本的教育单位。在学校教育体制没有形成之前,教育基本上是在家庭或者类似于家庭的环境中展开,孩子在这里学习有关社会、经济和文化的知识和技能,既包括盥洗、穿衣、起居、家务劳动等生活技能的训练,也包括用于日常生活交流所需的语言学习,还有服务于社会管理的法律、宗教性内容。

除家庭外,修道院也是英国中世纪尤其是中世纪早期开展教育活动的主要场所。与家庭教育不同,在修道院所开展的教育更多关注宗教信徒的培养,向各类人传播宗教教义。在公元 6 世纪末盎格鲁撒克逊时期,圣奥古斯丁(St Augustine)将基督教义从罗马带到了不列颠群岛,归化了英王艾西伯(King

Ethelbert)。奥古斯丁在英国建立了坎特伯雷大教堂，使其兼具教堂和学校的职能，培养和训练英国本土传教士。伴随基督教义的不断传播和发展，学习和掌握基督教义成为生存于世的道德准则，亦成为一种生活方式和通往文明的中介手段。教会代表着秩序与稳定，拥有强大的财政基础，资助了很多学校以及文学和艺术的开展，从而也吸引了众多贵族和平民阶层投身其中。传教的任务促使教会开办的学校数量不断增加，教学内容也愈加丰满。公元6世纪时形成了"七艺"的学习内容。所谓"七艺"，是指文法、逻辑、修辞、数学、几何、天文和音乐。教会的主要任务是使七艺的学习内容服务于基督教义的传播，传播的对象主要是未来的传教士和数量有限的贵族子弟。

进入11世纪后，诺曼征服(Norman conquest)加速了英国的封建化过程，同时也给英国带来了更高级的教育和教育资源，促使英国学校数量成倍增长，也为教会学校的类型分化奠定了基础。1179年《教会法》规定，每个大教堂都要配备一名校长(schoolmaster)，给本教区的教士和贫困学者提供免费教育。1215年这个规定得到重申和进一步的推行。此后，几乎每个有条件的教堂都配有文法教师，每个城市中的教堂也会配有神学讲师，逐渐形成了文法学校。文法学校的主要目的是用拉丁文给下层教士提供教育，同时也接受本地教区神职人员和附近想学拉丁文的男孩子，当然，这些男孩子无意成为牧师，也就必须要缴纳学费。除文法学校外，教会还开办了唱诗学校(Song School)，由领唱(precentor)负责管理，主要教授礼拜圣歌和拉丁文的阅读，并为学生提供食宿等。进入14世纪后，新兴起的施济学校开始提供教育，同世俗教会学校类似，给孩子提供教育机会。在没有教会或慈善学校的城市，绅士们可能会团结起来出资雇用校长、提供免费校舍，也有自行准备好教室等待学生上门的校长。

到15世纪，英国资本主义商品经济得以发展，市民阶级与新贵不断发展壮大，对读写能力的要求有所提高，打破教会对教育垄断的要求日渐凸显出来。尽管教会仍是主要的教育提供者，但国王、显贵、乡绅、城镇商人和基尔特等通过慈善捐赠投身到办学大潮中。到16世纪，世俗文法学校增长了4倍。在教学内容上，文法教学思想渗透进英国教育各级机构，打破了神学的统治。各地建立的文法学校不但提供基本读写能力和进入大学深造的中介教育，还开设包括写作、记账和世俗就业所需的技艺课程。

16 世纪 30 至 40 年代宗教改革推动英国脱离罗马教会，代之以英国国教会。这场宗教革命不仅使英国国内宗教格局重新洗牌、分化，也带来了英国社会的大变革。1534 年“王权至尊”(Royal Supremacy)原则的出台打破了封建时代天主教一统教育的格局，国家开始没收教会的大量财产，使得原来由教会开办的学校面临窘迫的境地，或彻底关门了事，或放弃天主教信条从而得到继续维持下去的机会。另一方面，新的宗教教派的崛起以及人文主义思潮的盛行，激发了一大批社会人士投入教育慈善事业中，这其中包括贵族和绅士、高级和低级神职人员、专业人员、商人、自耕农和农民。他们在清教徒的激励下，纷纷捐资建立面向穷人的贫民学校(petty school)和面向富裕阶层的文法学校。16 世纪中叶至 17 世纪中叶，文法学校得到较大发展，但学校间规模差距较大。城市中规模较大的公学大概拥有 100～150 名学童(例如，伊顿公学在 1613 年前后拥有 112 名学生)，而乡村地区的学校学生数却不及二三十人。[1] 这一时期，文法学校的学习内容也有所调整，拉丁语失去了往日的光辉，甚至对于牧师来说也不再是从事职业的必备技能，仅仅是学者和绅士需要掌握的内容。与上层阶级的教育系统相对照，学徒和技术培训是 16—17 世纪技术和商业培训的主要内容。学徒在 14 岁左右与雇主签订为期 7 年左右的合同，由雇主提供食宿、服装和技能培训。学徒主要来自社会中层——家境殷实的镇选议员(burgesses)、自耕农、手工业者和绅士们的次子。到 17 世纪 40 年代，英国社会的三个阶层受教育情况差异明显——属于上流阶层的城市贵族和绅士、专职人员、大商人等基本拥有一定的文化修养，属于中间阶层的农村自耕农和农民、城市中的小商业者受教育程度参差不齐，而属于下流阶层的家仆、羊倌、马夫、劳工、乞丐、贫民、流浪者等则可以认定为文盲。

17、18 世纪是英国政治、经济、社会发生巨变的时代。封建统治者与新兴资本主义力量争夺国家控制大权，在这个过程中教育作为思想控制的高地，首当其

〔1〕 Lawson, John & Harold Silver. A Social History of Education in England [M]. London: Routledge, 2007: 109.

冲地受到波及。斯图亚特王朝复辟后,1662 年的《划一性法案》要求所有的牧师、校长、僧侣、私人教师发表声明顺从英国国教会,从教需要得到大主教或主教根据相关法律颁发的特许状,由此可见,这一时期的英国教育基本是掌握在国家和教会手中,掌控教育的目的在于培养更多信徒和对民众思想的控制。尽管如此,这一时期的英国教育还是有所进步,教育门类有所增加、教育水平有所提高、受教育范围有所扩大。在初等教育阶段,慈善性贫民学校数量大增,为贫困儿童提供一些基本素养。1679 年洛克在一份报告中建议为所有 3—14 岁贫困儿童提供济贫院(Workhouse)学校教育[1],初步显现了普及教育的理想。相比之下,贵族教育成为这个阶段的重要主题。文法学校呈现出两个发展趋势,一是城市中面向贵族的学校大量出现,例如威斯敏斯特公学;二是乡村地区的文法学校,由于当地缺乏对经典内容的需求、经费紧张,许多沦为了贫民学校。尽管 17、18 世纪英国在科学方面取得了较大的成绩,但科学的发展并没有给文法学校带来很大的影响,文法学校总体上依然坚持以经典课程为主,也因此受到了批判。

2. 英国国民教育制度的确立

工业革命后英国社会发生了巨大的变迁,大机器生产对劳动力的需求使得众多儿童进入矿井、工厂和车间从事劳动,全日制学校受到冷落。人口数量的增加、工厂周围城市的崛起,也带来了儿童犯罪等社会问题,教育在某种程度上被视为解决这些问题的手段,将大众教育作为一项公共事业的社会意识逐渐萌生。18 世纪末,慈善学校逐渐沦为培训贫困儿童特定劳动技能的场所,捐资学校则在苦苦挣扎,努力维持基本素养和传统学习内容之间的平衡。相比之下,贵族以及富裕基层儿童则开始离开文法学校,纷纷进入人脉更广的公学。为了解决全日制学校和工厂劳动力需求之间的矛盾,一些工厂主开设主日学校(Sunday school),掀起了开办主日学校的热潮。主日学校的目的在于对下层儿童进行宗教教育,养成其勤劳和虔诚的素质。

---

[1] Lawson, John & Harold Silver. A Social History of Education in England [M]. London: Routledge, 2007: 165.

经费的匮乏和教师素质的低下催生了导生制学校的出现。英国国教会牧师安德鲁·贝尔赫公谊会教徒兰卡斯特创建了导生制。1798 年兰卡斯特开办了导生制学校,试图证明这种制度安排可以花费很少的成本为每个贫苦儿童提供教育。尽管导生制解决了普及教育道路上最为棘手的经费和师资问题,它也遭到了批判——导生没有充足的培训、没有通过资格测试,对于导生自己和更小的孩子来说是在浪费时间。[1]

进入 19 世纪,国家介入教育领域的趋势逐渐显现出来。国家介入教育领域的方式多样,例如,出台儿童教育相关法案、拨款、规范工厂儿童的教育等。1833 年《工厂法》规定,纺织厂不得雇用 9 岁以下的儿童,13 岁以下的儿童每天劳动不得超过 9 小时,且要为其提供每周 6 天、每天 2 小时的教育。[2] 然而,最能体现英国国家介入教育领域的还是 1870 年出台的《初等教育法案》。它是英国历史上第一部教育法,建立了地方教育管理机构,为免费、义务教育的实现作了不可或缺的铺垫。该法案的主要内容包括:①国家继续拨款补助教育,并在缺少学校的地区设初等学校。②将全国划分为数千个学区,由选举产生的教育委员会监督本区的教育。教育委员会有权征收地方教育税,强制征集校舍土地,决定是否放弃所属学校的宗教教学、是否减免贫民儿童的学费、是否制定地方负责以规定强迫入学,并任命自己的常任官员。③各派教会举办或管理的学校可作为国家教育的组成部分,但不能从地方财政中得到补助。④私立学校不能获得地方税的补助,但仍可获得中央政府教育拨款的资助,不足部分由教会捐献的款项和家长交纳的学费补充。⑤学校的普通教育与宗教分离,凡接收公款补助的学校,一律不得强迫学生上宗教教义课程。[3]

1870 年初等教育法案出台前后,英国劳动阶层子女中,只有五分之二的 6—10 岁儿童在公立学校注册,10—12 岁的儿童只占三分之一。[4] 而按照枢密院

---

〔1〕 Lawson, John & Harold Silver. A Social History of Education in England [M]. London: Routledge, 2007: 237.

〔2〕 Lawson, John & Harold Silver. A Social History of Education in England [M]. London: Routledge, 2007: 267.

〔3〕 祝怀新. 英国基础教育[M]. 广州:广东教育出版社,2003:13.

〔4〕 瞿葆奎,金含芬. 英国教育改革[M]. 北京:人民教育出版社,1993:4.

副院长福斯特的观点，当时没有得到政府资助的学校“总的来说是最差的学校，是那些最不适合于给劳动阶层子女以良好教育的学校”，这种情况直接导致了学龄儿童受教质量得不到有力保障，继而还可能会阻碍经济、社会的进一步发展。法案实施以后，英国初等教育迅速发展，到19世纪80年代，全国学龄儿童入学率已达90%。[1] 伴随英国初等教育普及程度的提高以及社会经济发展的推动，与初等教育衔接更高一级教育的发展和完善成为必然要求。图1-1为19世纪晚期英国某小学一景。

图1-1 19世纪晚期庄园街小学(Manor Street Primary)

1889年《技术教育法案》(*The Technical Instruction Act of* 1889)颁布后，郡和郡自治市议会拥有了为中等学校拨款和提供奖学金的权力，以便发展技术教育。19世纪末《布莱斯(Bryce)报告》指出，学生向上流动的要求还没有得到满足，建议建立中央教育部以便监督而非控制全国的中等教育。这一思想在1899年教育法中有所体现，并依此成立新的教育部(Board of Education)，主管英格兰和威尔士教育事务；同时也迫于地方势力的压力，地方教育当局(local education authorities)逐渐形成，但只有管理初等教育的权限(拥有1万人口的自治市议会、拥有2万人口的市区)。[2] 至此，英国教育行政机构的秩序和系统性大大

〔1〕 吴文侃，杨汉清. 比较教育学[M]. 北京：人民教育出版社，1999：203.
〔2〕 瞿葆奎，金含芬. 英国教育改革[M]. 北京：人民教育出版社，1993：12.

得到加强,明确了中央和地方教育行政机构各自的职责。

1902 年英国议会通过了首相巴尔福(A. J. Balfour)提出的教育法案,称为《1902 年教育法》(又称《巴尔福法》),主要内容包括:①废除原来的地方教育委员会和督促就学委员会,由郡议会和郡级市设立地方教育当局,管理初、中等教育;②地方教育当局有权兴办和资助中等学校、中等专业学校和职业学校,并提供地方税款;③地方教育当局有否决学校管理委员会选人的不合格校长和教师的权利;④地方教育当局对私立学校和几乎所有教会学校进行资助,以进一步加强控制;⑤地方教育当局需调查本地区的教育计划,并考虑本地区初等教育与中等教育的关系。该法以传统的文法中学为基础建立收费的公共中等教育体系,但有才华的初等学校毕业生可获得奖学金而接受中等教育,这为 1907 年创立"免费学额"制度打下了基础。此发案颁布后到第一次世界大战结束,英国教育发展围绕两个主题进行,一是学校体系的建立,二是免费学额制度的实行。统计数字显示,受助中等学校数量由 1904/05 年的 500 所左右,增加到 1913/14 年的 1 000 所,学生数从 6.4 万增加到 18.8 万人。[1] 尽管英国中等教育在这一阶段取得了不小的发展,但实际上还存在与初等教育衔接不畅的问题。初等教育一般限于 5—14 岁儿童,而中等教育从 10 岁或 11 岁开始,这样初等、中等教育学校存在平行或重叠的问题,两个教育阶段的设立是单独进行的,还没有形成相互衔接的教育系统。之所以会这样,很大一部分原因在于公立学校与教会学校并存,社会阶层间的鸿沟仍然深深影响着学校系统的构建。从图 1-2 可以窥见不同学校之间学生的某些差异。

战争总是会造成各方面的损害,教师数量不足,校舍毁于战火,儿童健康也得不到保障,而战后工业的恢复和发展对于工人阶层子女的受教育年限和质量的要求都有所提高。《1918 年教育法》(又称《费舍法案》)的出台正是试图解决这一矛盾的尝试。该教育法确立了英国统一的义务教育毕业年龄为 14 岁,取消小学学费,扩大了允许地方教育当局提供的辅助教育事业的范围。1922 年,英

〔1〕 Lawson, John & Harold Silver. A Social History of Education in England [M]. London: Routledge, 2007: 367.

图 1-2 Toffs and Toughs,左边衣装讲究的两个男孩是哈罗公学的学生,右边是三个出身于工人阶层的孩子(拍摄:Jimmy Sime;1937 年 7 月 9 日)

国工党出台了《人人受中等教育》(*Secondary Education for All*)的文件,推动了初等教育和中等教育关系的进一步协调。在工党力主拓展中等教育的背景下,教育署委员会主席哈多(Hadow)受工党政府委托,在 1923—1933 年先后主持起草并发布了 6 份报告,其中《青少年教育报告》(*the Education of the Adolescent*)(又称《哈多报告》)意义最为重大,对英国教育发展的影响也最为深远。该报告建议将 11 岁以下儿童所受的教育定名为初等教育,将 11 岁以上儿童所受的各种教育统称为中等教育,中等教育应当成为所有 11—14 岁儿童学习的权利;非选择性中等学校应把教育重点放在与实际工作相关的内容上;非选择性学校师资配比不可差于文法学校;毕业年龄应提高到 15 岁;应开发新形式的毕业考试等。直到 1936 年教育法出台,英国义务教育年限才正式得以确定为 15 岁,但仍然存在地方教育当局批准雇用 14 岁儿童的情况。

到 20 世纪 30 年代末,大约 10%的初等学校毕业生能够通过选拔升入中等学校,其余的初等教育毕业生则只能上"全龄"学校(all-age school)或者高级学校(senior schoool)。[1] 正是由于英国长期实行按照阶层划分的中等教育,使得

[1] Gillard D (2011): Education in England: a brief history. www.educationengland.org.uk/history.

英国在这个阶段教育发展明显落后于德、法两国。即便如此,主流舆论仍然支持精英教育体系的存在和发展,只是判断“精英”的基础标准不再是“阶层”而是智力和能力。于是,1938 年《史宾塞报告》(*Spens Report*)建议,中等学校应该划分为文法学校(学术性方向)、技术学校和新现代中等学校,并将义务教育年限提高到 16 岁,但义务教育年限延长的建议直到战后 1973 年才得以实现。

总的来看,第二次世界大战前的英国基础教育发展完成了从宗教到国家、从慈善事业到体系化、从传统到现代、从贵族到平民的转变。以初等教育发展为起始点,在满足社会经济发展的同时不断向两端延伸,刺激学前教育和中等教育的发展,构建起国民教育体系的基本框架。

二、战后重建与福利国家时代的稳步发展(1944—1979)

第二次世界大战的爆发给英国教育发展带来了不言而喻的阻碍。战争期间,英国陷入困难重重的境地,战争所造成的经济、社会、文化方面的破坏,深深震撼了英国社会上下,激发了对教育系统的重视。战争期间,各政党之间的界限几乎消失,人们的注意力转向战后把英国建设成什么样的国家。丘吉尔上台后,教育委员会(the Board of Education)为落实首相的理念——建立一个迄今为止为少数人所享受的教育特权和优待能够广泛惠及全国所有青少年的社会,于 1941 年推出了题为《战后教育》(*Education after the War*)的绿皮书,其中的很多提议后来构成了《1944 年教育法》,即巴特勒法案的大部分基础内容。该绿皮书建议,未来英国的初等和中等教育中应该更好地衔接,同时,英国教育应划分为初等、中等和继续教育三个阶段。对于中等教育,人们应该转变观念,提供中等教育不只是地方教育当局的权力,更是职责所在。此外,所有中等教育阶段的学校应该受制于统一的管理条例,以便能更好地提供平等待遇,例如食宿、班级规模等。所有的中等学校,除直接拨款的文法学校外,应该实行免费。

1941 年保守党人士巴特勒出任教育委员会主席的同时,英国联合政府也开始着手筹划英国战后社会重建问题。基于 1943 年教育白皮书《教育重建》的《1944 年教育法》,实际上在英国战后社会重建过程中发挥了重要作用。该法几乎推翻了此前所有的教育法令,重新设定了英格兰和威尔士的战后教育体系的框架,随后苏格兰和北爱尔兰也出台了类似的法案,这样英国基础教育体系初步统一。二战之前,英国各地已经都有了传统的初等教育,儿童大致在13—14岁左右接受完这种初等教育,离校工作。然而,在中等教育层面上,尽管战前已经有法案提议建立与初等教育相衔接的中等教育,政党也呼吁给更多的人创造接受中等教育的机会,但中等教育的发展实际上还比较有限。不仅总量上满足不了人人接受中等教育愿景的要求,在与初等教育的衔接上也存在平行、重叠的问题,同时中等教育阶段与社会阶层相对应的多轨制问题依然存在。这样的现状与英国战后社会重建的总体方向并不十分一致。因此,《1944年教育法》将解决中等教育问题作为法案的一项重点内容,建立一种面向所有年轻人的中等学校教育体制。

在《1944年教育法》的推动下,英国教育体制在战后重新整合形成了"三合一体制"(the Tripartite System),即由三类不同的中等学校构成中等教育,招收11—15岁儿童。这三类学校分别是文法中学(一种具有相当正式学术性课程的学术性中学)、技术中学(训练经过挑选的年轻人为在企业界工作作准备)和现代中学(提供人人所需的普通教育)。这三类中学网罗了绝大部分适龄儿童,其中18%~25%在文法中学、5%在技术中学、70%在现代中学,剩余的5%左右的适龄儿童则主要是在"公学"等私立学校就读。〔1〕

伴随英国基础教育体制在战后的整合重组,各学段之间的衔接考试制度也不断完善。与英国战后建立的"三合一体制"中等教育体系相配套,初等学校毕业生需要在毕业年级(11岁或12岁)参加11岁考试,来甄别哪些学生能进入文法学校,哪些能进入技术中学,哪些进入现代中学。1951年英国开始实行GCE考试(the General Certificate of Education),以便选拔前25%的学生。英国中学毕业生通常在16岁(O-Level,普通水平)或18岁(A-Level,高级水平)参加GCE考试,这些学生多是就读于文法学校和独立学校。当时人们认为,考试是一种能够有效甄别学生能力、将来适合哪种工作的有效手段,因此,某种意义上散发着"一考定终身"的味道。新考试制度的形成,再加上战后适龄儿童数量的增加,使得

〔1〕 瞿葆奎,金含芬.英国教育改革[M].北京:人民教育出版社,1993:764.

战后20世纪四五十年代期间初等教育大班额问题难以得到缓解，教学内容上仍然强调基础性的读写和算术、教学方法上也没有几乎大的改革。

20世纪六七十年代，英国基础教育进入了改革巨变期。1964年，工党赢得了大选，结束了执政13年的保守党政权，其竞选宣言中明确指出工党将消除11岁考试造成的儿童隔离，中等教育将基于综合学校路线(comprehensive lines)进行改组。哈罗德·威尔逊(Harold Wilson)执政期间(1964—1970)，比较关注为民众增加机会，反映到教育体系中则表现为教育系统的变革和扩张，英国政府的教育经费也首次超过了国防经费。对教育机会和公平的强调使得此前形成的选择性教育体系备受批判，于是，11岁考试逐渐弱化，设立CSE考试(the Certificate of Secondary Education)，给未能通过GCE考试的学生提供选择。1965年工党政府发布第10号通告，宣布将废除11岁考试并消除中等教育阶段存在的分离主义问题。然而，好景不长，1970年保守党上台后，新的教育和科学部国务大臣撒切尔夫人立即就撤销了1965年第10号通告，并发布了她自己关于中等教育结构的通告，即《1970年第10号通告：中等教育的结构》。至此，工党政府所倡导的中等教育综合化改革半途而废——11岁考试并没有真正被取消，综合化自始至终都未曾摆脱考试选拔的阴影。据记载，到1969年12月，在163个地方教育当局中，129个当局的综合改组计划已被批准；其中108个当局的计划涉及主管区域的全部中等学校或大部分中等学校。12个教育当局的计划正在考虑之中，6个教育当局尚未制定计划，11个当局曾制定了计划但被教育和科学部否定了，至少还有3个当局拒绝提交任何计划。[1]

尽管工党政府试图消除中等教育中存在的阶层分化的综合化努力没有完全达到预期的效果，但客观上却催生了建立新型的中等学校的试点。1964年教育法出台后，初等教育和中等教育的衔接年龄不再统一规定为11岁，同时给与中等学校(Middle School)有限的实验性地位。以此为契机，20世纪70年代很多地方教育当局尝试将两阶段(primary and secondary)划分的学校体系改组为三阶段(first or lower schools，middle schools， upper schools)划分的学校体系。这一举措

〔1〕 瞿葆奎，金含芬.英国教育改革[M].北京：人民教育出版社，1993：287.

实际是将中等教育进一步划分两个阶段的尝试。

在20世纪五六十年代英国如火如荼地推进中等教育改革的同时，英国初等教育也得取得了较大发展。到1965年，英国全国共有初等教育学校20 789所，在校学生4 003 934人，专任教师133 480人，另外还有近7 000名兼职教师。与1947年初等教育在校生数(不足310万人)相比，20年间初等教育在校生数大幅增加。此外，就读于"全龄学校"(all-age school)的13岁学生数量不断减少，由1949年的36%下降到1955年的12%，到1965年降到1%。[1] 这一连串的数字从一个侧面反映出，专门为7—11岁儿童提供的真正意义上的初等教育逐渐完善。除规模上的增长外，受到进步主义教育思潮的影响，初等教育阶段的课程设置、教学方法等也出现了新的改革尝试，更加强调学生个体的学习需求。

图1-3 玛格丽特·希尔达·撒切尔(Margaret Hilda Thatcher, 1925—2013)[2]

三、撒切尔主义下基础教育动荡改革时代(1979—1997)

进入到20世纪80年代以后，英国基础教育发展大致完成了最基本的学校制度建设，进入了新的改革发展时代。80年代至今英国基础教育的发展主要经历了三个阶段，即撒切尔夫人(图1-3)时期、布莱尔时期和布朗时期。每个时期具体的改革措施和基础教育的发展状况虽然有所区别，但教育

[1] The Plowden Report (1967): Children and their Primary Schools[R]. [2013-09-16]. http://www.educationengland.org.uk/documents/plowden/plowden1967-1.html#09.

[2] 英国第49任首相，1979—1990年在任。她主张的政治哲学与政策通常被称为"撒切尔主义"，对英国经济、社会、文化等各个方面都有深刻影响。http://en.wikipedia.org/wiki/Margaret_Thatcher#/media/File:Margaret_Thatcher.png.

发展的根本性主题基本一致,即通过国家课程的开发与实施、考试制度的改善等措施,促进基础教育质量的提高,从而提高国际竞争力。[1]

20 世纪 70 年代初英国遭遇了石油危机的沉重打击,国家财政每况愈下。为维持国家财政收支平衡,急需缩减医疗等公共支出,教育领域也没有幸免。在沉重的财政压力下,英国各党派在战后所形成的共识走向破裂,保守党与工党的政治理念差异更加泾渭分明。1970 年,在野 6 年的保守党重新掌权,马上就撤销了 1965 年第 10 号通告,代之以 1970 年第 10 号通告,废止了以地方教育当局为单位、整体推进中等学校综合化的政策,代之以以学校为单位的综合化路线。1974 年工党再次上台后,又通过《1976 年教育法》继续维护和推进中等学校综合化进程,但保守党 1979 年上台后又予以叫停。尽管英国执政党不断更迭,综合学校的发展却似乎没有停止过脚步。1966—1970 年工党执政期间,综合学校学生所占比重从 12%增长至 40%, 1973 年继续增长至 50%,1977 年 80%的公立学校学生就读于综合学校,1981 年又进一步增长至 83%。[2] 从这一连串的数字中可以看到,综合学校的增长速度明显下降,表明地方教育当局对综合学校的态度可能有所转变,它客观上也给中等学校多样性的维持提供了空间。

1979 年撒切尔夫人领导的保守党上台后,发起了战后教育领域最为彻底的改革,以加强英国的国际经济竞争力。改革的主要目的在于将英国学校教育体系从公共服务转变为市场产品、将地方当局的权力上移到中央政府。撒切尔夫人的改革举措集中体现在《1988 年教育改革法》之中,该法渗透着两大指导原则:①加强国家对教育内容等的控制(教育的国家化),即通过实施国家课程和国家考试制度,加强国家对教育内容的控制,以确保全国教育水准的提高;②向教育领域引入市场原理或竞争原理(教育的自由化),即按照新自由主义的思想,把家长(学生)和学校(教师)分别作为教育服务的“消费者”和“生产者”,一改以往生产者中心的教育状况,在赋予作为消费者的家长更多选择权的同时,减少政府对学校的干预,以促进作为生产者的学校间展开竞争,从而最终达到搞活教育、

---

〔1〕 祝怀新.英国基础教育[M].广州:广东教育出版社,2003:24.

〔2〕 瞿葆奎,金含芬.英国教育改革[M].北京:人民教育出版社,1993:625-626.

提高教育水准的目的。[1] 在这一改革理念的推动下,英国基础教育发生了翻天覆地的变化,且撒切尔夫人的继任者梅杰也继续推行了撒切尔主义路线的教育改革。这一时期,英国基础教育出现了几个方面的大变化,即国家统一课程的实施、家长择校的自由化、学校管理运营的自主化以及中等学校类型的多样化。

四、第三条道路下的英国基础教育发展(1997—2010)

1997 年 5 月布莱尔(图 1-4)为首的工党赢得大选,取代保守党,上台不久后便依照竞选宣言中的承诺着手进行一系列教育改革。撒切尔时期的教育改革表现出对不平等现象的漠视,推崇通过提高国家教育标准、择优录取等,培养少数精英。这与工党的执政理念相悖,于是,布莱尔政府倡导"第三条道路"的政治主张,在教育领域具体体现在把教育发展放在优先地位。布莱尔认为:"教育是一种培育经济效率和公民凝聚力的一种主要公共投资"[3],因此,在其执政期间教育被列入重点财政投入领域,在控制政府财政支出总量的前提下尽量向教育和卫生保健领域倾斜,与撒切尔时代以紧缩财政支出的教育政策形成鲜明对比(表 1-1)。布莱尔政府加大教育投入主要是为解决当时英国基础教育中存在一些突出问题——校舍老化、教学设备不足、办学条件参差

图 1-4 托尼·布莱尔(Tony Blair, 1953—)[2]

---

[1] 饶从满,李广平.市场原理与 80 年代以来的英国基础教育改革:回顾、展望与启示[J].外国教育研究,1999(5):23-27,48.

[2] 英国第 51 任首相,1997—2007 年在任。在任期间提出"第三条道路"新理念,着力在公共服务、经济发展、社会共生等几个方面推动改革。http://en.wikipedia.org/wiki/Tony_Blair#/media/File:MSC_2014_Blair_Mueller_MSC2014_(cropped).jpg.

[3] 安东尼·吉登斯.第三条道路及其批判[M].北京:中央党校出版社,2002:74.

不齐、师资短缺等。

表 1-1 1998—2003 年英国政府对中小学的 ICT 经费投入情况〔1〕 单位:英镑

学校类型 \ 经费 \ 年份		1998	1999	2000	2001	2002	2003
小学	总投入/百万	68	125	150	186	231	201
	校均	3 600	7 000	8 300	10 300	12 900	11 200
	生均	15	32	37	42	59	56
中学	总投入/百万	143	161	177	210	260	223
	校均	40 100	45 400	50 100	60 300	75 300	65 000
	生均	46	53	56	66	81	69

在加大基础教育财政投入的同时,基础教育质量标准的提高和教育公平的推进也是两个重要的改革主题。布莱尔上台后仅 2 个月便出台教育白皮书《追求卓越的学校教育》(*Excellence in Schools*),明确了基于特色进行选择(selection by specialization)的政策价值追求。这与 20 世纪五六十年代的中等学校综合化改革的方向并不相同。白皮书认为,对教育机会的追求在一些情况下会导致某种形式的整齐划一,认为儿童在开发自身能力方面具有相同权利的观点很容易忽视儿童的个性,进而拟定在 2000 年 9 月前开设 500 所特色学校的发展目标。同时,白皮书还建议将文法学校入学政策调整的决策权交到地方学生家长手中,而不是地方教育当局(LEAs)。在 1997 年白皮书建议的基础上,1998 年工党出台了《学校标准与框架法案》(*School Standards and Framework Act*),设定了一套新的学校标准框架、赋予地方教育当局和国家教育委员会干涉"失败"(failing)学校的权力等措施,以期提高学校教育的质量标准。

为推进英国基础教育的均衡发展,1997 年教育白皮书将教育改革着眼于大多数学生的发展,将学生学业表现不良的教育薄弱地区和薄弱学校作为改革的突破口,于是,"教育行动区"计划(Education Action Zone)应运而生。1998 年秋,第一批"教育行动区"获批成立,到 1999 年 11 月共成立了 66 个教育行动区,到

〔1〕 2004 年的学校 ICT 调查(Survey of Information and Communications Completed Technology in Schools 2004)。

2001年进一步增加到73个。教育行动区大多分布在英格兰最为贫困的城乡地区,对于改善教育薄弱地区和薄弱学校发挥了积极作用。此外,教育信息化建设也是布莱尔政府推进教育发展的重要着力点之一。在建设国家层面网络资源[1]的同时,大力支持学校发展信息教育,并将国家课程中的IT课程(Information Technology)更名为ICT课程(Information and Communication Technology),深化ICT理念在教育领域中的传播与应用。

2007年布朗上台后,依然坚持将教育放在国家发展的重要地位。布朗政府首先对教育部进行改组,将其一分为二,即儿童、学校与家庭部(DCSF)和创新、大学与技能部(DIUS),表明布朗政府更加注重儿童和青年人的发展以及满足其家人的需要。在其就职后首次发表的教育演说中,布朗明确表明其教育施政纲领,提出建立"世界一流"的教育体系,培养优秀技能人才。他认为,基础教育对于实现这一教育发展目标具有重要作用,在这样的背景下,那些被判定为"失败"的学校将会面临5年的整改过渡期,如未能按照预期达成目标则将面临被其他学校接管或者闭门歇业的境况。2007—2010年布朗执政期间,英国政府在继续努力提高全国教育水平的同时,也十分注重对贫困家庭儿童的关照,这些努力集中体现在三个标志性政策文本中,分别是《儿童计划:构建美好的未来》(*The Children's Plan: Building brighter future*, 2007)、《国家挑战:提高标准,支持学校发展》(*The National Challenge: Raising standards, Supporting Schools*, 2008)、《你的孩子,你的学校,我们的未来:建立21世纪的学校制度》(*Your Child, Your School, Our Future: Building a 21st Century Schools System*, 2009)。《儿童计划》提出使英国成为世界上最适合儿童成长的国家,与此相应计划进一步提出了6项主要的战略目标,即确保儿童和青少年的福祉和健康;保护青少年和弱势群体;促进青少年个人发展达到世界一流水平,并消除来自弱势家庭儿童在教育成绩上的差异;进行制度改革以达到世界级教育标准;确保18岁以下少年儿童能够最大限度地实现自己的潜能;确保儿童和青少年通往成功

[1] 例如,1998年1月英国政府开设了"全国学习网"(National Grid for Learning);2000年8月开通了教师网(Teacher Net)等。

的道路通畅。《国家挑战》则旨在改造薄弱学校、提升质量,促进英国基础教育均衡发展。该报告提出的政策目标包括:到 2020 年,每个儿童都为中学的学习做好准备,90%的学生在英语和数学方面的学习达到预期水平;在中学阶段,每个学生都要获得成人生活必备的技能以及继续学习的基本能力;90%的学生在 19 岁以前获得普通中等证书考试中 5 门或更多的好成绩;关于 16 岁以后的继续教育学习,30%的学生应该在高级普通教育证书(A-Level)考试中取得两门以上的 A 成绩。《你的孩子,你的学校,我们的未来》指向的是打造世界一流教育体系,从学生个体及家长两个层面提出了具体政策目标。该文件规定,学校将是一个拥有良好行为、严格纪律、良好秩序与安全的地方;学生的课程范围广泛、形式灵活,能满足学生的学习与生活需求;教学方式能够满足学业进步的需要;拥有丰富的体育和文化生活,学生的健康和福祉能够得到有效保障;学生有充分表达自己观点的权利。除对学校做出规定外,白皮书还赋予家长更多的选择权;家长将获得参与孩子学习与发展方面的信息与支持;学校与家长签订家校协议(Home School Agreement),以便让家长了解学校的规章制度和明确家长的责任;家长获得为人父母的培训与服务。可以看到,三个政策文本分别对儿童成长环境、教育均衡发展以及现代学校制度作出了较为具体的规定,为英国下一阶段的基础教育发展奠定了政策基础。

第二节　英国基础教育发展现状

一、趋于多样化的英国基础教育

英国基础教育虽然在不同的时代经历了多种改革,却从未出现过日本那样几乎推倒重建的革命性改革。因此,英国基础教育的学校体系在不同时代传承的过程中也呈现出一定的稳定性。英国基础教育阶段的学校,按照学段大致可以划分为两个阶段，即初等(primary)教育和中等(secondary)教育阶段，每个阶段既有公立学校也有私立学校，学校设立形式较为多样化。

通常情况下，初等教育阶段学校是指就读学生在5—11岁之间的学校，但有些学校也服务2—5岁的儿童，称为托儿学校(nursery school)。按照办学体制划分，英国初等教育阶段的学校包括公立学校(maintained school)、学院式学校(academy)、独立学校(independent school)等几种类型。

公立学校的经费来自中央政府，通过地方教育当局(local authority)分配给学校，不向学生收取学费。具体来看，初等教育阶段的公立学校按照所招收学生的年龄，可以细分为几类：托儿学校(招收5岁以下儿童)、幼儿学校(infant school，招收7岁以下儿童)、初级学校(junior school，招收7—11岁儿童)、第一级学校(first school，招收8岁或9岁以下儿童)。按照学校办学方式，公立学校系统主要包括学生推荐单位(Pupil Referral Unit, PRU)、自愿与信仰学校(voluntary and faith schools)、社区与社区特殊学校(community and community special schools)、基金会·基金会特殊与信托学校(foundation, foundation special and trust schools)等几类。

学院式学校、独立学校本质上都是私立学校，但在具体组织形式、内部治理等方面存在差别。学院式学校是接受政府资助的私立学校，不受地方教育当局的控制，可以自行设定教师雇佣条件，在课程设置、学期长短等方面享有自主权。学院式学校的经费由内设于英国教育部的执行机构教育拨款局(the Education Funding Agency, EFA)直接拨付，拨款额度与公立学校相当，但在经费使用上享有相对较大的自由。独立学校通常向学生收取学费，此外还接受慈善捐赠、校友捐款等。

表1-2—表1-5为英国一些学校的相关统计数据。

与初等教育相比，英国中等教育的起步相对较晚，而且发展之初并不是为了与初等教育相衔接，而更多的是出于产业发展、培养社会精英的需求。《巴尔福教育法》的出台在一定程度上刺激了英国中等教育的发展，但未能将中等教育纳入义务教育领域，仍保留着较强的选择性。此后英国中等教育的发展围绕消除选拔制、提高质量、满足不同人群需求展开，使得中等教育学校类型多样。

表 1-2 2003—2013 年基础教育阶段学校数量变化情况[1] 单位:所

年份	托儿学校	国家资助的初等教育学校	国家资助的中等教育学校	特色学校	学生推荐单位	独立学校	合计
2003	477	17 861	3 454	1 160	360	2 160	25 472
2004	470	17 762	3 435	1 148	426	2 302	25 543
2005	458	17 642	3 416	1 122	447	2 250	25 335
2006	455	17 504	3 405	1 105	449	2 261	25 179
2007	448	17 361	3 399	1 078	448	2 284	25 018
2008	447	17 205	3 383	1 065	455	2 327	24 882
2009	440	17 064	3 361	1 058	458	2 356	24 737
2010	430	16 971	3 333	1 054	452	2 376	24 616
2011	425	16 884	3 310	1 046	427	2 415	24 507
2012	424	16 818	3 268	1 039	403	2 420	24 372
2013	418	16 784	3 281	1 032	400	2 413	24 328

注:表中数据为英格兰地区情况。

表 1-3 2003—2013 年基础教育阶段在校生数量变化情况[2] 单位:人

年份	托儿学校	国家资助的初等教育学校	国家资助的中等教育学校	特色学校	学生推荐单位	独立学校	合计
2003	40 600	4 309 775	3 328 730	95 925	17 525	582 990	8 375 545
2004	39 090	4 254 205	3 353 360	93 800	20 330	586 945	8 347 730
2005	37 560	4 205 665	3 349 220	92 345	22 480	579 925	8 287 195
2006	37 145	4 150 595	3 347 500	91 635	23 670	580 510	8 231 050
2007	37 760	4 110 750	3 325 625	91 750	24 165	577 665	8 167 715
2008	37 530	4 090 400	3 294 575	91 830	25 290	582 330	8 121 955
2009	37 370	4 077 350	3 278 130	92 270	24 760	582 400	8 092 280
2010	37 665	4 096 580	3 278 485	93 230	15 550	576 845	8 098 360
2011	38 920	4 137 755	3 262 635	94 275	14 050	576 230	8 123 865
2012	39 470	4 217 000	3 234 875	95 915	13 495	577 445	8 178 200
2013	38 880	4 309 580	3 210 120	98 595	12 950	579 680	8 249 810

注:表中数据为英格兰地区情况。

---

〔1〕〔2〕 英国教育部统计数字(2013. 1). [EB/OL]. [2013-09-21]. https://www.gov.uk/government/publications/schools-pupils-and-their-characteristics-january-2013.

表 1-4 2013 年度公立初等学校构成情况[1] 单位:所

宗教性质	国家资助的初等教育学校①					
	社区学校	自愿资助学校	自愿受控学校	基金会学校	学院式学校②	合计
非宗教	9 271	13	35	515	756	10 590
英国国教	1	1 877	2 319	34	155	4 386
罗马天主教	0	1 583	0	0	79	1 662
卫理公会	0	2	24	0	0	26
其他基督教派	0	36	31	1	7	75
犹太教	0	27	0	0	6	33
穆斯林教	0	6	0	0	0	6
锡克教	0	2	0	0	1	3
其他	0	1	0	0	2	3
合计	9 272	3 547	2 409	550	1 006	16 784

注:① 包括“视同中间学校”(middle school as deemed);
② 指初等教育阶段的学院式学校,包括自由学校在内。

表 1-5 2013 年度公立初等学校在校生情况[2] 单位:人

宗教性质	国家资助的初等教育学校①					
	社区学校	自愿资助学校	自愿受控学校	基金会学校	学院式学校②	合计
非宗教	2 654 290	1 955	6 410	142 575	249 835	3 055 065
英国国教	170	363 425	396 290	7 260	35 375	802 520
罗马天主教	0	397 310	0	0	19 950	417 260
卫理公会	0	415	4 160	0	0	4 570
其他基督教派	0	9 225	5 995	200	1 040	16 460
犹太教	0	8 615	0	0	1 520	10 135
穆斯林教	0	2 185	0	0	0	2 185
锡克教	0	765	0	0	240	1 000
其他	0	110	0	0	270	380
合计	2 654 460	784 005	412 855	150 030	308 235	4 309 580

注:① 包括“视同中间学校”(middle school as deemed);
② 指初等教育阶段的学院式学校,包括自由学校在内。

目前,英国中等教育主要是指 11—16 岁阶段的学校教育,部分情况下学生

[1][2] 英国教育部统计数字(2013. 1). [EB/OL]. [2013-09-21]. https://www.gov.uk/government/publications/schools-pupils-and-their-characteristics-january-2013.

年龄上限可以放宽到19岁。与初等教育不同,中等教育涉及职业教育的内容,尤其是16—19岁年龄段学生的教育备受关注。按照学校的办学体制,中等教育阶段学校大致可以划分为公立学校(maintained school)和私立学校两类,但在每种类型之下还包含有多种具体形式的学校,充分展示出学校类型的多样性。表1-6、表1-7为2013年度英国中等学校的相关情况。

表1-6 2013年度中等学校构成情况[1] 单位:所

宗教性质	国家资助的中等教育学校①							
	社区学校	自愿资助学校	自愿受控学校	基金会学校	CTCs	第六学级	学院式学校②	合计
非宗教	871	19	25	353	3	0	1 381	2 652
英国国教	0	64	29	6	0	0	109	208
罗马天主教	0	248	0	0	0	0	75	323
卫理公会	0	0	0	0	0	0	0	0
其他基督教派	0	11	1	1	0	0	64	77
犹太教	0	6	0	0	0	0	4	10
穆斯林教	0	6	0	0	0	0	2	8
锡克教	0	0	0	0	0	0	1	1
其他	0	0	0	0	0	0	2	2
合计	871	354	55	360	3	0	1 638	3 281

注:① 包括"视同中间学校"(middle school as deemed);
② 指中等教育阶段的学院式学校,包括自由学校、大学技术学院及工作室学校在内。

表1-7 2013年度中等学校在校生情况[2] 单位:人

宗教性质	国家资助的中等教育学校①							
	社区学校	自愿资助学校	自愿受控学校	基金会学校	CTCs	第六学级	学院式学校②	合计
非宗教	810 900	18 770	27 860	336 495	3 630	0	1 427 750	2 625 400
英国国教	0	51 560	22 320	4 840	0	0	108 125	186 845
罗马天主教	0	230 185	0	0	0	0	81 245	311 430
卫理公会	0	0	0	0	0	0	0	0
其他基督教派	0	8 745	670	435	0	0	63 795	73 640

〔1〕〔2〕 英国教育部统计数字(2013.1).[EB/OL].[2013-09-21]. https://www.gov.uk/government/publications/schools-pupils-and-their-characteristics-january-2013.

续表

犹太教	0	4 595	0	0	0	0	2 900	7 490
穆斯林教	0	2 935	0	0	0	0	790	3 725
锡克教	0	0	0	0	0	0	1 325	1 325
其他	0	0	0	0	0	0	265	265
合计	810 900	316 780	50 850	341 765	3 630	0	1 686 195	3 210 120

注：① 包括“视同中间学校”(middle school as deemed)；
② 指中等教育阶段的学院式学校，包括自由学校、大学技术学院及工作室学校在内。

中等教育阶段的公立学校按照所招收的学生年龄可以分为三类，即招收12岁以上儿童的高级学校(upper school)、学生年龄在11岁以上19岁以下的中等学校(secondary school)以及招收8—13岁儿童的中间学校(middle school)。需要指出的是，按照2002年《教育管理条例》的规定，中间学校既可以被视为初等教育学校，也可以被视为中等教育学校，具体要看在校生的年龄构成，即11岁以下的在校生数量占优势且所有在校生年龄不超过16岁，则视为初等教育学校，其他情况则一律视为中等教育学校。

公立中等学校除学生推荐单位(Pupil Referral Unit, PRU)、自愿与信仰学校(voluntary and faith schools)、社区与社区特色学校(community and community special schools)、基金会·基金会特色与信托学校(foundation, foundation special and trust schools)外，还有文法学校(grammar school)。每种学校的来源不同，具体的办学管理形式上也存在细微差别，但共性在于都是由政府财政经费支持。

与公立学校相对应，私立学校的类型也比较多样。除了传统上包括公学(public school)在内的独立学校(independent school)外，还出现了学院式学校(academy)、自由学校(free school)、第六学级学校(Sixth-form College)、大学技术学院及工作室学校(university technical colleges and studio school)。

二、教育质量稳步提升

在英国不论是工党还是保守党都在不同程度上关注教育质量的提升。一般认为，衡量教育质量的重要指标包括生师比、完成率和辍学率等几个。1988年7月英国正式颁布《1988年教育改革法》，以法律的形式规定了义务教育阶段，即

5—16岁阶段的课程、考试制度等多个方面的重大改革决定，成为英国教育有史以来在课程方面首个统一的要求，其主要目的就在于提高教育质量。

1. 班级规模

关于班级规模与学生成绩之间的关系，大多数研究者的观点都认为低年级的班级规模缩小有助于学生成绩的提高，但若要使缩小班级规模对学生的成绩产生积极影响，还需要满足一定的条件。[1] 班级规模的大小影响着学生的情感交流和表现，也影响教师对每个学生关注的分配，从而进一步影响教育教学的效果。班级规模适当，同时配以相应的师资、教学等相关条件，则有助于教育质量的提升。在政策层面上，世界各国都倾向于将缩减班级规模作为提升教育质量的一个策略。从 OECD (Organization for Economic Cooperation and Development，经济合作与发展组织)国家情况来看，中小学阶段班级规模大多在20～25人，有些国家甚至低于20人。[2]

从相关统计数据来看，2009年到2013年间，英国公立初等教育学校班级规模基本稳定在26～27人/班，公立中等教育学校的班级规模稳定在20～21人/班，表现出较强的稳定性，见表1-8。

表1-8 英国基础教育阶段班级规模变化情况[3]

年份		2009	2010	2011	2012	2013
公立初等教育学校	平均班额/人	26.2	26.4	26.6	26.8	26.8
	1～30人/所	90.1	90.6	90.6	90.6	90.3
	31～35人/所	9.1	8.7	8.7	8.7	9.0
	36人以上/所	0.7	0.8	0.7	0.7	0.7
公立中等教育学校	平均班额/人	20.6	20.5	20.4	20.5	20.3
	1～30人/所	93.3	93.5	93.4	93.5	93.8
	31～35人/所	6.5	6.4	6.5	6.4	6.0
	36人以上/所	0.3	0.3	0.2	0.3	0.4

[1] 卢海弘.班级规模变小，学生成绩更好？[J].比较教育研究，2001(10):33-37.

[2] OECD (2009), Creating Effective Teaching and Learning Environments: First Results from TALIS, TALIS, OECD Publishing, Paris, pp 42.

[3] 英国教育部统计数字(2013.1).[EB/OL].[2013-09-21]. https://www.gov.uk/government/publications/schools-pupils-and-their-characteristics-january-2013.

2. 生师比

生师比是反映教育资源配置的重要指标之一，通常用来间接反映教育质量的高低。一般来说生师比越低意味着学生能够获取的教育资源越多，但另一方面生师比过低往往会造成较高的教育教学成本。生师比的高低不只是取决于国家教育投入水平，也会受到诸如上课时间长短、教师教授科目的多寡、教师工作时间的分配方式等多个方面。

从表1-9可以看到，英国基础教育阶段各学段的生师比在1999—2010年之间，都有不同程度的改进。其中，小学阶段的生师比从19∶1降至18∶1，说明英国小学生总体上能够获得的教育资源有所增加。同样的情况也出现在初中阶段教育，其生师比从16∶1下降到15∶1。但是，在高中阶段教育，10年左右的时间里生师比没有发生较大变化，基本保持稳定。与世界其他国家相比，英国基础教育阶段的生师比水平可以说处于较为领先地位，各个学段都在世界平均水平之下。

表1-9 英国各学段生师比变化情况〔1〕

国别	小学生师比		初中生师比		高中阶段生师比	
	1999年	2010年	1999年	2010年	1999年	2010年
英国	19	18	16	15	14	14
美国	15	14	16	13	14	14
中国	22	17	18	15	16	16
世界平均	26	24	19	18	16	16

3. 完成率

有多少学生能够顺利完成基础阶段教育，尤其是高中阶段教育是衡量人口总体教育水平的重要指标。不同年龄段人口的高中阶段教育完成率有所差异，且通识课程与职业课程比重安排不同的国家里高中阶段教育完成率也有所差别。影响完成率的因素有很多，既包括学生自身的学习能力、家庭经济条件等相对比较个人化的因素，也包括社会环境、学习条件不充足等结构性因素。另外，与完成率相类似的一个指标——毕业率，也是衡量基础教育过程质量的一个重要指标。

〔1〕 UNESCO Institute for Statistics database (UIS, 2012).

从表 1-10 可以看到,从 2000 年到 2011 年的 10 年间,英国 25—34 岁人口中没有完成中等教育,即完成高中阶段教育的人口比重呈现明显的下降趋势,从 2000 年的 33%左右下降到 2011 年的不足 16%,由低于 OECD 国家平均水平上升到高于 OECD 国家平均水平,说明英国中等教育的发展水平有明显提高。

表 1-10 英国未完成中等教育 25—34 岁人口比重变化情况〔1〕

年份 国别	2000	2007	2008	2009	2010	2011
英国	33.19%	19.95%	19.71%	18.3%	17.05%	15.78%
美国	11.83%	12.85%	11.87%	11.72%	11.59%	10.95%
OECD 平均	24.25%	19.89%	19.35%	18.73%	18.16%	17.74%

在这里之所以要对高中阶段教育进行特别说明,主要是因为高中阶段教育是连接义务教育与高等教育的重要过渡,既为学生奠定进入高层次教育阶段的基础,又为学生直接进入劳动力市场做准备。OECD 的相关研究表明,在 OECD 国家没有接受过高中阶段教育的年轻人会面临严重的就业困难。努力提升高中阶段教育普及水平是当前世界各国政策关注的一个重点。

毕业率反映了从高中毕业的学生的情况,代表给定年份所有毕业生和特定人群之间的关系。初次高中毕业率能够在一定程度上反映基础教育的最后阶段——高中阶段教育的教育水平。从表 1-11 的高中阶段教育初次毕业率变化情况来看,英国高中阶段教育初次毕业率水平逐年上升,这与近年来英国大力发展高中阶段职业教育的政策息息相关。

表 1-11 英国高中阶段教育毕业率情况〔2〕

年份 国别	2000	2007	2008	2009	2010	2011
英国	m	89%	91%	92%	92%	93%
美国	70%	75%	76%	76%	77%	77%
OECD 平均	74%	82%	80%	82%	84%	83%

注:m=相关数据缺失。

〔1〕 OECD Statistics Database.

〔2〕 OECD, Education at a Glance 2011, 2012, 2013 年度版。

4. 辍学率

基础教育阶段既包括义务教育阶段也包括非义务教育的高中教育阶段。目前世界各国已经基本普及的义务教育,但面向15—19岁的高中教育阶段教育年龄人口中,既没有在学校接受教育又没有进入劳动力市场或者参加培训的青少年(英语中称为NEET)仍然占有较大的比重。OECD每年发布的研究报告中也特别关注这一类青少年人群,并专门设置相关指标进行分析。

据统计,2007年英国有10.7%的15—19岁青少年既没上学,也没有参加工作或培训,而OECD国家青少年的平均辍学率只有7.2%。与2000年时的水平相比,15—19岁青少年的辍学率有所上升。在英国政府加强对15—19岁青少年问题的关注后,其辍学率有所改善,2011年时下降到9.5%。但即便是这样,英国15—19岁青少年辍学率水平仍然高于OECD国家的平均水平,见表1-12。

表1-12 英国青少年辍学率变化情况[1]

国别	2000年	2011年
15—19岁青少年		
英国	8.03%	9.5%
美国	7.0%	7.14%
OECD国家平均	9.36%	8.15%
20—24岁青少年		
英国	15.73%	19.12%
美国	14.44%	18.49%
OECD国家平均	17.65%	18.51%

三、教育投入成财政的重中之重

教育的发展离不开国家财政的投入和支持。高质量的教育背后往往是较高的生均成本,但教育投入必须要考虑其他公共开支的需求和整体税收负担能力。基础教育阶段相比于高等教育和职业教育来说,对公共财政的依赖程度比较高,公共财政中的教育投入水平也可以反映一国教育质量和发展水平。

从已有数据来看,初等教育、中等教育和中等后非高等教育的大部分经费是由

[1] OECD Statistics Database.

公共财政负担，但受到国家体制和机制的影响，公共财政的负担水平存在较大的差异，而且变化的方向也不相一致。2000 年时，英国基础教育经费的 88.72% 由公共财政负担，而到 10 年后的 2010 年，公共财政负担水平下降到 78.9%（表 1-13）。这一变化恰恰反映了英国撒切尔主义教育改革的结果。另一方面，基础教育经费站 GDP 的比重基本呈现稳步上涨的趋势，2010 年英国基础教育经费占 GDP 的比重已经达到 4.8%，远高于 OECD 国家平均水平，也高于美国的水平，见表 1-14。

表 1-13　英国基础教育经费支出占 GDP 比重变化情况[1]

国别＼年份	1995	2000	2005	2010
英国	3.6%	3.6%	4.4%	4.8%
美国	3.6%	3.7%	3.8%	4.0%
OECD 国家平均	3.6%	3.6%	3.8%	3.9%

表 1-14　英国基础教育经费公共财政负担水平[2]

国别＼年份	2000	2010
英国	88.72%	78.9%
美国	91.7%	92.26%
OECD 国家平均	92.9%	

除公共财政负担水平外，生均教育经费也是一项重要的衡量指标。2010 年度，英国基础教育生均经费水平在 OECD 国家中处于领先地位，分别达到了初等教育 9 369.09 美元，中等教育 10 452.15 美元[3]，高于 OECD 国家平均水平，见表 1-15。

表 1-15　2010 年英国生均教育经费情况[4]　　单位：美元

国别	初等教育	中等教育
英国	9 369.09	10 452.15
美国	11 192.83	12 464.18
OECD 国家平均	7 973.5	9 014.16

〔1〕 OECD, Education at a Glance 2013 年度版。

〔2〕〔4〕 OECD Statistics Database.

〔3〕 此处的计算是基于 GDP 的购买力平价(PPPs)而不是市场汇率，由此反映了一国生产与在美国以美元生产同等价值的一篮子商品和服务所需的本国货币。

但是,从1995年到2010年基础教育经费的增长情况来看,英国基础教育经费的增长速度并不十分乐观。1995年英国基础教育经费相当于2005年的61.92%,2000年仅仅增加了0.5个百分点,到2010年增加到109.04%,说明2005年以后英国基础教育经费的增速较快。然而,与美国和OECD国家平均水平相比,英国基础教育经费的增长速度相对较低,见表1-16。

表1-16 英国生均基础教育经费变化情况[1]

国别 \ 年份	1995	2000	2010
英国	61.92%	62.49%	109.04%
美国	73.82%	88.54%	112.77%
OECD国家平均	72.53%	84.12%	117.16%

注:以2005年基础教育经费水平的计算基准,即2005=100。

四、教育公平强调基线提升

公平和效率是当今世界各国教育政策追求的两个重要价值取向。在不同的历史发展时期和不同的社会环境下,对公平和效率两者关系的解读有所差异,反映到政策层面上则是异彩纷呈的状态。就英国基础教育公平的理念来说,20世纪以来英国基础教育公平理念发展经历了大致四个阶段,每个阶段受到了不同学术领域和学术流派的影响,主要包括阶级分析理论、智力理论、社会流动理论和教育消费权批评等[2]。

具体到英国教育政策来说,传统上英国执政党的教育理念对国家教育政策影响较大。英国工党和保守党各自所执的教育公平理念存在较大的差距,保守党的精英主义教育思想更为浓烈,因此在教育政策上更强调遵循每个人的天赋,给予不同的教育;而工党更多地代表平民阶层的利益,更多地主张人人都有权利接受教育,强调消灭教育中的不平等。进入新世纪,英国政坛上出现了两大主要政党势均力敌的形势,于是催生了英国历史上第二个联合政府。联合政府提出

---

[1] OECD Statistics Database.

[2] 倪小敏.向有差异的平等迈进——20世纪英国基础教育公平理念的嬗变[J].清华大学教育研究,2010(5):89-94.

了以"自由""公平""责任"为核心的施政纲领,在教育政策上主要是沿着两个路径展开,一是深化放权,促进学院式学校(Academy)和自由学校(free school)政策的落实;另一是继续此前工党所推行的保底性和提升教育质量的相关政策,例如确保开端计划等项目。

联合政府成立后随即出台了新的施政纲领《联合政府:我们的施政方案》,其中关于教育提出了17条政策,既涉及效率问题也涉及公平问题,同时还兼顾了校园暴力和学校纪律问题等。联合政府的新政策中有3条涉及教育公平问题,即第2条——在学校预算外的其他项目开支中节省出一定的费用,用来设立针对弱势学生群体的助学金;第14条——给最易受伤害的孩子提供最高质量的关爱,改善学童的诊断性评价,避免特殊学校的不当关闭,并致力于全纳教育;第17条——确保所有新的学院式学校奉行全纳招生政策,与宗教团体合作提升宗教学校水平,同时在尽可能多的学校中促进全纳招生政策的实施。[1] 由这几条涉及教育公平问题的新政中可以看到,联合政府试图出台补偿性政策促进基础教育公平达成的同时,力图通过放权、促进学校多样化来确保入学机会、满足不同学生群体的教育需求,从而实现差异化的教育公平。

五、英国学生在国际测试中的表现

检验学生学习成果的一个重要方式就是考试,它能够最为直观地反映出学生通过一段时间的学习后学业水平是否达到了预期水平,或者检测出学生在多大程度上达成了预期水平。国际上比较流行的学业成就测试有国际学生评估项目(即常说的PISA)和国际数学和科学评测(即TIMSS)两个。

这两个国际测试各有侧重,TIMSS是国际教育成就评价协会IEA从60年代初开始组织的一个项目,20世纪90年代中期以后才逐渐形成统一的名称和实施规律。TIMSS每四年实施一次,主要是针对四年级和八年级学生的数学与科学学业成绩以及课程目标的达成情况。PISA则是由经合组织发起,主要是在教育利益相关者对教育效果问责的推力下产生的,与TIMSS相比,PISA起步较

[1] HM Government. The Coalition: our programme for government [R]. London Cabinet Office, 2010.

晚，以 15 岁学童为测试样本，每三年实施一次。PISA 的测试内容不仅限于学科知识，同时也包括技能、态度等成人生活世界中所需要的多种素质。[1] 这里主要围绕英国学生在 PISA 测试的表现展开。

PISA 测试主要聚焦在数学、阅读和科学这三个领域，采取纸笔测试的形式，每次测试所着重考查的领域有所不同。2000 年和 2009 年度的 PISA 测试着重考查阅读，2003 年和 2012 年度着重考查数学，2006 年度着重考查科学[2]。在 2012 年度的 PISA 测试中，英国学生的表现算不上十分出色。横向来看，在数学和阅读领域大致在 34 个 OECD 国家参加测试学生中的平均水平上下，而在科学领域的表现则稍微好一些，超过了 OECD 平均水平。纵向来看，英国学生在三个领域的表现与 2006 年和 2009 年的 PISA 测试成绩没有太大的变化。

在数学领域，英国排名第 26 位，与捷克、丹麦、法国、冰岛、爱尔兰、新西兰、挪威等国不相上下。从表 1-17 可以看到，英国学生在数学领域的拔尖表现的学生比重尽管略低于 OECD 成员国的平均水平，但却高于美国学生。

表 1-17 英国学生在 PISA 测试数学领域的表现分布情况[3]

国别	<Level 1	Level 1	Level 2	Level 3	Level 4	Level 5	Level 6
英国	7.8%	14.0%	23.2%	24.8%	18.4%	9.0%	2.9%
美国	8.0%	17.9%	26.3%	23.3%	15.8%	6.6%	2.2%
OECD 平均	8.0%	15.0%	22.5%	23.7%	18.1%	9.3%	3.3%

在阅读领域，英国学生取得了 499 的平均分，排名第 23 位，与最高分相差 71 分，基本与 OECD 平均水平没有特别明显的差异，同样水平的国家还有越南、德国、法国、挪威、美国、丹麦和捷克等，见表 1-18。

---

〔1〕〔2〕 OECD (2013). PISA2012 Assessment and Analytical Framework: Mathematics, Reading, Science, Problem Solving and Financial Literacy, OECD Publishing. [EB/OL]. [2014-01-14]. http://dx.doi.org/10.1787/9789264190511-en.

〔3〕 OECD (2013). PISA 2012 Results: What Students Know and Can Do—Student Performance in Mathematics, Reading, Science (Volume Ⅰ), PISA, OECD Publishing. [EB/OL]. [2014-01-14]. http://dx.doi.org/10.1787/9789264201118-en.

表 1-18 英国学生在 PISA 测试阅读领域的表现分布情况[1]

国别	<Level 1	Level 1	Level 2	Level 3	Level 4	Level 5	Level 6
英国	1.5%	15.2%	23.5%	29.9%	21.3%	7.5%	1.3%
美国	0.8%	15.9%	24.9%	30.5%	20.1%	6.9%	1.0%
OECD 平均	1.3%	16.7%	23.5%	29.1%	21.0%	7.3%	1.1%

在科学领域,英国学生取得了 514 分的平均分,与最高分相差 66 分,在所有参加测试的国家中排名第 21 位。同样水平的国家还有荷兰、爱尔兰、澳大利亚、中国澳门、新西兰、瑞士、斯洛文尼亚、捷克和奥地利等,见表 1-19。

表 1-19 英国学生在 PISA 测试科学领域的表现分布情况[2]

国别	<Level 1	Level 1	Level 2	Level 3	Level 4	Level 5	Level 6
英国	4.3%	10.7%	22.4%	28.4%	23.0%	9.3%	1.8%
美国	4.2%	14.0%	26.7%	28.9%	18.8%	6.3%	1.1%
OECD 平均	4.8%	13.0%	24.5%	28.8%	20.5%	7.2%	1.1%

第三节 英国基础教育的发展方向

英国工党结束为期十年的执政后,由保守党和自由民主党联合而成的新政府颁布出台多项新政,推进英国基础教育改革。新政府下英国基础教育改革展现出三个主要的改革方向,即继续推行国家课程改革,推进 16—19 岁青少年的教育与培训(重点关注 NEET 青少年问题),以促进学校教育体系多样化等手段满足学生的多样需求。

---

[1][2] OECD(2013). PISA 2012 Results: What Students Know and Can Do—Student Performance in Mathematics, Reading, Science (Volume Ⅰ), PISA, OECD Publishing. [EB/OL]. [2014-01-14]. http://dx.doi.org/10.1787/9789264201118-en.

一、继续推进国家课程改革

1988 年在前英国首相撒切尔夫人的主导下颁布实施的《1988 年教育改革法》，被誉为继战后《1944 年教育法》之后最具有革命性的一项教育改革法案。该法案的颁行结束了英国没有统一的国家课程的历史，它规定从 1989 年开始全国所有中小学实行统一的国家课程。国家统一课程的实施实际上是剥夺了教师充分的课程自主权，一定程度上屏蔽了教师力量对教育领域的渗透，同时也重新调整了中央、地方和学校之间的关系，反映出明显的中央集权倾向。

伴随国家课程的实施，20 世纪 90 年代以后国家课程在落实过程中因考试和评估制度自身所存在的缺陷，催生了“为考试而考试”的扭曲现象，出现了教师供给不足、教师和学生负担过重等问题，引起了教师和学生家长的不满。为缓解国家课程所带来的“副作用”，英国政府对国家课程进行了一系列的调整，包括设立全国统一的课程和评价管理与协调机构；适当降低课程要求，增加多样性和灵活性的选择；简化考试评价；简化教师评价，激发教师的主动性和积极性等。

1997 年布莱尔领导下的英国工党执政以来，又掀起了对国家课程新一轮的改革，试图将基础教育质量保障的关键从课程转移到标准。其 1997 年的教育白皮书《卓越学校》(*Excellence in Schools*)对儿童发展所需要达到的预期目标提出了设想。1999 年 7 月英国出台了新的课程方案，并从 2000 年开始实施。

英国工党执政结束后，新上台的联合政府开始酝酿新一轮的国家课程改革。2010 年联合政府上台当年便出台了教育白皮书《教育的重要性》(*The Importance of Teaching*)，设定了一些较为彻底的教育体系改革措施，旨在给予学校和教师更多的自主权。随后，为推进新一轮的课程改革，联合政府成立了专家组，并在 2011 年 12 月提交了专家组报告《国家课程框架：专家组报告》(*The Framework for the National Curriculum: a Report by the Expert Panel*)，提出国家课程改革的相关建议，2012 年联合政府对此做出了回应。2013 年 11 月新的国家课程方案公布，并从 2014 年起开始实施。2014 国家课程提出三个主要改革措施，即缩减国家课程内容，给教师更多教学自主权；改革考试和评价制度，加强基础知识学习，给学校自主设计学生评价的自由；改革 GCSE 和 A Level 资格考试。至于新国家课程的实施结果如何，还有待进一步跟踪考察。

二、重视16—19岁青少年教育与培训

1997—2010年英国工党执政期间,14—19岁青少年的教育与培训问题成为教育政策中一个重要组成部分,先后多次就这一问题发布白皮书。2003年英国政府发布了《14—19岁:机会与卓越计划》(*the 14—19: Opportunity and Excellence*),2005年之后又出台了《14—19岁教育和技能》(14—19 *Education and Skill*)、《技能——在业务中增强,在工作中提高》(*Skills: Getting on in business, Getting on at Work*),以推动基础教育阶段的职业教育改革,旨在跨越普通教育与职业教育的鸿沟,使二者趋于统一。

2010年联合政府开始执政后,依然关注基础教育阶段青少年的教育与培训问题,并将关注的重点进一步聚焦在16—19岁这个年龄段。2011年受教育部Michael Gove MP的委托,沃尔夫(Wolf)提交了《职业教育报告》(*Review of Vocational Education*),报告认为此前英国给在14—16岁学生提供的职业教育不充分,使得四分之一至三分之一的16—19岁青少年或沦为NEET一族,或正在上着一些根本无法实现就业或升学的课程。在该报告及所征集的社会意见的基础上,英国政府出台了继续教育领域的行动计划《新挑战,新机遇:继续教育体系和技能改革计划》(*New challenges, New chances: Further Education System and Skills Reform Plan*),2012年又继续推出了16—19岁教育课程(16 to 19 study programmes),以及其他多项措施推动继续教育和技能培训。同时,在立法层面,联合政府修订出台了《2011年教育法》(*Education Act* 2011),给予大学、继续教育学院更大的财政和招生等多方面的自主权。

三、关注学生教育需求

英国基础教育改革另一个发展方向是政府通过提供多样化的教育服务选择、增加教育和培训机会、提供特殊教育服务等方式满足学生的多样化教育需求。换句话说,英国基础教育的供给越发精细化。

2010年新联合政府上台后次年,发布了《青年合同计划》(*the Youth Contract*),提出一套新计划,即在2012—2015年之间支持16—17岁处于无业状况(NEET)青少年摆脱困境,鼓励这些青少年重新回归教育、学徒或者边工作边

参加培训，并投入10亿英镑的财政预算，为这类青少年创造多样化的学习和培训机会。在该政策刺激下，英国政府整合其他相关政策措施形成了增加青少年教育机会、促进其潜能发展的政策，具体包括三个方面的政策措施，即针对在校学生提升教育质量，支持青少年参加更多的学习和培训，为青少年提供更为广泛的社会参与机会。

另一方面，英国政府对于有特殊教育需求的孩子和家庭也比较关注。2011年发布了特殊教育需求绿皮书《支持与抱负》(*Support and Aspiration: a New Approach to Special Educational Needs and Disability*)，并在此基础上于2012年出台了改革特殊教育的计划。2013年更是修订了《儿童与家庭法案》(*Children and Families Bill*)，确保改革措施的落实。特殊教育的改革措施主要体现在两大领域，一是改善特殊儿童和家庭的援助体系，包括改革评价体系、给特殊儿童家庭提供可选择的服务、修订特殊教育需求声明和学习困难评估(0—25岁特殊儿童和青少年)等；二是改善为特殊儿童提供的教育服务，确保所有公共财政支持的学校完全参与到特殊儿童援助体系中、资助从事特殊教育事业人员的专业培训、帮助提供得到援助的实习机会以便特殊教育儿童学习工作所需技能等。

英国作为老牌资本主义国家拥有悠久的历史文化传统，也是世界上最早进行工业革命、率先进入现代化的国家之一。英国教育发源于宗教传播的需要，教会对于教育的支持也较为积极，然而，民族国家的崛起以及现代教育体制发端之后，教会与国家之间围绕教育的掌控权展开了长期的斗争。英国基础教育的发展在19世纪进入低谷，教育发展水平明显滞后于当时英国整体的社会经济发展水平，也落后于欧洲大陆国家和美国等。两次世界大战改变了世界格局，英国往日的辉煌在其他众多新兴国家的光辉照耀下，尽管依然闪亮却不再是一枝独秀，尤其是第二次世界大战以后，这种变化十分明显。英国人开始意识到教育在促进国家和社会发展中的重要作用，实施义务教育并不断延长其年限，发展职业教育，促进社会融合。在全球化、信息化不断冲击的今天，英国政府不断出台基础教育改革的新政，教育规模、学校类型、教育功能不断扩展，基础教育取得稳步发展，也展现出新的发展方向。

第二章

英国基础教育制度及结构

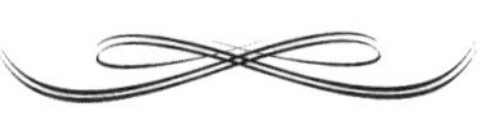

第一节 英国学制体系简介

一、英国现行学制结构

当前,英国教育体系由五个教育阶段组成,包括学前教育、初等教育、中等教育、继续教育和高等教育。受教育历史文化传统的影响,英国四个区域,即英格兰、威尔士、苏格兰、北爱尔兰的学校教育体系存在一定的差别,但总体上来看,英格兰、威尔士和北爱尔兰的学校教育体系基本遵循类似的结构框架,苏格兰的教育体系则单独成为一体,具体后文将详细说明。

英国实行免费义务教育。1997—2010 年英国工党执政期间,曾通过立法修订义务教育年限。2008 年英国政府修订出台了《2008 年教育与技能法》(*Education and Skills Act* 2008),旨在提高 17—18 岁青少年的教育与培训参与度。然而,在工党执政期间内,该法所提出的延长义务教育年限的提议并没有得到全面实施和落实,只有英格兰地区将义务教育年限提高了一年,毕业离学的年龄由此前的 16 岁提高至 17 岁(2013 年暑假前),2013 年 9 月以后离学年龄提高至 18 岁。由此,目前关于英国义务教育问题存在两个重要概念,一是传统意义上在学校教育体系中执行和参加的义务教育,主要是针对 5—16 岁儿童;另一个是参与教育和培训的义务,对于具体的参与形式不做硬性要求,主要是针对 17—18 岁的青少年,履行义务教育责任的主体从学生和家长转变为青少年本人,因为在英国法律体系中 16 岁以上被认定为具有完全民事行为能力的自然人。由此,目前在英国,尤其是在英格兰,离校年龄(school leaving age)和义务教育完结年龄并不是等同的,离校并不意味着脱离教育与培训。

2010 年联合政府开始执政以来,对教育经费总额进行缩减,同时调整了教育经费的使用结构。尽管也试图放缓延长义务教育年限的步伐,但碍于法律规定，还是继续实行了延长义务教育年限的总体改革方向，对于教育与培训的具体参与形式的规定相对比较灵活。在这样的政策背景下，英国现行的学制结构见表 2-1(学制图详见附录)。

表 2-1 英国各地区基础教育阶段学制对照表

年龄	英格兰和威尔士	北爱尔兰	苏格兰
3	托儿学校 (非义务教育)	托儿学校 (非义务教育)	托儿学校 (非义务教育)
4—5	初等教育-Key Stage 1 学前班	初等教育-Key Stage 1 一年级	托儿学校 (非义务教育)
5—6	一年级	二年级	初等教育 P 1
6—7	二年级	三年级	P 2
7—8	Key Stage 2 三年级	Key Stage 2 四年级	P 3
8—9	四年级	五年级	P 4
9—10	五年级	六年级	P 5
10—11	六年级	七年级	P 6
11—12	中等教育-Key Stage 3 七年级	中等教育-Key Stage 3 八年级	P 7
12—13	八年级	九年级	中等教育 S 1
13—14	九年级	十年级	S 2
14—15	Key Stage 4 十年级	Key Stage 4 十一年级	S 3
15—16	十一年级	十二年级	S 4
学校中的义务教育结束			
16—17	十二年级	十三年级	S 5
17—18	十三年级	十四年级	S 6

注：根据各地区教育部网站相关资料整理。

1. 学前教育

在英国，学前教育主要是指针对尚未进入初等教育阶段的儿童的养护和教育。在英格兰，开展学前教育的机构比较多样，主要包括公立托儿学校(state nursery schools)、附设于小学的托儿班(nursery classes)和学前班(reception classes),以及公立教育系统之外的宗教系幼儿园(voluntary pre-schools)、私人创办管理的托儿所或看护中心(childminders)。2010年9月开始,英格兰地区3—4岁的学龄前儿童可以享受每周15小时、每年38周的免费幼儿教育。

《2002年教育法》要求英格兰地区的国家课程要将基础阶段纳入其中,从2000年开始英格兰的国家课程的覆盖范围延伸到3岁儿童。从3岁到5岁正式进入小学之前的这段时间,英格兰儿童都有自己的档案袋,记录这段时间的发展情况和学习达成情况,为其进入小学提供基础性参考资料。

在威尔士,儿童在过完第3个生日之后到正式入小学之前这段时间里,可以享受免费的、非全日制的保教服务。家长可以选择进入公立学校,也可选择进入私立教育机构。在威尔士,基础阶段的课程采取整体性发展课程的方式,面向3—7岁儿童,并根据每个孩子的发展阶段需求调整。

在苏格兰,地方教育局有责任保证每个孩子在过完第3个生日之后,能够享受公共财政资助的、非全日制的学前教育(pre-school education)。苏格兰的学前教育可以由地方教育局设立的学前教育中心或私立教育机构开展。满3周岁到4周岁之前的这一年,苏格兰儿童所接受的早期教育称为"前学前教育"(ante-pre-school education)。前学前教育可以不满一个学年,主要是取决于儿童的出生时间。在正式开始进入小学之前,所有英格兰儿童可以享受一个完整学年的学前教育。

在北爱尔兰,儿童可以在法定幼儿园或私立教育机构接受学前教育服务,但私立教育机构必须是已经加入到学校教育扩展计划(PSEEP)的机构。通常情况下,私立幼儿教育机构是非全日制的,但公立幼儿教育机构既提供全日制也提供非全日制的学前教育服务。北爱尔兰的学前教育只是针对还有一年进入小学一年级的儿童,因而,儿童通常是在3岁2个月到4岁2个月大的时候开始接受学前教育。

2. 初等教育

在英国,初等教育通常是从4岁开始,在11—12岁前后结束,实行七年制初等教育。实施初等教育的目的主要在于让所有儿童掌握基本的素养和运算能力，同时奠定在科学、数学和其他学科学习中的基础。

初等教育阶段大致涵盖3个年龄段的儿童，即学前教育阶段儿童（5岁以下）、低年级儿童（infant）（5岁到7岁或8岁），这两个年龄段属于关键学段1；然后是高年级儿童（junior）（到11岁或12岁），这个阶段属于关键学段2。但是，在苏格兰和北爱尔兰，小学阶段的教育没有明显区分低年级和高年级。在威尔士，学校类型基本与英格兰一致，但是威尔士将学前教育阶段与小学低年级整合在一起。在英格兰，小学通常情况下主要是招收4—11岁儿童，部分小学中会附设有学前班或儿童中心。通常儿童在11岁时小学毕业（苏格兰是在12岁），直接升入中等教育阶段，但在英格兰也存在例外。英格兰有一类招收8—14岁儿童的“中间学校”，将部分初等教育和部分中等教育整合在一所学校之中。某种意义上说，这一类学校类似于我国所说的一贯制学校，但又不同于我国的完全中学、九年一贯制学校或十二年一贯制学校。

英国小学生毕业时一般都要接受某种形式的评价，来衡量其在小学毕业时的发展水平。众所周知的“11岁考试”就是英国儿童在完成小学教育时需要参加的一项重要考试，它曾经是决定小学毕业生流向的重要因素，但伴随教育改革的不断推进，其重要性有所降低。目前，在英格兰和北爱尔兰，小学生完成关键学段1和关键学段2的学习后都要参加考试评价。但在威尔士，学生在完成前两个关键学段的学习后，则是由老师对其进行评价。

3. 中等教育

进入到中等教育阶段后，英国学生所面临的升学压力和选择也逐渐随之而来。中等教育通常从11岁或12岁开始，一直到18岁，其中，11—16岁期间是采取学校教育的形式，17—18岁期间则相对比较灵活，可以在学校中学习，也可以在工作中参加培训。这期间通常可以划分为几个阶段，即关键学段3（通常是招收11—14岁儿童）、关键学段4（通常是招收14—16岁青少年）、专门为升学服务的第六学级教育阶段（通常招收16—18岁青少年）。

英国各地的中等教育制度安排并不完全一致。在英格兰，提供中等教育的学校比较多样化，反映了不同时代的政策痕迹。综合性学校通常采取就近入学的办法，不考虑学生的能力水平。在英格兰的一些地区，还存在文法学校，这类学校通常需要通过选拔才能就读。此外,伴随英国历届政府教育改革的不断推进,英格兰还存在学院式学校、自由学校等其他类型的学校。在威尔士,中等教育学校主要招收 11 岁的儿童。在苏格兰,地方教育当局所主管的中等教育学校基本属于综合性的,并提供 6 年的中等教育。但是在苏格兰的偏远地区,也存在些许二年制和四年制的中等教育学校。在北爱尔兰,初等教育之后的教育包括 5 年的义务教育和 2 年可选择的教育,在这 2 年可选择的教育里,学生可以继续课程学习,从而达到 Level 3 的要求。

4. 继续教育

英国的继续教育概念比较宽泛,更多的是相对于义务教育的一个概念。通常意义上所讲的继续教育可能与高等教育之间存在一定的交叉,但是在英国的语境下,继续教育与高等教育之间存在明显的界限。继续教育可以囊括所有义务教育阶段后的非高等教育课程,通常以技能培训和高等职业教育为主,面向 16 岁以上的青年人群,一般不包括大学教育。继续教育通常在继续教育学院(FE Colleges)、基于工作的学习(work-based learning)以及成人与社区学习机构中开展。其所学课程通常会包括面向 16 岁以上青年的课程(与同年龄段在校生所学内容类似)、副学士学位(sub-degree)课程(与高等教育机构的课程类似)。

在英格兰,学院式学校通常被归在继续教育领域,包括一般继续教育与第三级学院、第六级教育学院、专业学院和成人教育机构等。此外,继续教育课程也可以放在中等教育学校里教授。21 世纪以来工党政府和新联合政府都关注的 14—19 岁青少年(或 16—19 岁)的教育与培训问题,实际上在很大程度上是对继续教育的反思和调整。

5. 高等教育

英国高等教育在世界舞台上久负盛名,剑桥和牛津大学的傲人成就如同启明星般闪闪发光。把英国高等教育放到显微镜下,我们也可以发现璀璨的光环下也是有亮度不同的分层。

英国高等教育课程大致可以划分为两个级别,一是本科阶段教育,包括学士学位、国家高等教育证书等;另一个是研究生阶段教育,包括硕士学位、MBA、博士学位,一般具备本科文凭才能进入研究生阶段的学习。

高等教育一般从 18 岁开始(苏格兰是从 17 岁开始),本科学习一般需要 3 年,特定专业需要 4～5 年,例如医学。硕士研究生课程只需要 1 年,在某种意义上来说,英国的硕士学位更像是一种过渡性学习。博士研究生课程一般需要 4 年,对学生毕业的要求相对较高。

英国高校的招生途径相对较多,没有全国统一的高考,入学选拔主要是依据学生所提交的资格证书。在入学条件方面,一般要求申请人具有 A-Level 两科合格以及若干 GCSE 科目合格证书,或者 AS-Level 的合格证书。

英国本科生的学士学位与我国大一统的学士学位不大相同。本科毕业所取得的学位是要根据在学期间学生的学业成绩划分为五等,即一等学位(first-class honours)、上二等学位(upper second-class honours)、下二等学位(lower second-class honours)、三等学位(third-class honours)、普通学位(ordinary degree)。前四个等级的学位都是“荣誉学位”,能够满足一般的升学和工作需要。普通学位则不是荣誉学位,在本科学位等级划分体系中等级最低,主要颁发给那些学习成绩较差、难以完成荣誉学位课程要求(但完成部分课程并达到及格要求)的学生。但在苏格兰,完成大学 3 年学习拿到的学位为普通学位,完成 4 年以上的学习拿到的才是荣誉学位,因而苏格兰大学所颁发的普通学位并不表明学生学习成绩。

二、多样综合的英国中小学校

英国各路政党为赢得更多的选票,历来将教育放在施政纲领的重要位置。1997 年英国工党接替保守党踏上执政席位之时,时任首相布莱尔就宣称政府优先考虑的三件事情是“教育、教育和教育”。2010 年新一届联合政府开始执政以来,对教育的改革一直没有放松过。可以说,英国每一届政府在执政期间基本都会在教育领域留下这样或那样的改革痕迹。

战后教育改革以《1944 年教育法》为主要标志,重点构建了新时期英国中等学校体系,意图构建“三合一体制”的中等学校体系,即文法中学(grammar school)、技术中学(secondary technical school)、现代中学(secondary modern school),尽管在法律文本中没有从未出现过“三合一”的字样。此外,在该法的影响下,综合中学(comprehensive school)和直接拨款学校(direct grant school)在教育制度上也占有了一席之地。但是,从改革开始到20世纪60年代的这段期间,该法所设想的技术中学、综合中学等并没有得到大规模的发展。同时,中等教育学校多样化及其与初等教育之间联系的加强,也给英国初等教育造成了不小的影响,集中体现在11岁考试这个问题上,逐渐将英国基础教育推向了应试教育的风口浪尖。

面对社会对英国教育现状的批判,英国教育改革开始转向,从精英教育取向比较明显的应试教育开始向愉快教育转型。其间,战后形成的“三合一”中等学校体系也遭到了批判,被认为是阶级分化的表现。因而,入学时不对学生做能力或倾向甄别的综合中学受到英国工党的追捧,并在20世纪70年代中期其执政期间力推以废除11岁考试、大力发展综合中学为主要内容的教育改革,掀起了发展综合中学的热潮。到1988年时,综合中学成了绝大多数英国中学生所就读的学校类型。但综合中学的好景没能维持很久,撒切尔为首的保守党上台以后,对综合中学拉低英国中学质量进行了抨击,主张按照学生能力层次水平给予不同的教育,并试图恢复11岁考试制度。此后,综合中学发展走向低谷。

经过撒切尔主义式教育改革,市场性要素渗透到基础教育领域中,其核心目的在于提高教育的效率和质量,满足教育消费者——家长和学生的多元化需求。在这种改革背景的推动下,英国中小学校的类型又出现了新变化,原有的中小学教育体系变得更加灵活,更好地回应社会的教育需求。《1988年教育改革法》给予学校更多的自治权,催生了“直接拨款公立学校”(the Grant Maintained School),可以是小学也可以是中学。这类学校可以自主决定如何使用下拨到本校的教育经费。另外,家长的择校权利和范围得到了进一步的扩大。1988年,教育法规定,学校董事会中必须包括学生家长代表,而且比例要占到40%;同时还规定,所有公立学校在招生名额没满之前不能拒绝学生的入学申请。撒切尔的教育改革不仅仅停留在公立教育领域,对私立教育以及学校教育的私有化也有所涉及,从而进一步促进了英国中小学校的多样化。英国《1996年教育法》规定,所有地方教育局有义务为每个义务教育年龄段的儿童提供合适的教育,于是,为了满足那些游离于主流学校教育也不能进入特殊教育学校的儿童的教育需求,英国出现了新型教育机构——“学生推荐单位”(Pupil Referral Unit,

PRU)，由地方教育局提供财政支持。

2010 年新一届联合政府开始执政后，进一步下放教育主权，公立和私立的界限也越发模糊，家长和学生的教育权不仅仅停留在择校层面，而是深入到办学层面，即学生家长可以根据教育需求要求开办相应的教育机构。《2010 年学院式学校法》(*The Academies Act* 2010)为自由学校和学院式学校的出现提供了制度空间，它允许自由学校的创办、现有公立学校转变为学院式学校。2011 年秋季第一批自由学校共 24 所获批建立，此后自由学校不断发展，2012 年 9 月 55 所新设立的自由学校开学，2013 年 9 月 102 所自由学校进入了开学准备阶段。

在英国(主要是英格兰)，这类学校被称为"自由学校"(free school)的新型学校所需的经费由纳税人负担，但并不受地方政府的管控，而是由非营利性慈善组织负责管理。主流的的自由学校一般是不具备选拔性的，既可以实行小学阶段的教育，也可以实行中学教育。但招收 16—19 岁青少年的自由学校则要根据 GCSE 的成绩或其他标准来选拔学生。

在联合政府下出现的另一个新型学校是"学院式学校"(academy school)。这类学校实际上属于私立学校，但是却接受政府拨款，类似我国民办教育体系中的转制学校或民办公助学校。学院式学校直接从中央政府获取财政资助，因而在行政上并不受地方教育局的直接管理。因此，这类学校拥有较大的自主权，多数是由注册慈善机构或其他教育慈善机构参与管理。在课程方面，学院式学校必须要遵循国家课程的要求，并接受教育标准局的督导。英国大多数学院式学校属于中学，为 11—16 岁青少年提供教育服务，只有少部分招收学前或小学阶段的学生。《2011 年教育法》规定，所有地方教育局如需新设学校，通常必须要尝试设立学院式学校或自由学校，否则只能设立社区学校。可以看到，当前英国政府试图通过法律的强制手段，推进学校教育体系的自由化和多样化，具体措施就是增加学院式学校和自由学校的数量。表 2-2 为英格兰公立学校系统中主要学校类型对照。

总的来看，英国公立学校教育系统的多样化程度在不断提高，所服务的儿童及青少年的范围也扩大到 3—18 岁。目前，公立学校系统包括学院式学校、社区学校、基金会学校、自愿受助学校、自愿受控学校、寄宿制学校以及文法学校等。

表 2-2 英格兰公立学校系统中主要学校类型对照[1]

学校类型	管理方	经费来源	教师雇佣权	选拔性	是否直接受地方教育管理
学院式学校	慈善组织	中央政府	学校	部分有	否
自由学校	慈善组织	中央政府	学校	无	否
基金会学校	学校管委会	中央政府	学校	无	否
自愿受助学校	多样化的组织(教会、企业等)	地方教育局、基金会	学校	无	否
自愿受控学校	地方教育局	地方教育局	地方教育局	无	否
社区学校	地方教育局	地方教育局	地方教育局	无	是

在公立学校体系之外,英国还形成了以私立托儿所、私立预备学校和公学为主构成的私立学校体系。与公立学校相比,私立学校通常是收费的,但其课程设置相对比较灵活,不必完全遵循国家课程。另一方面,与公立学校统一由教育标准局进行督导相对照,私立学校的督导相对比较分散,大致情况是,教育标准局负责半数的私立学校,私立学校委员会(Independent Schools Council)成员校由私立学校督导团(The Independent Schools Inspectorate)督导,基督教学校联盟或穆斯林学校联合会的成员校由联合学校督导组织(The Bridge Schools Inspectorate)负责督导,其他学校则由学校督导服务署(School Inspection Service)负责。

英国私立学校中最为著名的就是"公学"。公学主要面向 13—18 岁青少年,具有较强的选拔性,就读成本也相对较高。之所以被称为公学,主要是源于其建立之初形成的"有教无类"的教育理念,即不论出身、宗教信仰如何,学生都有机会进入其中学习。在公学之下,英国还有一种面向 13 岁以下儿童、为其进入公学做准备的私立学校,称为预备学校(prep schools)。实际上,在英国就读于私立学校的学生还是少数,2013 年仅有 7%左右的基础教育阶段学生就读于私立学校。[2]

---

[1] 根据英国教育部网站相关说明整理。

[2] 英国教育部统计数字(2013.1).[EB/OL].[2013-09-21]. https://www.gov.uk/government/publications/schools-pupils-and-their-characteristics-january-2013.

三、英国中小学的考试与证书制度

在英国首相撒切尔主导下，英国政府出台《1988 年教育改革法》指导新时期的教育改革，国家课程及相应评价制度从此全面建立起来。国家课程按照基础教育的年级划分将学生所需要达成的学习和发展目标具体划分为 8 个层次，中小学生每完成一个关键阶段的学习都要接受考试评价，看是否达到了预期的学习要求。通常学生主要是在二年级、六年级和九年级参加国家课程评价，对应年龄大致为 7 岁、11 岁和 14 岁，对应的课程阶段分别为关键学段 1、关键学段 2、关键学段 3。国家课程测试采取标准化考试的形式，因此，国家课程评价通常被叫做 SATs。上文已经提到，在英国教育的历史上，11 岁考试曾经引起了较大的争议，主要是因为 11 岁考试是初等教育与中等教育衔接之间的一个重要过渡，曾经发挥着十分重要的甄别作用。但是，其他两个关学阶段的考试则是在 1988 年国家课程开始实施以后才登上英国教育历史舞台。关键学段 1 的 SATs 从 1991 年开始实施，关键学段 3 的 SATs 从 1998 年开始实施。联合政府上台后，对国家课程及其评价进行了调整，从 2012 年开始对学前儿童进行评价，主要由相关教师执行，另外是调整了关键学段 3 的考试评价方式，取消原来的标准化考试，改为由教师代为评价的方式。

学前基础阶段评价的内容包括七个学习领域，包括交流与语言(communication and language)、身体发展(physical development)、人际、社会和情绪发展(personal, social and emotional development)、识字(literacy)、数学(mathematics)、认知世界(understanding the world)、表现性艺术与设计(expressive arts and design)。按照这七个学习领域的要求，教师要对准备进入幼儿园的 2—3 岁儿童进行评价，学前教育结束时也要进行同样的评价，形成学前教育阶段幼儿发展的档案袋。

关键学段 1 考试是法定的、所有英国公立学校必须要组织其学生参加的一个考试。考试主要考察阅读、写作和数学领域的内容，通过考试结果来把握儿童理解和掌握该阶段预期学习目标的达成情况。国家课程要求所有完成关键学段 1 的学生达到 Level 2 的水平。学校没有义务向地方教育局提供考试结果，但必须要向有需要的学生家长公开。另外，对于完成关键学段 1 课程学习的儿童来说，语音筛查(the phonics screening check)是一项重要的检测内容，目的在于评价学生语音学习是否达到了一定的标准。语音筛查的结果不对外公布，仅用于甄别学生是否需要额外的帮助，提高其阅读技能。

关键学段 2 考试通常是在六年级结束时实施，主要考察英语和数学两个领域，同时要配以英语、数学和科学的教师评价，反映学生在各个领域的学习和发展情况。国家课程要求完成关键学段 2 学习的学生要达到 Level 4 的水平。教师评价的结果要反馈给标准化考试局(the Standards and Testing Agency)和家长。2013 年英国政府对国家课程及其评价进行了改革，在关键学段 2 考试中更加强调语法、音调和拼写方面的知识与技能，旨在提高学生的预期发展标准。从公立学校的测试结果看，2013 年阅读、写作和数学三个领域都达到 Level 4 及以上水平的学生占 75%，2014 年提升至 79%；分领域看，阅读 89%，语法、音调和拼写 76%，数学 86%〔1〕。

关键学段 3 考试一般是在九年级结束时实施，考察英语、数学和科学三个领域。国家课程要求学生在关键学段 3 考试中达到 Level 5—6 的水平。关键学段 3 考试实际上是伴随国家课程而出现的，没有深厚的历史文化根基，在 20 世纪 90 年代以后的教育改革中历次受到冲击。2009 年起关键学段 3 的标准化考试不再施行。

除了上文提到的这些基础教育阶段法定的考试之外，英国学生在义务教育结束的年级可以选择参加 GCSE 考试，即普通中等教育证书考试(General Certificate of Secondary Education, GCSE)。与前几个关键学段结束时实施的法定考试不同，GCSE 不是法定性的，学生可以选择参加也可以不参加，不过目前英国大多数中学毕业年级学生都会参加考试。GCSE 从 1986 年开始实施，主要是在英格兰、威尔士和北爱尔兰实行，替代从前的 O Level 和 CSE 考试，通常是面向 16 岁学生。GCSE 实行分科考试，英语、数学和科学这三科领域是必考科目，学生还可以选择参加语言、人文、社会、技术、艺术等其他学科领域的考试，但

〔1〕 National curriculum assessments at key stage 2 in England: 2014. [EB/OL]. [2014-09-25]. https://www.gov.uk/government/uploads/system/uploads/attachment_data/file/347653/SFR30_2014_Text.pdf.

必须要有相关学科 2 年的课程学习经历。每个科目的评价分为 9 个级别，从高到低依次是 A* (A-star)、A、B、C、D、E、F、G，另外还有 U 级，即不合格(unclassified)。学生最后拿到的 GCSE 证书中对不合格科目的成绩不予体现。

结束义务教育后的英国中学生继续接受 2 年的 A-Level 课程学习，则可以参加 A-Level 考试，考试合格则可以取得 A-Level 证书。实际上，该考试的全称为普通教育高级证书(General Certificate of Education Advanced Level)，俗称 A-Level，兼具结业和升学两项功能。2000 年课程改革后，A-Level 考试采取模块化考试形式，通常分为 4 个或 6 个模块。通常在 2 年的 A-Level 课程学习期间，第一年要考 2 个模块的内容，参加 AS-Level(Advanced Subsidiary Level)考试，第二年选修几门高级水平第二阶段的科目，参加 A2 水平考试，从而共同构成 A-Level 证书。

A-Level 考试中共有 30 多门课程可供选择，但并不是所有的学校都能开设所有的课程。因此，学生在选择学校时需要将学校提供的 A-Level 课程与自身需求相结合。另外，对于学生选择参加 A-Level 科目考试的数量，英国没有统一和明确的规定，一般情况下，学生会选择 3～5 门 A-Level 科目。

提供 A-Level 考试的组织机构有 5 个，包括评价与资格证书联盟(Assessment and Qualification Alliance, AQA)、OCR 考试局(Oxford Cambridge and RSA Examinations)、爱德思国家职业学校与学术考试机构(Edexcel)、WJEC 考试局和 CCEA 考试委员会(Northern Ireland Council for the Curriculum, Examinations and Assessment)。每个机构所组织的 A-Level 考试科目有所差异，其中 AQA 和 OCR 提供的考试科目相对较多，而 CCEA 的考试科目比较少，主要是集中在比较核心的科目上。A-Level 的考试科目中既包括为升学服务的学术性较强的基础学科，例如化学、生物、英语文学等，也包括面向职业教育的科目，例如会计、食品工程、产品设计等。

第二节 英国基础教育管理

一、中央与地方合作式教育管理机制

第二次世界大战之前，英国已经通过几个重要的法律，例如1899年的《中央教育法》《1902年教育法》等，建立起较为完善的三级教育管理体系，即中央教育局、郡和郡自治市议会的教育当局、人口在1万以上的自治市议会和人口在2万以上的城市教育当局。战后教育改革之前，英国的地方教育当局对本地区内的学校设立、教师雇佣、教师培训等都拥有较大掌控权力。中央层面的教育行政管理机构对国家教育事业的介入仅限于国家教育政策制定、教育财政投入等保障性领域，形成了中央政府教育管理机构与地方教育当局之间的合作伙伴关系，这一点成为英国教育行政体系的重要特征。

1. 中央教育行政机构

《1944年教育法》在建立初等和中等教育衔接的教育体系的同时，对教育行政体系的干预也比较大，加强中央集权要素的同时也在一定程度上扩大了地方教育当局的权限。该法第一条第一款规定："教育和科学国务大臣负责促进英格兰和威尔士人民的教育发展，并且促进致力于该目的的机构不断发展，还要确保地方当局在他的领导和指导下有效地执行国家政策，在每一个地区提供各种综合教育的服务。"[1]在该法对英国教育行政管理体制的基本设计下，经过几十年的改革和变迁，英国中央层次的教育行政机构根据学段不同而分别设立。目前是由两个内阁部门(Ministerial Department)分别管理，即基础教育相关事宜主要由教育部(Department for Education)管理，高等教育相关事宜主要由商务、创

〔1〕 瞿葆奎.英国教育改革[M].北京：人民教育出版社，1993：142.

新与技能部(Department for Business, Innovation & Skills)管理。这里主要围绕主管基础教育的教育部展开。

(1) 教育部的职责

作为中央一级负责英国全国基础教育及儿童服务相关事务的政府部门,教育部最初源于2007年布朗在任期间改组的儿童、学校与家庭部(Department for Children Schools and Families, DCSF)。2010年新一届联合政府再次改组教育行政机构,将其更名为教育部。

教育部担负五个方面的职责,即:第一,小学阶段儿童的教学工作;第二,在中学和继续教育中19岁以下青少年的教学工作;第三,为专门从事儿童和青少年工作的专业人员提供支援;第四,帮助弱势儿童和青少年实现更大的发展;第五,确保地方相关服务能保护和支持儿童。

为履行教育的职责,教育部制定了事业发展计划,其中,2013年度教育部的重点工作包括:增加高质量学校的数量;实行公平财政拨款;改革学校课程和资格证书;减少官僚性、改善问责制度;培训和培养儿童工作专业人员;改善学校儿童的相关服务;改善对儿童、青少年及其家庭的支撑,重点支持弱势群体。

(2) 教育部的基本架构

教育部是英国政府中内阁部门之一,其首长即教育内阁大臣是由首相使用君主特权任命的,实行部长个人负责制。教育部内部设置三个执行机构(executive agency),即教育拨款局(Education Funding Agency, EFA)、标准与考试局(Standard and Testing Agency, STA)和国家教学与领导力学院(National College for Teaching and Leadership, NCTL)。同时,设有两个执行性非部委公共机构,即儿童和家事法院咨询及援助署(Children and Family Court Advisory and Support Service, Cafcass)和儿童工作专署(Office of the Children's Commissioner),以及两个咨询性非部委公共机构,即学校教师评估机构(School Teacher's Review Body)和社会流动与儿童贫困署(Social Mobility and Child Poverty Commission, SMCP)。此外,教育部下还设有两个非内阁部委,即教育标准局(Office for Standards in Education, Children's Services and Skills, Ofsted)和资格与考试管理局(Office of Qualifications and Examinations Regulation,

Ofqual),见图 2-1。

2. 地方教育行政机构

英国实行中央与地方合作的教育行政管理体制,地方教育行政机构负责管理本辖区内的教育事宜。地方教育当局(Local education authorities)是《1902 年教育法》开始使用的一个概念,该法规定每个地方当局,不论是郡议会还是自治县议会中都要设立专门管理教育事务的委员会。1989 年英国实行教育改革之前,地方教育当局具有较大的权限,既管理中小学等基础教育,也管理继续教育及高等教育的相关事务。但《1988 年教育改革法》对英国教育行政体系进行了重新规划,在这个过程中,所有多科技术学院变成了独立法人,从而地方教育当局对本地区内高等教育的相关事务不再具有管辖权。

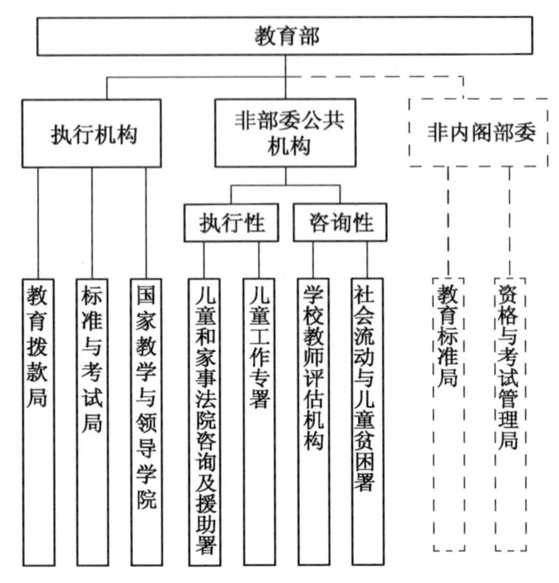

图 2-1 英国教育部组织框架示意图

目前,英格兰共有 152 个地方教育当局,威尔士共有 22 个,处于相对独立体系之下的苏格兰和北爱尔兰也有若干地方教育当局。地方教育当局内设教育委员会,由议会议员、有教育经验且熟悉当地教育状况的人员组成,地方教育的实际工作由教育委员会任命教育局长组织教育局负责办理。[1]

地方教育当局的基本职责主要是从总体上协调、管理本地区的教育,促进教育质量的提高。地方教育当局除协调中央与地方的合作伙伴关系外,同时也要与学校、地方行政、家长协会、主教教区等各类组织建立平等的合作关系。地方教育当局的主要职责包括:①负责为辖区内的学校提供财政经费并监督其使用情况;②协调招生工作的开展,包括各个学校招生名额的分配等;③负责维持辖区内公立学校的发展,雇佣社区学校和自愿受控学校教职人员的雇佣;④为辖区

〔1〕 马健生.比较基础教育[M].南京:江苏教育出版社,2008:73.

内的学校制定发展目标，对学校系统进行监督、评价和指导，并向当地学校广泛传播良好的办学经验；⑤为特殊教育儿童和儿童福利提供支持等。

二、英国基础教育财政管理

英国的中央和地方教育行政管理机构对基础教育财政都承担一定的责任。英国公立学校的教育经费主要有三个来源，即国家中央财政转移支付给地方教育当局的经费，主要是来自国家税收；其次是地方政府配给地方教育部门的教育经费，主要来自地方税收；第三是民间个人和团体的各种捐款。

《1988年教育改革法》在强调提高教育国家化程度的同时，也强调在教育领域中引入市场机制，不论是基础教育还是高等教育领域，其具体表现就是建立竞争机制，例如基础教育阶段的择校、与学生数量紧密相连的公式拨款等。《1998年学校标准与框架法》在维持公式拨款的基础上进行了一定调整，更加强调教育财政经费分配的公平性、学校在财政预算中的自主权以及财务信息的公开性。在英国的教育财政框架中，教育部和地方教育当局的具体责任各有分工。

教育部的总体职责在于设定全国教育经费分配的框架，并提供高水平的支持和协调服务。为实现这一职责，教育部具体着手开展以下几个方面的工作：①维持面向学校的国家标准经费，即学校经费标准(School Financial Value Standard, SFVS)；②按照《1998学校标准与框架法》(SSFA)第48条的规定，维持学校示范性财政计划(model financial scheme)；③要求地方当局首席财务官每年保证专项学校补助(Dedicated School Grant, DGS)得到恰当使用，地方当局做了充分的审计和保障工作，学校执行学校经费标准；④利用收集上来的数据监控和质疑国家拨款存在问题的地方当局，这些问题包括专项学校补助明显超出预算或低于预算、学校长期存在明显赤字、执行学校经费标准不得当；⑤公布地方当局和学校的预算及其实际花费情况；⑥在国家网页上公布相关工具及学校的案例；⑦维护面向学校的学校财务指标网(Schools Financial Benchmarking)；⑧为学校提供采购合同和框架的引导，在一定情况下可安排相关合同和框架；⑨与地方当局和学校合作者就财务及采购事宜进行讨论。

地方当局的主要任务在于设定地方经费框架，监测其实施情况，为学校提供相关服务，以辅助学校提供有效服务。为实现这一任务，地方当局主要着手开展以下几个方面的工作：①按照《1998 学校标准与框架法》(SSFA)第 48 条的规定，维持并修订地方学校财政经费计划；②复查学校提出来的预算计划；③与出现财政赤字的学校共同商定消除赤字的计划；④对学校预算实行高度监测；⑤追查部分学校没有充分理由而超预算的问题；⑥通过发预警通知或撤销财政拨款，干预存在财政危机的学校；⑦制定并实施学校审计计划；⑧监测学校经费标准(SSVF)的执行情况，并将监测结果纳入到审计考量的范畴；⑨为学校提供指导、工具及资源；⑩应学校要求为个别学校提供建议；⑪为学校提供会议和培训；⑫为学校提供地方层级的采购框架和交易。

在上述以中央和地方当局为主导的教育财政框架下，作为教育服务直接提供者的学校也并不是完全被动的。在整个财政体系的运作过程中，学校的主要责任在于有效使用预算拨款，使得学校资源发挥最大化的效用，提高其学生的水准和发展水平。因此，通常学校需要开展以下几个方面的工作：①不断探索经费使用的价值；②执行学校经费标准(SSVF)；③保证学校能够获得符合学校水平的财政经费；④保证学校管理机构成员具备充足的财务技能，能够为学校发展提供支持、发挥其作用；⑤维持学校中有效的财务管理；⑥维持恰当的会计和管理信息系统；⑦在购买或提供物品和服务时遵从一定的手续，使之符合法律要求、发挥财政效用；⑧制定恰当的制度，防止出现造假和盗用问题的出现；⑨依照同类学校水准，每年检测学校的收入和支出情况，探明异常情况并采取相应措施。[1]

可以看到，无论是中央政府、地方当局或学校，在教育财政框架中都拥有一席之地。2010 年联合政府上台后，开始着手对教育经费进行改革。改革之前，地方基础教育经费的拨款程序大致为：第一步，地方教育当局编制本地区教育总预算；第二步，计算法律规定的由 LEA 集中掌握部分的经费，包括基建费、教辅人员拨款、师资培训费用等；第三步，计算 LEA 被授权集中支配，但非法定的经

---

〔1〕 DfE. Roles of the DfE, local authorities and schools in relation to maintained schools' financial assurance and cost reduction. [EB/OL]. [2014-01-18]. http://media.education.gov.uk/assets/files/pdf/p/protocol%20on%20responsibilities%20%20%20dfe%20las%20and%20schools%20%20%20accountability%20statement.pdf.

费。虽然撒切尔和布莱尔首相先后对英国教育财政体系进行了较大动作的改革，分别在教育财政体系中增加了效率和公平的要素，但英国基础教育财政体系在具体执行过程中仍然存在比较突出的问题。这些问题包括：第一，教育经费分配公式考虑的因素繁杂，存在部分因素与学生的学业成绩没有关联或关联度不高的情况；第二，受不同地区和学校之间分配方法不同的影响，教育经费分配不均衡；第三，教育经费执行情况自评复检工具复杂，官僚主义内容过多，给学校尤其是小学造成负担。鉴于此，2010 年 11 月，教育部长迈克尔·戈夫(Michael Gove)宣布废止 2000 年开始实施、2007 年强制化的学校财务管理标准(Financial Management Standard in Schools, FMSiS)，代之以更为简便的学校经费标准(School Financial Value Standard, SFVS)。新标准主要在三个方面进行改革，即更强调经费使用的价值而非使用的过程；与学校合作共同开发新标准，以保证新标准易于被接受并有助于学校发展；可以在公立学校领域及学院式学校、自由学校间通用。

在编制新一年度(2013—2014 年度)预算的过程中，教育部提供 12 个可选择的因素，地方教育当局可从其中选择所需因素，融入本地区的教育经费拨款公式中。这 12 个要素是：生均基本经费标准(小学阶段和关键学段 3、关键学段 4 的标准分别制定)(basic per-pupil entitlement)、贫困程度(根据免费校餐及收入剥夺影响儿童指数计算，可区分初等和中等教育标准)(deprivation)、需要接受照顾的儿童数、将先决成就作为特殊教育需求间接测定方法的情况(prior attainment as a proxy measure for SEN)、英语为非母语的儿童(最长可享受法定学龄内 3 年的服务，可区分初等和中等教育标准)、学生流动、学校标准经费总额(每校最高不超过 20 万英镑)、分散的教学点(需按照客观标准分配)、分割比率(必须按照实际花费情况计算)、私人融资计划(Private Finance Initiative, PFI)、特殊地区教师工资倾斜[1]、针对 16 岁后青少年的生均系数(可通过直接分配生均经费，或通过其他间接方式实现)。各地方教育局根据这些指标建立的拨款公式在改革后一般不包括新建、改建及废止学校的情况。各地的拨款公式需要提交到教育部的教育拨款局(EFA)备案，同时为方便具体拨款公式的编制，教育

〔1〕 仅限于伦敦周边五区，即白金汉郡、埃塞克斯郡、赫特福德郡、肯特郡和西萨塞克斯郡。

部也提供相应的信息、服务和工具。

三、英国基础教育人事管理

教职员的质量,特别是校长和教师是保证基础教育质量的重要因素。二战以来,伴随英国基础教育几次重大改革,人事管理也在不断地调整。根据学校类型,对校长和教师的管理也有所不同。

《1944 年教育法》第 24 条第 1 款规定:“在所有的郡立学校中,以及根据下文宗教教育的规定在所有受控学校和特别协议学校中,教师的任命,除了根据学校管理规则或管理章程实施以外,将由地方教育当局负责,除当局外,任何人不得解雇教师。”第 2 款规定:“在所有受助学校中,地方教育当局和学校董事会在任命教师方面的各自职责,以及根据下文宗教教育的规定,在解雇教师方面的各自职责,将依据学校管理规则或管理章程加以制定。”第 3 款规定:“不得剥夺女性在郡立学校或自愿学校里被雇佣为教师的资格,不得以婚姻为由解雇女性教师。”该法的这些规定奠定了英国中小学教师人事管理的基本体制,即公立学校教师的聘用由地方教育当局负责。《1988 年教育改革法》在教职员聘任和解雇方面,主要是削弱了地方教育当局的作用,增加了学校在教育人事管理上的权限。

英国中小学教师经费由地方教育当局负担。为激励中小学校长和教师,目前,英国中小学教师实行绩效工资制度,不同类型和级别教师的待遇水准由法律相关制度加以明确规定。在绩效工资制度实行之前,英国中小学教师的工资待遇遵循 9 级工资表。在新体制下,已经达到 9 级工资的教师可以申请“绩效门槛”的评定。英国中小学绩效工资最早是在《1987 年教师薪资与条件法》中提出来的,但并没得到实质性的实施。1997 年工党上台后出台的教育白皮书《卓越学校》,强调评价教师工作成效的重要性,主张将教师的表现与工资待遇联系起来,坚决处理不达标的教师。2000 年教育部正式发布了蓝皮书《学校教师薪资与条件文件》(*Schools Teachers' Pay and Conditions Document*),开始实施绩效工资。《2002 年教育法》以立法的形式进一步增强了绩效工资的强制性,对绩效工资、绩效工资审议机构、绩效工资的等级等相关事项做出了规定,同时终止了《1991 年学校教师薪资及条件法》。通过绩效工资,英国希望提高教师的水平,从而促进中小学教育质量的提高。其中,独立设置的学校教师审议机构(School Teachers' Review Body, STRB)每年对教师工资待遇和工作状况进行调查,并向首相和教育部长提交报告,就教师的薪资待遇提出相关建议。例如,2013 年度的报告主要建议政府以 1%的幅度提高学校教师工资。

在现行绩效工资体系下,教师类型、任职学校和地区等都会影响到教师的工资定级。教师群体被划分为学校领导层(leadership group)和一线教师两大类,每类教师工资标准再进一步划分为若干级别。学校领导层主要包括校长(headteacher)、副校长(deputy headteacher)和助理校长(assistant headteacher)及其他学校领导,使用同一个薪资标准体系。领导层薪资体系工划分为 43 个级别,并根据学校所在地区划分为四类[1],分别制定薪资标准,最低的是 L1 的除伦敦外的英格兰和威尔士地区,为每年 37 836 英镑,最高为 L43 的内伦敦地区,为每年 113 303 英镑,上下相差近 3 倍。具体实行哪级工资,还要看学校的类型及其服务学生的情况。在 43 级的薪资标准基础上,教育部进一步将工资等级划分为 8 个组别,然后根据学校领导层所在的学校类型、学校规模、所服务学生的类型等计算学校得分,找到对应的组别。具体等级划分可见表 2-3。

表 2-3 英国中小学领导层的薪资等级划分(2013 年度)[2]

学校类型	学校得分	对应薪资组别	对应薪资级别
普通学校	1 000 分以下	1	L6—L18
	1 001～2 200	2	L8—L21
	2 201～3 500	3	L11—L24
	3 501～5 000	4	L14—L27
	5 001～7 500	5	L18—L31
	7 501～11 000	6	L21—L35
	11 001～17 000	7	L24—L35
	17 001 分以上	8	L28—L43

[1] 四类地区分别是除伦敦地区以外的英格兰和威尔士、内伦敦地区、外伦敦地区和结合区(Fringe area)。

[2] School Teachers'Pay and Conditions Document 2013 and Guidance on School Teachers'Pay and Conditions.

续表

特殊学校	2 200 分以下	2	L8—L21
	2 201～3 500	3	L11—L24
	3 501～5 000	4	L14—L27
	5 001～7 500	5	L18—L31
	7 501～11 000	6	L21—L35
	11 001～17 000	7	L24—L35
	17 001 分以上	8	L28—L43

对于一般教师而言，薪资收入主要由两部分构成，一是基本工资，二是专门给执教教师的津贴。基本工资划分为四个等级，即主流工资(Main Pay Range, MPR)、上级工资(Upper Pay Range, UPR)、杰出实践者工资(pay range for leading practitioners)以及未评级教师工资(Unqualified Teacher Range, UTR)。每个范畴的工资等级又继续划分为 3 个或 6 个级别，其中 UTR 和 MPR 下分别设有 6 个工资级别，UPR 设 3 个级别，杰出实践者则只设定工资范畴。除基本工资外，对于踏上讲坛执教的教师，还发放奖励性执教津贴，称为教学责任工资(Teaching and Learning Responsibility payments, TLR)。执教津贴分为两个层级，即 TLR1 和 TLR2, TLR1 的范畴在每年 7 397～12 517 英镑之间，TLR2 的范畴为 2 561～6 259 英镑之间。此外，针对提供特殊教育服务的教师，还享受特殊教育津贴(special educational needs allowance)，在 2 022～3 994 英镑之间，见表 2-4。

表 2-4 英国中小学教师薪资范畴(2013 年度)〔1〕 单位：英镑

工资等级		英格兰及威尔士地区	内伦敦地区	外伦敦地区	结合区
UTR	最低	21 804	27 270	25 369	22 853
	最高	31 868	36 751	35 468	32 914
	最低	34 523	41 912	37 975	35 571
	最高	37 124	45 450	40 838	38 173

〔1〕 School Teachers'Pay and Conditions Document 2013 and Guidance on School Teachers'Pay and Conditions.

续表

杰出实践者	最低	37 836	44 986	40 838	38 878
	最高	57 520	54 577	60 525	58 565
UTP	最低	15 976	20 092	18 977	17 025
	最高	25 267	29 379	28 272	26 313

注:"英格兰和威尔士地区"不包括伦敦地区。

四、英国的教育督导制度

英国教育督导制度与英国中央教育行政机构同时诞生,拥有较长的历史。1839 年英国历史上第一个中央教育行政机构——枢密院教育委员会成立的同时,也设立了督导机构,当时称为皇家督学团。伴随英国现代教育制度的不断完善,英国的教育督导机构也在"与时俱进"。《1944 年教育法》明确了教育督导工作的内容、程序和要求,为英国现代督学制度的建立和不断完善奠定了重要基础。《1988 年教育改革法》颁行后,为适应史无前例的课程改革以及其他相关制度的改革,不得不对教育督导制度进行改革和完善。于是,《1992 年教育法》对教育督导制度进行了大刀阔斧的改革,将女王督导团更名为教育标准局(Office for Standards in Education, Children's Service and Skills, Ofsted),同时取消了中央和地方两级的教育督导体制,代之以全国性、一体化组织。

英国教育标准局的性质不同于教育部下设的一般机构,它虽然属于教育部的一个部门,但被英国政府定性为非内阁部委(non-ministerial department),其内部结构见图 2-1。所谓非内阁部委是指其部门首脑不是由大臣或部长担任的政府部门,一般依据法律设立,直接对议会负责。部门首脑一般通过选举产生,预算由财政部报议会决定,资金来源通常是行政性收费,其雇员属于国家公务员。[1] 从这样定位可以看到,英国教育标准局具有较强的独立性,与教育部之间更多的是合作关系。这一点正是英国中央教育行政的重要特点。

教育标准局的首要职能是对提供给儿童和青少年的保育、教育和培训服务

〔1〕 中华人民共和国商务部. 英国政府及公共部门基本架构. [EB/OL]. [2014-01-20]. http://www.mofcom.gov.cn/aarticle/i/dxfw/jlyd/201001/20100106724355.html.

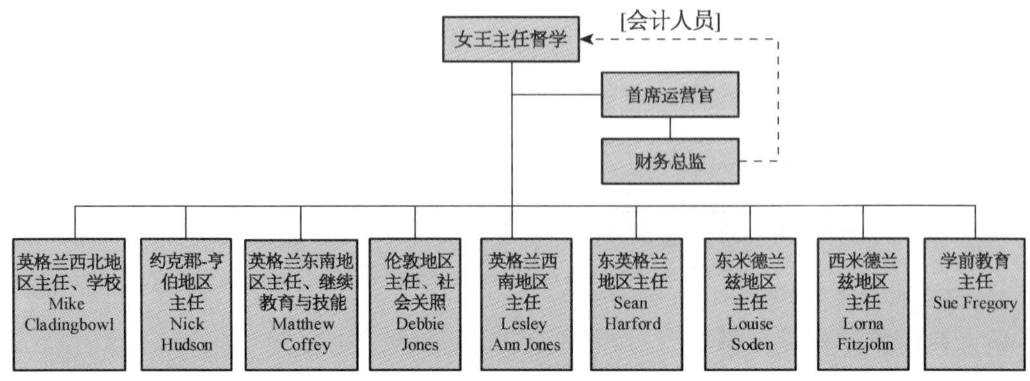

图 2-1 英国教育标准局内部结构图

等进行督导，保证其质量。《1996 年学校督导法》(*School Inspection Act* 1996)规定："英格兰总督学应该全面负责向国务大臣及时报告有关英格兰学校所提供的教育质量情况以及这些学校所达到的教育标准信息，当国务大臣对其有所指示时，英格兰总督学应该根据国务大臣的有关指示，针对有关事项提供建议。"10 年后的《2006 年教育与督导法》重申了对教育标准局的职能定位，即："总督学的职责是让教育大臣了解总督学职权范围内相关活动的质量以及这些活动的受益方所达到的标准，如果教育大臣要求这样做，总督学在其职权范围内必须按具体要求向教育大臣就这些活动事项提供相关信息或建议；总督学可以在任何时间向教育大臣提出与他职责范围有关的活动的任何事项的建议。"[1]

为了充分发挥上述法定职能，除女王主任督学(Her Majesty's Chief Inspector, HMCI)外，教育标准局还设有运营执行委员会(Operations Executive Board)和多个地区主任(regional directors)。运营执行委员会主要是给女王主任督学提供智囊服务，为其决策提供建议，并辅助主任督学管理教育标准局，设定教育标准局的战略工作重点、目的及目标。运营执行委员会的每个成员都有明确的职责划分，相互之间合作共事。目前，运营执行委员会共有 9 名委员组成，至少每 4 年召开一次会议。地区主任主要是负责教育督导的工作质量、促进本辖区内教育机构的改进，领导高级督学和督学通过教育督导改善学校质量，直接

[1] 王璐．英国教育督导与评价：制度、理念与发展[M]．北京：高等教育出版社，2010：57．

向女皇主任督学汇报。作为英国教育督导体制的教育标准局,除内部人员设置之外,还在1992年改革后逐渐开始实行准市场化的运作方式,将部分地区性教育督导业务委托给中介性组织,由教育标准局把关聘任督导巡视员。2013年,与教育督导局合作的机构由四个,分别是CfBT Education Trust(主要负责督导英格兰北部的公立和私立学校、学习与技能培训、教师入职培训)、Serco Education and Children's Services(主要负责督导英格兰中部地区的公立和私立学校、学习与技能培训、教师入职培训)、Tribal Group(主要负责督导英格兰南部地区公立和私立学校、学习与技能培训、教师入职培训,管理和督导部分学前教育)、Prospects Services(主要负责督导和管理英格兰北部和中部地区的学前教育)。

教育标准局的督学由两部分构成,即正式雇佣的督学和签约督学(employed and contracted inspectors)。2011年时,挂靠于教育标准局合作的中介机构的签约督学大概有2 700人左右,教育督导局正式雇佣的督学和其他工作人员1 470人左右。2010—2011年度,教育标准局共计支出1.85亿英镑,但在接下来的4年,即2011—2015年之间教育标准局的经费要不断缩减,计划2015年缩减为1.43亿英镑(Strategic Plan, 2011—2015)。

英国教育标准局的工作内容除了督导之外,还承担一定的管理和调查研究工作。教育标准局的工作范畴包括学前儿童教育与保育、儿童与家庭服务、学校教育、继续教育和技能培训等四个领域。具体督导的对象包括公立学校及学院式学校、部分私立学校、学前儿童教育与保育、儿童中心或儿童之家、家庭中心、收养及抚育服务和机构、CAFASS、地方教育当局提供的儿童服务、教师入职培训、继续教育学院及14—19岁青少年教育与培训、基于工作的学习与技能培训、成人和社区学习、试用期服务、监狱及其他安全场所提供的教育与培训。可以看到,英国教育标准局的督导范围十分广泛,既涵盖学前到继续教育各阶段的教育与培训,也涵盖学校及其他机构中开展的教育与培训。除教育督导工作外,教育标准局管理学前教育与保育的相关问题,主要是检查学前教育与保育服务是否合适。同时,教育标准局还对国家课程的提供质量、教育与培训等问题进行深度调查研究,挖掘典型案例,为其他机构提供有用参考。

英国的教育督导工作主要是依据《2005 年教育法》和《2006 年教育与督导法》开展。在具体开展教育督导工作的过程中，教育标准局首先针对不同的督导对象制定相应的督导大纲，明确规定对某类学校或机构督导的督学人数、督导时间、督学建议数量、督导期间的流程与内容、督导报告的内容。目前，督导类型分为四大类，即学校督导、继续教育与培训督导、儿童与家庭服务督导、学前教育与保育督导。每一类督导下通常包括多重类型的教育培训服务提供机构。例如，学校督导中就包括针对学校、新入职教师教育、地方教育局的督导，针对每个具体的督导对象，教育标准局还分别制定了《学校督导框架》(*the Framework for School Inspection*)、《新入职教师教育督导手册》(*Initial Teacher Education Inspection Handbook*)、《地方教育局督导框架》(*the Framework for the Inspection of Local Authority Arrangements for Supporting School Improvement*)，来指导具体督导工作的开展。针对学校的督导情况，督学通常是做出评级的判断，一般分为 4 个等级，即第一级优秀(outstanding)、第二级良好(good)、第三级有待改进(requires improvement)、第四级不合格(inadequate)。同时，督学还要将督导结果反馈给学校，与校长和学校管理人员讨论督导结果。最后，当所有信息和资料都收集、整理、分析、讨论和总结的过程中，教育督导报告不断完善，用于改进学校教育等。

英国是在第二次世界大战之后才建立起相对比较完整连贯的现代基础教育体系。以《1944 年教育法》为重要依据，战后英国政府对遭到严重破坏的英国教育进行了较为彻底的改革，构建起统一的、相互衔接的初等教育和中等教育体系。传统上英国实行的是双轨制学校教育体系，贵族和上层阶级的子女与劳动者和下层阶级的子女尽管都有机会接受初等和中等教育，但其实质却相差甚远。中等教育阶段的“文法学校”基本上是通往大学、职员、银行经理或白领的专用通道，与初等教育学校之间没有必然的联系。第二次世界大战之前，英格兰、苏格兰、威尔士和北爱尔兰已经各自形成了传统的初等教育，但初等教育与中等教育之间是处于一种割裂的状态，大多数儿童在 13—14 岁左右的年龄离开学校进入劳动力市场。战后教育改革着重解决了中等教育体系及其与初等教育之间的衔接问题，它创设了中等教育的“三合一体制”，实施包括初等教育和中等教育在内的免费教育，并要求免费教育面向所有学童。同时，《1944年教育法》勾勒了英国教育管理体制改革的框架，调整地方教育委员会与中央教育管理部门之间的关系，形成地方与中央分工合作的关系。在战后教育改革的基础上，经过多次调整和改革，形成了当今英国的基础教育体系。

第三章

英国基础教育课程与教材

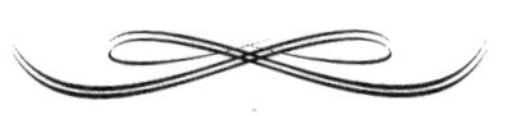

第一节　英国基础教育课程的演变

一、战后中小学课程改革

现代国家的形成与教育之间存在千丝万缕的联系，尤其是国民教育体系。如果说学校校舍、场地等的建设是国民教育体系的硬件，那么课程则堪称为软件，反映整个教育体系的价值取向和基本定位。

与西方其他发达国家相比，英国现代教育的发展明显落后。〔1〕 1870 年英国已经建立起公立小学体系，直到 1902 年《巴尔福教育法》出台，才结束了英国混乱的教育体系，第一次将初等教育和中等教育放在一起考虑，英国现代学校教育体系才算基本完整。现代教育体系的发展对于中小学教育及其课程发展来说是一个重要推手。

1944 年战后教育改革之前，英国中小学的课程主要处在国家控制之下。最初，国家通过给学校拨款介入教育领域，为了掌控国家拨款的使用效用，国家便开始以不同的方式涉入学校课程。1862—1926 年这个期间，国家控制之下的中小学课程的发展又可以分为“按成绩拨款课程”(the payment by results curriculum) 和“法典课程”(the codified curriculum)两个阶段。在第一个阶段中，相关法规对 7—12 岁儿童的读、写、算发展目标水平进行了具体规定，然后按照学生在皇家督学考试中所取得的成绩，确定学校的拨款数额。鉴于该课程体系自身存在的缺陷和它所带来的众多负面影响，1897 年被取消，继而英国基础教育课程进入了法典课程时代。所谓法典课程是指关于课程的规定不是由某个特

〔1〕 [英]安迪・格林. 教育与国家形成：英、法、美教育体系起源之比较[M]. 王春华，等译. 北京：教育科学出版社，2004：1.

定的、专门性法规加以规定，而是整合在各种教育法规中。《1904 年初等教育法规》和《1904 年中等教育法规》(1904 *Regulations for Secondary Schools*)的颁行，为当时的教育委员会实施课程提供了合法依据。其中，中等教育法规在英国教育史上首次引入了基于学科的课程体系——通过 4 年的学习学生最终可以获得相关领域的证书。这个课程体系中包括英语语言与文学、地理、历史、外语、数学、科学、绘图、手工操作或家政以及体育锻炼等多个学科，并对每个学科的学习时间有所规定。例如，每个星期至少 4.5 小时花在英语、地理和历史的教学上。[1] 总的来说，这一时期国家控制之下的学校课程缺乏较为详细具体、具有可操作性的课程规定和指南，而且对教师专业主义的重视、党派政治的影响以及政府财政经费状况等几个方面的情况也使得国家控制课程逐渐失去阵地，转而进入教师控制课程的时代，这一点也是 1944 年战后教育改革的重要内容之一。

通过战后教育改革，英国确立了囊括初等教育、中等教育和继续教育在内的、统一的公共教育制度。同时，改革了教育行政体制，明确了中央和地方教育行政管理的职责，形成了国家、地方与学校通力合作的“伙伴关系”(partnership)。其中，地方教育当局的责任是通过保证所有教育阶段有效率地满足地区人民的需要，进而有助于社区的精神、道德、心理和身体的发展。但关于发展的具体内容，《1944 年教育法》并没做详细的规定和解释，对于课程的管理权只是规定各地方教育当局制定所管辖地区的教育政策框架。而实际上地方教育当局又将具体课程内容的控制委托给了学校和教师，采取放任主义的态度。于是 1945 年英国政府又颁布了《管理章程》(*the Articles of Government*)，要求学校董事会和地方教育当局共同指导学校课程，由校长具体控制课程。实际上，中央和地方都没有实质性地管理学校课程，课程管理权落入学校和教师手中。

在小学阶段，课程的决定权被授予给校长和教师，学校课程、教学计划、教科书及教学方法被看作是学校自己的事情，中央和地方教育当局无权干涉。通常，小学的课程主要有宗教、数学、地理、历史、自然科学、卫生、美术、手工操作、音乐、体育等。但是，受到决定孩子未来去向的 11 岁考试的影响，很多英国小学实

---

〔1〕 吴华清.学校课程的权力与控制——英国个案研究[D].杭州:浙江大学,2001.

际所开设的课程更多地偏向于英语、数学等考试中需要的基础性课程。

在中学阶段,战后教育改革对中学课程的影响也比较大——确立了学校的课程自主权并催生了三类课程体制。1944 年改革后到 20 世纪 60 年代中期之前,英国中等教育学校主要有文法学校、技术中学和现代中学,以及少量的公学和私立学校。文法中学的课程具有很强的学术性,古典学科、科学课程、现代外语占有重要地位,普通课程比重较高,没有明显的职业倾向。文法学校在招生上分男校、女校和混合招生三种,但宗教和体育课都是必修科目。

技术中学主要是面向职业教育的,通常与产业和商业界之间有较为密切的联系。其课程设置重视实用性内容,技术类课程包括工业制图、木工、金工和工业技术等。

现代中学设计的初衷是用来接纳那些既不适合学术性课程也不适合技术性课程的学生,他们在这里主要是接受一些简单、实用的技能训练,为完成义务教育和未来生活准备服务。因而,现代中学的课程比较重视基础学科,例如算数、手工技能(如木工)、家务技能(如厨艺)等。各个学校可以根据需要自行选择其所开设的课程。

二、20 世纪六七十年代的课程改革

进入到 20 世纪六七十年代,英国的社会经济背景开始出现新变化。战时英国在凯恩斯主义的影响下,开始逐渐加强国家对经济的控制,这种国家控制在战后并没有消减,在福利领域的国家干预力度日益增强,从而确立并延续了福利国家的基本框架,使得国家在社会生活中的作用越来越重要。不得不承认,英国所实行的社会福利政策及国有化政策对于 20 世纪五六十年代英国经济的繁荣和社会稳定起到了一定的促进作用,但同时也带来了效率低下、通货膨胀加速等消极影响。正应了道格拉斯 · 诺思所说的,“国家的存在是经济增长的关键,然而国家又是人为经济衰退的根源”。[1] 60 年代末开始,英国经济发展开始显现出停滞现象,自然失业率、物价上涨水平不断攀升,尽管当时执政的麦克米伦和

---

〔1〕 道格拉斯 · 诺思. 经济史中的结构与变迁[M]. 上海:上海三联书店,1994:20.

威尔逊政府等采取多样化的政策措施来调整社会经济发展面临的重重危机，但都收效甚微，没有达到预期效果。1973 年的石油危机使得英国经济雪上加霜，通货膨胀率最高时达到了 27%，失业人数几乎是在 2 年之间翻了一番。[1] 面对如此严重的社会经济发展困境，英国政府逐渐开始采纳新自由主义理论的思想，走上新的改革之路。

在学校课程领域，英国在课程内容、教学形式和方法等多个方面都出现了与当时经济发展不相协调的问题，引起了政界和学术界的广泛关注，先后出现了《克劳瑟报告》(*The Crowther Report*，15—18 岁青少年的教育，1959)、《普洛登报告》(*The Plowden Report*，儿童和他们的小学，1967)、《综合的改组》(*Comprehensive Reorganization*，1965)等，既涉及初等教育也涉及中等教育。在这些文件和相关政策的推动下形成了 60 年代初等教育的开放教育运动和中等教育阶段的综合化运动。开放教育是民主社会的一个产物，受到了战前进步主义教育思想的影响，是基于自由理论而产生的教育实验和探索。英国教育家尼尔于 1921 年在苏格兰创办了夏山学校(Summerhill School)，开拓了英国践行开放教育之路。在夏山学校中，不存在年级的概念，打破了以往按照能力分组的教学方式，所有学生被分为五个年龄组别，即 6—8 岁、9—10 岁、11—12 岁、13—14 岁、15 岁以上，每个年龄组别的学生同住在一起，低龄组别享有一定的优先权。学校的课程以学生为中心，根据“主题”开展教学。在夏山学校的影响下，英国出现了多所开放学校，力图践行尼尔“自由而非许可”(Freedom, not license)的教育理念，即“自由学校不是可以践踏他人的场所，而是将权威最小化、将社区发展和真正关心他人最大化的场所”。对于以夏山学校为代表的一类学校，1967 年出台的《普洛登报告》给予了间接的肯定，它指出：“对儿童实行个别化教育的学校，将接受在整个学校不分组的做法。如果这样的组织形式建立得有说服力，并能巧妙地加以实施的话，就会产生一个快乐的学校，造成有助于学习的气氛。…… 我们欢迎在幼儿学校或第一级学校里不按能力分组，并希望在初级学

[1] 刘晓平. 战后英国国家干预经济发展战略评析[J]. 学海，2010(3)：133-139.

校和中间学校里，各年龄组会继续这样做。"[1]

在中等教育阶段，战后建立的"三合一体制"的中等教育体系越来越不能适应人口激增的社会需求，同时决定初等教育毕业生去向的 11 岁考试也备受争议。因此，1964 年工党大选获胜后的次年，教育与科学部国务大臣克罗斯兰(Crosland)发布了名为《综合的改组》(1965)的一份通告，请求地方教育当局向国务大臣提交按综合学校路线改组其所辖地区中等教育的计划。该通告还提出了六种综合改组的形式，即招收 11—18 岁学生的正统综合学校、两级制中学(所有学生 11 岁进入综合初中，13 或 14 岁进入综合高中)、分轨式两级制学校(所有小学毕业生进入综合初中，13 或 14 岁时部分学生进入综合高中，部分留在综合初中；进入初中阶段时对学生进行分流)、两级制学校(小学毕业生都进入综合中学，但在 13 或 14 岁时所有学生进行一次选择，或进入义务教育后希望继续深造的高中，或进入满足不想继续深造的学生需求的高中)、为 16 岁以上学生开设第六级学院与招收 11—16 岁学生的综合学校相结合、跨越小学和中学年龄的中间学校。按照工党政府的设想，综合中学的数量迅速增加，到 1970 年已达到2 000 多所，学生数占所有公立中学的三分之一左右。伴随着中等教育综合化的兴起，学校课程也发生变化，1965 年开始实行中等教育证书(CSE)考试制度，直接影响了那些中等智力水平学生所学的课程。但是，中等教育综合化运动伴随着 1970 年保守党的上台，受到了不小的阻力。时任教育与科学部国务大臣的撒切尔夫人，上台后首先就撤销了 1965 年的第 10 号通告，即《综合的改组》，恢复了地方教育当局的权力，一定程度上削弱了中央政府的过多干预。

到了 20 世纪 70 年代，英国经济发展遭遇了战后以来的衰退期，国家财政陷入困境，不得不实行裁员，从而导致了包括教育在内的社会公共服务质量的下降。于是，人们开始反思 60 年代的教育改革，引发了 70 年代关于教育的大辩论，将教育问题推到了社会的广泛关注之下。产业界作为学校毕业生的最终消费端先后提出了 5 份"黑皮书"，基本上反映了英国右翼教育家和政治家在教育

[1] 瞿葆奎，金含芬．英国教育改革[M]．北京：人民教育出版社，1993：312．

领域的观点。这些系列报告对综合教育的理念、实用主义和进步主义的教学方式进行了批判,认为它们破坏了学校的纪律,阻碍了具有学术潜力学生的发展;转而推崇教育领域中的选择、竞争和学校的家长控制。伦敦大学教育哲学教授彼得斯(Peters, R.)编辑出版了《普洛登报告评析》(*Perspectives on Plowden*),《反思普洛登报告》。1976 年在工党首相卡拉汉(Callaghan, J.)的主导下,英国教育和科学部出台了报告《英格兰的学校教育:问题与行动》(*School Education in England: Problems and Initiatives*),主张在课程方面,应该让教育和科学部进一步发挥领导作用,让学校督导"发挥主导作用"。

1977 年,工党政府出台了绿皮书《学校教育:一份协商的文件》(*Education in School: A Consultative Document*),对教育大辩论及其以后的学校教育发展进行了总结。绿皮书认为小学阶段课程面临的最大挑战是"恢复严谨的教学态度,而又不损害儿童中心教学法的长处"。对于中等学校的课程,该绿皮书认为存在的问题主要包括:①课程太多,课表排得太满,而基本的课程却得不到保证;②各学校对课程实施方法的不同会使一个儿童仅仅因为从一个地方搬迁到另一个地方而受到惩罚;③即使这个儿童不搬迁,但各学校所采取的不同做法也可能引起机会不均等;④许多学校的课程与现代工业社会并不充分协调。在此基础之上,该绿皮书提出"设计一个合适的核心课程""使雇主、家长和教师自己都放心,同时又为所有学生提供真正的机会均等"。1979 年保守党执政后,对建立统一课程的讨论越发热烈,为 1988 年国家统一课程的建立奠定了充实的舆论基础。

三、1988 年国家统一课程改革

1979 年保守党上台后,新自由主义(Neo-liberalism)成为指导其执政纲领的主导思想。撒切尔的新自由主义政策超越产业和商业界,对公共服务领域也产生了重大影响。在教育领域,撒切尔政府的改革政策旨在将作为公共服务的教育转变为具有市场属性的教育。因此,学校有义务向社会说明其责任,使学校教育活动公开透明。为了达到这样的目的,此前主要由教师控制的学校课程成为撒切尔教育改革的主要对象。在 1977 年建立统一课程的建议提出之后到 1988

年国家统一课程建立之前的这段时间，英国各界对学校课程进行了多次讨论和调整。

1979年教育和科学部出台了《地方当局有关学校课程的安排》(*Local Authority Arrangements for the School Curriculum*)，讨论了中央、地方、学校和教师在课程方面的职责，它要求地方教育当局公布各自的课程政策。1981年教育和科学部又出台了《学校课程》(*The School Curriculum*)，阐述了政府在学校课程方面的政策，并希望各个地方教育当局的课程政策能够与教育和科学部的政策保持一致。于是，英国教育与科学部先后于1981年和1983年发出了两份通告，对地方教育当局制定课程政策提出建议和要求。1981年的通告中要求地方教育当局要全面检查本地的学校课程并公布于众，同时还要注意本地的学校课程在多大程度上与国家课程政策一致，并相应地制定未来课程发展计划。1983年的通告则是对1981年通告发出后各地方教育当局执行情况的督导，它要求地方教育当局向中央政府提交各地中小学课程政策制定情况的报告，描述校长和教师、管理者、家长及其他利益相关者在课程政策制定过程中的作用，阐明课程政策在学校实践中的影响等。在这个过程中，皇家督导团也出台支持性文件，辅助地方教育当局制定课程政策。例如，1980年的《学校课程框架》(它是1981年官方文件《学校课程》的蓝本)、1985年的《5—16岁学生课程》(*The Curriculum from* 5—16)等。皇家督导团的这些支持性报告和文件多是具有前瞻性的，《5—16岁学生课程》认为，学校课程应该按照“学习和经验领域”来考虑，这种思想在当时的英国教育界来说是比较超前的。

1987年，经过一系列的铺垫工作，英国政府公布了“国家课程(5—16岁)”(The National Curriculum 5—16)的征求意见稿，对计划引入英国教育领域的国家课程及相关的评价进行了描绘。1988年以立法的形式确立了国家课程的权威性。《1988年教育改革法》中所提及的“国家统一课程”包含10门基础科目，即数学、英语、科学、历史、地理、工艺、音乐、艺术、体育及现代外语(中学阶段)，其中数学、英语和科学为核心科目，其余为基础科目。在规定中小学课程科目的同时，该法还规定了四个关键学段，并对每个阶段学生的成绩目标、教学大纲和评定安排进行了规定。

通过1988年国家统一课程改革,战后建立起来的中央—地方—学校之间的合作关系,教师的课程自主权有了较大的变化。这次改革是战后英国教育史上最为重要的一次,创设实施了英国战后以来第一个统一的国家课程,加强了中央政府对公立中小学教育的控制,同时结束了教师自由组合课程门类、确定学科重点、设计课程内容的历史,反映出向中央集权的发展趋势。

四、20世纪90年代以来对国家课程改革的"修补"

按照《1988年教育改革法》对中小学课程的规定,英国的公立中小学从1989年开始实施统一的国家课程。但在20世纪90年代以来的实施过程中,国家课程引起了人们褒贬不一的评价。争议的根源实际上在1988年教育改革法的决议过程中已经埋下了伏笔,工党与保守党之间的主要争议在于是否废除伦敦教育当局(ILEA)以及教育是要使人人有权选择教育还是强制将孩子按照阶层和种族划分。最终,保守党通过拥有的席位数量较多而使得1988年教育改革法得以通过,但两党之间的争论并没有得到根本性的解决。

伴随国家课程实施的深入,其自身存在的一些问题也逐渐暴露出来。国家课程实施之初,新的课程体系要求比较充足的教师支持,但实际上在1989年时英国公立中小学教师短缺问题比较严重(参见表3-1),而且关于新课程的培训等并不充分,一定程度上影响了国家课程的实施。

表3-1 英格兰地区公立中小学教师短缺状况(1989年1月)〔1〕

地区(地方教育当局数)	短缺数量	所占比重
英格兰北部(9)	154	0.6%
约克郡(11)	355	0.9%
英格兰东北部(17)	526	1.0%
英格兰中东部(5)	290	0.9%

〔1〕 鈴木正幸,小口功,佐藤実芳,等.1988年イギリス教育改革法の主要点と問題点[J].日本比較教育学会紀要第16号(1990):31-49.

续表

英格兰中西部(11)	484	1.1%
东英吉利地区(3)	106	0.7%
大伦敦(21)	2 124	4.3%
英格兰东南部(12)	1 159	1.6%
英格兰西南部(7)	342	1.1%
英格兰合计(96)	5 540	1.5%

同时,由于1988年的教育改革是以新自由主义为基本指导思想,因而此次改革比较强调教育领域的市场性。换句话说,在基于市场原理的教育变革中,处于弱势地位的群体,例如少数民族、残障人士、贫困人口、女性等没有得到充分的重视。即便家长被赋予了更多的选择权,但受到经济条件、文化背景等多个方面因素的影响,选择的权利变得形同虚设。

除了上述外围性问题,国家课程自身也存在一定的缺陷,直接导致了教育界的反对。作为"国家课程"的倡导者,英国课程理论专家劳顿(Denis Lawton)认为他所倡导的"国家课程"原意被政府曲解了。在劳顿看来,国家课程自身存在六个方面的缺陷,即①政府的"国家课程"更像一部官僚文件,它似乎更关心对学校课程安排的控制而非如何改善教学质量;②"国家课程"的结构过于陈旧,它忽视了一些重要的学习领域,如政治意识、经济理解力、健康教育和道德发展等;③"国家课程"似乎更注重市场力量(家长的选择)而非课程规划;④在这种课程体制下,教师的作用被降至(传达中央教学大纲的)"日常操作工",失去了对课程的支配权;⑤"国家课程"没在英国私立学校(Independent School)中推行实施,这会使人感到"国家课程"的"档次"低于私立学校中所提供的课程,而且更会让人怀疑政府把"国家课程"作为核定效能和控制公立学校教师的工具;⑥政府似乎没有考虑到推行新课程所需的足够的专业教师,新课程实施后,数学、科学、外语、技术等学科的专业教师将严重不足。[1]

---

〔1〕 石伟平.劳顿论当前英国课程改革[J].外国教育资料,1995(3):27-31.

鉴于国家课程存在的这些问题，进入20世纪90年代以来，英国政府先后对国家课程进行了两次较大的调整，可以说，实施、调整和改进国家课程是90年代以来英国基础教育面临的重要任务。

第一次调整后的国家课程从1995年秋季开始实施，并规定在5年之内保持不变。但实际上，这次调整从1991年便开始酝酿。1991年克拉克(Kenneth Clarke)就任英国教育大臣，先后采取了多项改革措施，包括建立了教师工资审议机构、实施家长宪章、剥夺地方教育当局对继续教育和第六级学院的控制权、建立教育标准局等。这一系列的改革措施依旧延续了撒切尔夫人新自由主义教育改革的宗旨。在中小学课程领域，1993年4月时任政府委派迪林爵士(Sir Ron Dearing)为全国课程委员会及学校考试与评价委员会的主席，负责对国家课程实施以来的情况进行全面的调研，提出相关改进建议。经过一年左右的调查研究，1994年迪林提出了国家课程实施以来的第一份评估报告——《国家课程及其评价：最终报告》(*The National Curriculum and its Assessment: Final Report*)，又称《迪林报告》。该报告认为国家课程结构冗繁，难以得到真正实施，而且相关的事务性工作和考试占去了很多时间，不利于教和学。因此，报告建议：①精简国家课程内容；②减少用在考试上的时间；③至少教学时间的五分之一的使用权交给学校；④在第四学段(KS4，14—16岁)，学校应该拥有更大的自主权，同时艺术、地理、历史和音乐应该变为选修课；⑤在第三学段(KS3)应该引入一些课程选择，即开设一定的选修课；⑥国家课程委员会(the National Curriculum Council, NCC)和学校考试评价委员会(School Examination and Assessment Council, SEAC)应该合并为一个机构——学校课程与评价机构(the Schools Curriculum and Assessment Authority, SCAA)。英国政府全面接受了迪林报告所提出的建议，并投入了7.44亿英镑，对国家课程进行了较大的修订，包括完善国家课程的目标、缩减国家课程内容、调整国家课程的评价制度、改革国家课程的管理制度以及加强教师培训等几个方面。

国家课程的第二次调整是在以布莱尔为首相的英国工党政府主导下进行的。1997年英国工党在大选中击败保守党，再次登上了执政党的舞台。上台后，工党政府便组织出台了白皮书《卓越学校》(*Excellence in Schools*)，针对当时学校严重的两极分化问题提出了教育改革计划[1]，同时要求11岁儿童在数学和英语两个学科要达到全国性的挑战性目标，即到2002年之前，80%和75%的学生将分别在英语、数学达到其年龄的预期目标(国家课程的四级水平)。1998年教育与就业部(Department for Education and Employment)编写了《共同努力以提高教育水准》，再次提示了布莱尔政府改革的方向和目标。此次调整后的新国家课程标准从2000年开始实施。与此前的国家课程相比，此次修订的新国家课程重新划定了课程门类，它规定英语、数学、科学、设计和技术、信息和交流技术、历史、地理、现代外语、艺术和设计、音乐、体育、公民12门为公立学校学生的必修课，同时学校还有义务对学生开展宗教教育、性教育、升学与就业指导、人格培养、社会性的形成及健康教育。社区活动、劳动体验等活动课程也被纳入学校课程体系当中。此次国家课程调整的目标取向主要体现在三个方面，即进一步明确了学校课程和国家课程的基本理念，包括课程的价值、目标和目的；通过增强课程的灵活性、扩充受教育途径等提升国家课程的包容性，为所有学生提供有效的学习机会；通过实施"国家基础学习力战略"等措施增强国家课程科目的灵活性。

2007年布莱尔政府结束后，布朗新政府对课程进行了审议，出台了几个审议报告，包括政府进行的初等教育课程独立审议会(Independent Review of the Primary Curriculum)，于2009年发布了最终审议报告；剑桥初等教育课程审议会(Cambridge Primary Review)，于2010年发布了报告《儿童，他们的世界，他们的教育》(*Children, Their World, Their Education*)；下议院儿童、学校和家庭委员会(CSFC)于2009年也公布了审议报告。但实际上，伴随2010年工党在大选中

---

〔1〕 白皮书建议：①应当鼓励中等学校成为特色学校(specialist schools)，允许其按照学生能力选择性招收一小部分学生；②将5—7岁儿童的班级规模减小到30人以下，向地方教育当局拨付相关经费；③小学中每天学习数学和英语的时间分别不少于1小时；④学校应该设定提高标准的目标，学校评价表(school performance tables)应当展示出学生进步的幅度及其实际成绩情况；⑤提高少数民族学生的成绩，促进民族和谐；⑥特殊教育需求应该在提升标准的项目中有所体现；⑦为学校中的问题学生提供更好的支持；⑧中等学校英国运用创新性的方式和不区分能力水平的教学手法，尤其是在科学、数学和语言学科；⑨应当创造更多的家庭学习计划，促进家长和学生共同学习；⑩应当出台针对家庭作何也学校家庭作业中心的国家指南；⑪应当设立"教育行动区"(education action zones)，对贫困地区提供针对性的帮助；⑫应当为新合格的教师提供更好的支持，为在职教育提供更好的培训，尤其是提升文化素养、数学素养和IT水平的培训；⑬应当设立针对新入职和在职校长的国家培训计划。

的失利，初等教育课程的相关改革建议并没有得到实质性的实施。与此相比，中等教育阶段的国家课程调整由于在2008年时已经开始正式实施，一定程度上得到保留。2008年对中等教育课程的调整主要体现在：修订第三学段12门基础课程的教学大纲，制定3门非法定性（non-statutory）课程的教学大纲。这3门非法定性课程是个人幸福（Personal Wellbeing，PW）、经济福利与理财能力（Economic Wellbeing and Financial Capability）以及宗教教育课程。

2010年英国联合政府上台后，便开始着手新一轮的课程改革。进行新一轮课程改革的动因，主要在于长久以来用人单位和高等院校对基础教育阶段毕业生能力水平的不满，约42%的用人单位需要为学校毕业生组织针对性的培训。[1] 为了消除社会的不满、提升基础教育阶段学生的各项基本能力，2011年1月，英国教育部宣布对中小学国家课程大纲进行大规模修订。先后于2012年、2013年公布了国家课程学科的课程大纲等相关文件，构成了当前英国中小中正在或即将实施的新课程体系。

第二节 英国基础教育的课程设置

一、2014国家课程的主要内容

1. 2014国家课程的目的

截至2013年，英国中小学中所实施的课程主要包括国家法定性课程和学校自主开设的课程两个部分，其中，国家法定性课程包括国家课程（面向5—16岁儿童）、宗教教育课程（面向5—18岁儿童）和性教育课程（面向11—18岁儿童）。

---

〔1〕 Department for Education. Reforming qualifications and the curriculum to better prepare pupils for life after school [EB/OL]. [2014-02-12]. https://www.gov.uk/government/policies/reforming-qualifications-and-the-curriculum-to-better-prepare-pupils-for-life-after-school.

英国联合政府上台后酝酿的新一轮课程改革逐渐付诸实施,从2014年开始实逐步施新的国家课程,到2016年将全面实施新课程,同时国家评价和考试也开始反映新课程的内容。

自1989年国家课程登上英国教育历史的舞台以来,虽经过几次变脸,但其核心的内容可以说变化不是很大。2014国家课程框架规定,国家课程要为儿童提供基本知识的介绍,促进其成为有教养的公民。它要给儿童提供公认最好的内容,帮助儿童形成对人类活动和成就的赞赏能力。

此外,新国家课程框架还进一步指出,国家课程只是每个儿童教育中一个基本要素。在国家课程所做出的相关规定之外,每天、每星期、每学期和每学年中还存在可以安排的时间和空间。国家课程仅仅是提供核心知识的大纲,围绕这个大纲教师可以开发令人兴奋和刺激的课堂(lessons),促进学生知识的学习、理解力和技能的提升。

从上述国家课程框架的表述中我们可以看到,实施国家课程并不一定意味着对学校和教师课程自主权的全盘否定。如果我们以大课程观的视角去考察的话,可以发现新国家课程框架并没有将学校课程仅仅划定等同于国家课程,而是将国家课程定位为促进学生发展的手段之一,同时给与学校和教师安排课程的权力。

2. 2014国家课程的结构

国家课程适用于义务教育阶段的公立学校,包括公立特殊学校、自愿受助学校和自愿受控学校。国家课程将义务教育阶段划分为四个学段(key stages),包括12门学科,这12门学科又进一步区分为核心学科和其他基础学科。各个学科的"内容、技能和过程"由教育大臣规定,学校可以自由选择如何组织学校活动,只需保证国家课程的内容得到全面实施即可。

义务教育阶段国家课程包括英语、数学、科学、艺术与设计、公民、信息技术(computing)、设计与技术、语言、地理、历史、音乐、体育。各个学段的开设情况具体如表3-2所示。进入学段4之后,必修课数量有所减少,艺术类课程、设计与技术、人文类课程及现代外语已不算在必修课程之列,但是所有公立学校的学生都必须选择这个四个学习领域之一开展相应的深入学习。因此,这就要求学校在三个方面有所作为,即第一,学校要在每个领域提供至少一门课程;第二,如果学生希望学习四个领域的课程，学校要提供这样的机会；第三，符合各个领域要求的课程必须要能让学生有机会获得认可的资格。换句话说，学校在满足学段 4 学生的选修课问题上，必须要确保相应课程的开设，同时也要保证所开设课程的质量。

表 3-2 2014 国家课程学科分布情况

	学段	学段 1	学段 2	学段 3	学段 4
	年龄	5—7 岁	7—11 岁	11—14 岁	14—16 岁
	学年	1—2	3—6	7—9	10—11
核心学科	英语	√	√	√	√
	数学	√	√	√	√
	科学	√	√	√	√
基础学科	艺术与设计	√	√	√	
	公民			√	√
	信息技术	√	√	√	√
	设计与技术	√	√	√	
	语言		√	√	
	地理	√	√	√	
	历史	√	√	√	
	音乐	√	√	√	
	体育	√	√	√	√

注：在学段 2 语言学科的具体名称为“外语”，在学段 3 则称为“现代外语”。

除了上述学科课程外，宗教教育和性教育课程也是中小学生的必修课，其中，性教育只针对中学生实施，见表 3-3。

表 3-3 法定性宗教教育和性教育实施计划

	学段 1	学段 2	学段 3	学段 4
年龄	5—7 岁	7—11 岁	11—14 岁	14—16 岁
学年	1—2	3—6	7—9	10—11
宗教教育	√	√	√	√
性教育			√	√

3. 国家课程的包容性

国家课程框架除了对义务教育阶段中小学课程进行规定外，还强调教师对弱势群体儿童及有特殊教育需求儿童的关注。2014国家课程框架指出,教师应该对每个儿童设定较高的预期,为明显达到平均水平以上的儿童制定延伸性学习计划,同时也更要关注尚未达到预期发展目标的儿童以及弱势群体儿童。教师还应该使用适当的评价方式来反映学生所需要达到的发展目标。

国家课程框架着重要求学校和教师要对学生需求做出回应。教师在开展教育教学活动中要平等对待每个学生,不论其种族、残障、性别、信仰、性取向、生育状况以及是否为性别再造(gender reassignment)。其中,有特殊教育需求的儿童要能得到格外的关注,因为很多这样的儿童也是身心残疾儿童。学校和教师应当开发无障碍课堂,也就是说这类儿童能够学习所有国家课程。关于如何支持特殊教育儿童,学校和教师可以参考《特殊教育实务守则》(*the SEN Code of Practice*)。

此外,对于英语为非母语的儿童,教师也应当考虑儿童的年龄、在英国的时间、此前的教育经历和能力等因素,着重在英语学习上给予这类学生尽可能的帮助。

4. 国家课程注重的两大素养

作为支撑基础学力的重要内容,算数与数学、语言与识字两个领域在国家课程框架中得到了重点关注。

(1) 算数与数学

国家课程框架中指出教师应当综合运用每个相关学科去发展学生的数学能力。框架认为在算数和其他数学技能方面的信心是国家课程取得成功的前提条件。

在这样观念的引领下,国家课程框架认为教师应该在所有学科中注意培养学生的算数和数学推理能力,使他们理解和领会数学的重要性。要教会学生灵活运用算数知识解决问题、理解并使用测量知识等,同时也要学会运用几何与代数知识,让他们将对概率的理解与风险和不确定性概念联系起来。此外,通过一系列的学习,学生还应该理解数据收集、展示和分析的整个过程;能够在解决常规性和非常规问题时运用数学知识,包括将复杂问题分解为多个简单步骤。

可以看到,国家课程十分重视数学思维能力及数学知识实践应用能力的培养,在一定程度上突破了只学数学知识的藩篱。

(2) 语言与识字

在国家课程框架看来,语言与识字不仅仅是一个自成体系的学科,更是各个学科教学的基本中介。对于学生而言,理解语言的含义使得他们能够接受全部的课程。语言与识字领域的学习应当包括口语、阅读、写作和词汇,每个领域的具体要求有所侧重。

在口语学习上,学生应当能够清楚地说一口标准英语、自信地表达自己的观点。学生还要学习有理有据地判断观点,提出问题,扩充词汇量,协商技能,评价并扩充他人的观点,选择适当的表达方式进行有效交流。此外,学校和教师还要教会学生进行很好的描述和解释,并通过猜想、假设和探索去提高理解能力。

在阅读和写作方面,教师应该着力发展学生在各个学科中的阅读和写作能力,以便支撑其知识学习。应当教会学生流利地阅读、理解散文,并鼓励学生读出乐趣。在写作上则应该教会学生写长句的技巧,让学生能够正确运用语法,并在已学知识的基础上能够不断扩充语法知识,等等。

在词汇学习方面,学生应当能够掌握和运用一定的词汇,以便全部课程的开展。教师要积极地使学生词汇量不断增加,同时,要帮助学生在已知词汇和新词汇之间建立联系、讨论近义词之间细微的意义差别。以此,学生不断扩充写作时的词汇选择范畴。另外,还要让学生明白在各个学科领域不同词汇的用法和含义,例如数学和科学语言。

二、英国初等教育的课程设置

按照国家课程的要求,英国小学阶段包括两个学段,即 5—7 岁的关键学段 1 和 7—11 岁的关键学段 2。在这两个学段开始的必修课程包括英语、数学、科学、艺术与设计、信息技术、设计与技术、语言(关键学段 2)、地理、历史、音乐和体育等 10 个学科。每个学科对不同年级的学生需要达到的学习目标要求所有不同,每个学段的学习内容有所差别。下文将以核心科目的数学和基础科目的体育以及邦纳小学为例具体说明英国小学的课程设置情况。

1. 英国小学阶段数学课程的设置与要求

英国政府公布的数学学科教学大纲将数学学习定位为基础性学科,是日常生活、理解科技和工程的关键,同时也是金融素养和就业的必须知识。因此,数学学科国家课程的目标在于:①保证所有学生掌握数学基础知识,从而使得学生形成概念理解的能力，并能迅速而准确地回想起所学知识加以运用；②保证所有学生能够遵循质疑、猜想、总结的步骤，用数学语言形成论点和判断，从而发展学生数学推理能力；③保证所有学生够能通过运用其所学的数学知识解决问题。

为逐步达到这样的学习目的，学校在安排数学课程的过程中应当按照学年进行，每个学段只能学习该学段的预期数学知识和技能。由于每个学段一般包括多个学年，因而学校可以灵活安排一项学习内容的时间。同时，所有学校都必须要制定基于学年的本校课程，并在学校主页上公布。

英国小学阶段各学年法定学习目标难度逐渐增大。在关键学段 1 的几年里，主要是培养学生数学学习的自信心和数学思维，要求学生能够对不同的形状进行识别、描述、画图、比较和分类，同时教学中还应该加入一定的测量知识，让学生描述和比较不同的长度、质量、容量、时间、金钱等。关键学段 1 结束时，学生应该掌握 20 以内的数字，并能够理解和使用位值(place value)。此外，学生还要能够读出和拼写该学段学习范围内的数学词汇。进入关键学段 2 后，数学教学的重点在于进一步提高学生对数字和四则运算的掌握，以及包含的概念等。在这个学段，要不断发展学生解题的能力，包括简单的除法和小数位值；促进学生数学推理能力的的发展，让学生学会使用测量工具，并建立其测量与数字之间的联系。在第四学年结束时，学生应该能够记住 12 位乘法表，能够准确流畅地做作业。表 3-4 是以数学中数字与位值的学习内容为例说明小学阶段各年级预期学习目标的要求。

表 3-4 英国小学阶段数学学习预期目标(数字和位值)〔1〕

学段	学年	预期目标
学段 1	第一学年	• 能够数到 100，正数或倒数，从 0 或 1 开始数或者从任何一个给定数字开始数； • 能够数、读、写 100 以内的数字；能数出 2、5、10 的倍数； • 给定一个数，指出比这个数大 1 和小 1 的数； • 运用实物或图片识别和示范数字，能够使用“等于”“大于”“小于(少于)”“最多”“最少”； • 能够读出和写出 1—20 的数字和单词

〔1〕 the National Curriculum in England: Key stages 1 and 2 framework Document. [EB/OL]. [2014-02-12]. https://www.gov.uk/government/uploads/system/uploads/attachment_data/file/260481/PRIMARY_national_curriculum_11-9-13_2.pdf.

续表

学段2	第二学年	• 能够从 0 开始按照 2、3、5 的倍数数数(count),从任意一个数开始按照 10 的倍数数数,正数或倒数; • 认识两位数中每一位上的位值(十位数、个位数); • 使用不同的展现形式识别、示范和估计数字; • 能在 0～100 之间的进行比较和排序,使用数学符号＜,＞,＝; • 能够读出和写出 0～100 之间的数字和单词; • 运用位值和数字事实(number fact)解题
	第三学年	• 能够从 0 开始按照 4、8、50、100 的倍数数数,能够找到比给定数字大 10 或 100、小 10 或 100 的数; • 认识三位数中每一位上的位值(百位数、十位数、个位数); • 能够比较 1 000 以内数字并排序; • 能够使用不同的展现形式识别、示范和估计数字; • 能够读出和写出 1 000 以内的数字和单词; • 能运用这些概念解数字题和应用题
	第四学年	• 能数出 6、7、25、1 000 的倍数; • 能找到比给定数字大 1 000 或小 1 000 的数; • 能倒数包括 0 以下的负数; • 认识四位数中每一位上的位值(千位数、百位数、十位数、个位数); • 能够比较 1 000 以上的数字并排序; • 能够使用不同的展现形式识别、示范和估计数字; • 能任何数字四舍五入到 10、100、1 000; • 能用越来越大的正数和已学概念解数字题和应用题; • 能念 100 以内的罗马数字(从 I 到 C),并知道经过长期发展数字系统逐渐包括了 0 和位值的概念
	第五学年	• 学生应该能够读、写、比较和排序至少 1 000 000 以内的数,并能判定每位数上的值; • 能以 10 的平方的形式数出 1 000 000 以内任意给定的数; • 能在情境中解释负数,能数出正整数和负整数; • 能将 1 000 000 以内的数四舍五入为 10、100、1 000、10 000、100 000; • 运用上述所学解答数字题和应用题; • 能念 1 000 以内的罗马数字,并认识以罗马数字书写的年份
	第六学年	• 学生英文能够读、写、比较和排序 10 000 000 以内的数字,并能判定每位数上的值; • 能将任一整数四舍五入到所要求的精确度; • 能在情境下运用负数,并能计算跨零间隔; • 运用上述所学解答数字题和应用题

2. 英国小学阶段体育课程的设置与要求

英国政府的国家课程纲要认为,高质量的体育教育课程有助于促进所有学生在竞争性体育运动和其他对身体有要求的活动中获得成功。体育课程应该为学生提供身体自信的机会,在体育和其他活动中的竞争机会会培养学生性格,帮助学生建立公平和尊重的价值观。鉴于这样的定位,英国中小学体育课程的主要目的在于:①保证所有学生形成在众多体育活动中表现突出的能力;②确保所有学生在持续的时期内参加体育活动;③确保所有学生参加竞争性体育活动;④确保所有学生能健康、积极的生活。小学阶段体育学科教学内容要求如下:

(1) 在关键学段1,学生应当发展基本运动技能,竞争意识和自信心逐渐增强。因此,在具体的体育教学中应该让学生掌握基本运动,包括跑、跳、投、抓,并发展其平衡性、灵活性和协调性,让学生开始在一定的活动中应用这些技能。此外,还要让学生参加小组游戏,发展学生进攻和防守的简单战术;教会学生跳动作比较简单的舞蹈。

(2) 在关键学段2,学生应当进一步发展已学技能,探索通过不同方式运用这些技能。同时,要乐于交流、合作和竞争。学生要学会如何在不同的体育活动中提升水平,学会如何评价和认识自己的取得的成就。在具体的教学中应当教会学生单独或综合运用跑、跳、投、抓这些技能;教学生玩竞争性游戏,在一些运动中进行适当的调整,运用进攻和防守的一些基本原则;发展学生的灵活性、伸展性、技巧、控制和平衡能力;教会学生按照舞蹈套路跳舞;促进学生参加户外和挑战性活动;促进学生与自己此前的表现进行比较,发现进步之处,从而激励其不断进步。

案例:邦纳小学(Bonner Primary School)的课程设置〔1〕

邦纳小学是位于伦敦市斯登斯伯里(Stainsbury)街区的一所社区学校,所在地区常住人口密集,主要招收5—11岁学龄儿童。2013年度共有在校生498人,其中,男生占52.6%,女生占47.4%;特殊教育需求学生等占5.4%;75%的学生不是以英语为母语,即少数民族学生(其中,孟加拉裔最多);41%的学生有

〔1〕 根据邦纳小学网站:www. bonner. towerhamlets. sch. uk介绍整理。

资格享受免费校餐,这个比率在英国小学中比较高。邦纳小学曾经因其基本技能教学和学生成绩突出而受到过奖励。2008年之前的10年里该校一直是教育行动区项目学校之一。在2007年教育标准局对邦纳小学的督导报告显示,邦纳小学1—4年级学生的总体成绩分别是优异(一年级)、良好(二年级)、符合要求(三年级)和不合格(四年级)。基于学校的基本状况,结合2010年联合政府上台以来的课程改革政策,邦纳小学花费了两年时间重新修订本校的课程,力图将传统教学方法与现代观念相结合,培养出有技能、善表达、身体强健、懂礼貌的年轻人,能够快乐、成功地生活,并以此影响他人。

邦纳小学的课程是基于技能的一个体系,将多个技能整合起来形成主题。整个学年的教学是以主题的形式展开,每个主题持续的时间长短不同,每个年级的学习主题也有所侧重。此外,学校还开设了丰富多样的选修课和特殊学习计划(表3-5)。

表3-5 邦纳小学各学年课程主题

学年	学期	周数	主　题
第一学年	秋季1a	4	自我介绍(All About Me)
	秋季1b	3	黑人历史月(Black History Month)
	秋季2	6	照亮生活(Light Up Your Life)
	春季1	5	古今家庭(Homes Now and Then)
	春季2	5	哈姆雷斯(Hamleys)
	夏季1	5	杰克和豆茎(Jack and the Beanstalk)
	夏季2a	5	乐器(Musical Instruments)
	夏季2b	2	解决问题(Problem Solving)
第二学年	秋季1a	4	提问(Quest)
	秋季1b	3	黑人历史月(Black History Month)
	秋季2	6	邦纳馈赠(Bonner Gives)
	春季1	5	伦敦巴士游(Tour Bus London)
	春季2	5	超级英雄(Superheroes)
	夏季1	5	动植物(Plants and Animals)
	夏季2a	5	海滩贝壳(Seashells on the Seashore)
	夏季2b	2	解决问题(Problem Solving)

续表

第三学年	秋季 1a	4	秋收集会(Harvest assembly, 1 week) 保持健康(Keeping Healthy, 3 weeks)
	秋季 1b	3	黑人历史月(Black History Month)
	秋季 2	6	小发明(Inventions)
	春季 1	5	古希腊(Ancient Greeks)
	春季 2	5	乡土气息(Our Local Area)
	夏季 1	5	泰晤士河(River Thames)
	夏季 2a	5	墨西哥风土人情(Overseas Locality Mexico)
	夏季 2b	2	动物、问题解决(Animals; Problem solving)
第四学年	秋季 1a	4	我是谁(Who am I?)
	秋季 1b	3	黑人历史月(Black History Month-Ellen Craft)
	秋季 2	6	不列颠群岛(The British Isles)
	春季 1	5	凯尔特人(Celts)
	春季 2	5	罗马入侵(Invasion! (Romans))
	夏季 1	5	栖息地(Habitats)
	夏季 2	4+2	完成目标! 问题解决(Goal! (a PE project); Problem Solving (First Aid and NXT robots))
第五学年	秋季 1a	4	非洲(Africa)
	秋季 1b	3	黑人历史月(Black History Month)
	秋季 2	6	太空之旅(Journey into Space/Christmas Production)
	春季 1	6	人民权力(Power to the People)
	春季 2	6	世界音乐(Music Around the World)
	夏季 1	6	生命周期(Lifecycles)
	夏季 2	6	都铎王朝(Tudors)
第六学年	秋季 1a	4	栖息地/周围环境(Habitats/Local Environment)
	秋季 1b	3	黑人历史月(Black History Month)
	秋季 2	6	维多利亚东区少年(A Child in the Victorian East End)
	春季 1	5	四季更替(Changes/Weather)
	春季 2	5	二战中的少年(A Child in World War 2/Europe)
	夏季 1	5	SATS/健康生活方式(SATS/Healthy Lifestyles)
	夏季 2a	5	日本/健介的王国/年终(Japan/Kensuke's Kingdom/End of Year Production)
	夏季 2b	2	日本/健介的王国/年终(Japan/Kensuke's Kingdom/End of Year Production)

除了上述以主题形式组织开展的课程外，邦纳小学还开设有丰富多样的选修课，例如急救知识课、印刷课(printing)、仲夏夜之梦(莎士比亚戏剧欣赏课)、雕刻课、机器人课、巴西战舞课、网球课、戏剧课、瑜伽课、学习澳大利亚、动物与植物等。

邦纳小学多采取整合课程的形式实施。除了识字课、数学、科学和信息技术课外，艺术类课程和人文类课程是整合在一起，呈现为主题的形式，这些主题已经在上述的课程主题中有所体现。

邦纳小学十分重视体育活动。学校要求所有学生每周至少能够活动 4 个小时，每个班级至少安排 2 个小时的体育课，同时配以课间活动、选修课以及课后社团活动等其他体育活动时间。邦纳小学的体育课程主要包括三大类，即游戏、体操和舞蹈，还包括户外探险活动和游泳。其中，体育游戏大概占体育课一半的课时，体操大概占四分之一的课时，舞蹈占四分之一的课时。

三、英国中等教育的课程设置

一般情况下，英国儿童在 11 岁或 12 岁左右(不同地区因学制上的差异而不同)结束初等教育阶段的学习，进入到中等教育阶段。中等教育阶段包括两个关键学段，即 11—14 岁的关键学段 3 和 14—16 岁的关键学段 4。这样的学制划分方法与我国常说的初中和高中阶段教育虽有类似之处，但并未明确划分。一般来说，英国中等教育的第一个关键学段即 KS3 相当于我国的初中阶段；第二个关键学段相当于我国高中阶段的第一、二年级。按照英国相关法律的要求，所有英国青少年在 16 岁之前必须接受学校教育，而在 16 岁之后则可以选择在学校继续接受教育或者以其他形式接受继续教育。16 岁以后所接受的学校教育主要是为升学做准备，具有大学预科的性质，通常称为“第六学级”(the Sixth Form)。但是伴随英国学生数量的增加和广大家长的要求，在第六学级这个阶段开设职业性向课程的学校逐渐增多。

1. 16 岁前中等教育的课程设置

按照国家统一课程的要求，英国 16 岁以下的青少年必须在学校中接受教育，其中，在关键学段3英国学生的必修课门类相对较多，而进入关键学段4之后，学生要为阶段性考试做准备，必修课数量减少到6门，选修课数量相应增多。从必修课的学科科目看，关键学段3的学科课程包括英语、数学、科学、艺术与设计、公民、电脑、设计与技术、语言、地理、历史、音乐和体育；关键学段4的必修科目有英语、数学、科学、公民、电脑和体育。除了国家统一课程所要求的课程学习内容外，英国中学还可以根据学生需求和学校自身的情况开设多样化的选修课，以便满足学生在16岁中学毕业时参加“普通中等教育证书”(GCSE)的考试。本部分以英国剑桥郡(Cambridgeshire)的切斯特坦中学(Chesterton Community College Academy)为例说明英国中学的课程设置情况。

案例：切斯特坦中学(Chesterton Community College Academy)的课程设置〔1〕

切斯特坦中学位于英格兰东部剑桥郡，是一所建立于1974年的综合性公立中学，2012年正式转型为学院式学校(Academy)。该校主要招收11—16岁青少年。截至2014年2月学校共有在校生918人，其中50.7%为男生，49.3%为女生；英语为非第一语言的学生占18.7%；有资格享受免费校餐的学生占10.0%左右。在过去几年的普通中等教育证书考试中，获得5个A*—C的学生比重基本保持在60%以上，明显高于英格兰平均水平。2010年该校61%的毕业生拿到了5个A*—C的成绩，2013年这一比例提高到68%，而相同年度英格兰的平均水平分别为53.5%(2010年)和59.2%，说明该校的教育教学水平和质量高于平均英格兰平均水平。2013年9月Ofsted巡视了切斯特坦中学，并对学校的总体效能(overall effectiveness)做出了优良(good)的评价，同时，在学生学业成就、教学质量、学生行为表现和安全、行政管理四个方面也获得了优良的评价。

切斯特坦中学设置课程过程中注意保持文理平衡，既注重科学技术类课程也注重人文社科类课程，从而保证学生形成积极的生活态度和丰富的学校生活

〔1〕 根据切斯特坦中学主页 http://chestertoncc.net介绍整理。

体验等。除了国家课程所要求的学科内容外，切斯特坦中学还开设有附加课程(Extra curricular)和拓展课程(the extended curriculum，又称为 Enrichment)。从这课程的内容来看，附加课程内容丰富多样，既包括拉丁语、西班牙语等语言类课程，也包括足球、羽毛球、乒乓球等体育类课程，爵士乐、唱诗、喜剧等艺术类课程，社会学、书法等人文社会课程。附加课程的组织形式既包括讲授式的课程，也包括社团活动课程，例如社区俱乐部、游戏编程俱乐部、电影俱乐部等，每门课程的服务对象有所差异，上课时间从周一到周五都有详细、明确的规定。相比之下，拓展课程开展相对更加灵活，规定从 7—11 年级每个学期的主题以及相应负责的教师。内容上包括历史文化、科技、人生规划、工作、健康等多项与学生未来生活准备的内容。拓展课程的课时安排并不像附加课程那样具体细化到每节课，而是按照活动需要按照全年 5 个学期来安排，每个学期每个年级至少有一次主题活动日。

---

2. 第六学级的课程设置

在英国，学生结束 16 岁之前的学校义务教育后，并不完全代表其义务教育的结束，而是还要继续参与某种形式的教育与培训直到 18 岁。在这个阶段，学生参与教育与培训的形式主要包括进入第六级学校继续学习、在继续教育学校或培训机构中学习等。按照英国法律规定，第六级教育虽然属于义务教育阶段的范畴(2013 年之后)，但是却并不在国家统一课程的射程之内，因而各个学校有权自主安排所开设的课程。如前所述，第六学级教育主要是服务于升学，因而其课程具有较强的学术性。另一方面，用于升学的考试和证书是由第三方机构提供，因此这类学校的课程开设也会相应受到影响。第六学级一般为两年，第一年入学时学生要选择修习几门课程，在第一年学习结束时参加 AS 考试，第二年学习结束时参加 A2-Level 考试。第六学级毕业生课根据自身学习情况选择参加 A-Level 的科目数量，一般多是 3 门及以上。此处以英国曼彻斯特郡的奥尔特灵厄姆文法中学女校为例说明第六学级的课程设置。

案例：奥尔特灵厄姆文法中学女校(Altrincham Grammar School for Girls)的课程设置[1]

奥尔特灵厄姆文法中学女校位于英国曼彻斯特郡，建立于1910年，是一所拥有悠久历史的文法中学，招收11—18岁青少年。截至2014年2月，该校共有学生1 267人，是目前英格兰规模最大的单一性别学校。其中，英语为非母语的学生占7.7%左右，有资格享受免费校餐的学生占1.5%。基于悠久的办学历史，奥尔特灵厄姆文法中学女校不仅积累了较高的人气，同时学生的学业成绩也名列前茅。Ofsted的督导(2008—2009年度)将该校评为优秀(outstanding)级别。

同大多数第六级学校类似，奥尔特灵厄姆文法中学女校的课程设置反映出比较明显的个性化取向。学生进入十二年级后一般要选择4～5门AS科目，以便备考第一年学习结束时的AS考试；进入十三年级后所有学生则要在此前所选择的AS科目中选出至少3门课程继续学习，参加一年后的A2考试。AS和A2的考试结果共同构成完整意义上的Advanced level考试。奥尔特灵厄姆文法中学女校开设的课程大多是面向AQA的，这就意味着学生可以通过学习4门A level科目拿到AQA证书，包括通识学习(General studies)、拓展科目证书(the Extended Qualification, EPQ)和社区工作日志在内。

奥尔特灵厄姆文法中学女校开设的课程科目包括艺术、生物、商务、化学、公民、计算机与ICT、舞蹈、设计与技术、喜剧、经济学、英语、法语、通识学习、地理、德语、历史、数学、现代外语、音乐、体育、物理、心理学、西班牙语、科学等。其中，通识学习这门课程在十二和十三年级都包括文化与社会、科学与社会两门课，学生必须在规定的时间参加考试。到十三年级后，学生必须要学习EPQ科目——大学和用人方尤其重视EPQ证书，同时它也是AQA证书的组成部分。

〔1〕 根据奥尔特灵厄姆文法中学女校主页 http://www.aggs.trafford.sch.uk/相关介绍整理。

第三节 英国基础教育的教材制度

一、中小学教材的编写和发行

英国素来有尊崇自由的传统，尽管从20世纪80年代末期开始实施国家统一课程，但仅限于对必修课程内容的规定，对于学校具体教学中所使用的教材并没有统一的规定，因此在中小学校并没有全国统一的教材。[1] 经过长期的历史积淀，英国中小学教科书形成了比较完备的市场流通机制。实际上，英国采取的是以考试和证书制度引领教材内容的做法，让市场去决定教材的生死存亡。在英国，中小学的教材开发主要是由图书出版商负责，而教材的选择和使用权则主要把握在校长和教师手中，同时，政府在组织教材选用的过程中也会发挥启动、支持和保护的作用。英国中小学课堂中所使用的教科书是由学校免费提供的，属于学校资产，上课时提供给学生使用。

中小学教材的开发一般是由教材出版商进行，政府对于中小学教材编写者的资格没有要求，任何机构和出版商都可以编写教材。自从1988年国家统一课程开始实施以后，中小学教材的编写主要是以国家课程大纲为依据，由出版商自行组织编写力量。另外，教材编写的另一个依据是英国中小学生在毕业年级时所参加的各种考试，例如GCSE、A-Level等，这些考试中每个科目的要求也会对出版商发行的教科书产生影响。

英国教材的编写人员主要由在职的中小学教师、教育研究机构的专职人员等构成。国家统一课程实施以前，教材编写基本是处于自由编写和发行时代，以

〔1〕 在英国没有我国通常所说的教科书概念，取而代之的是教材的概念。二者比较而言，教材的概念范畴更广，定位也明显不同于教科书，教材只是帮助学生获取知识和技能的一种手段和工具，因而通常被叫做topic book。

各类外部考试结果为重要的显性衡量指标。20 世纪 90 年代以后,教材的编写既要考虑国家课程标准的要求,同时也要能够满足学生参加证书考试的需求,大致类似于一纲多本的制度安排形式,但实际差别较大。

英国没有专门做教材出版发行的出版社,政府也基本不干预中小学教材的编写开发和发行过程,市场性气息比价浓重。值得一提的是,英国并不存在像日本那样的教科书审定制度,再加上如此多样化的教材编写开发,使得英国中小学教材的内容、结构和论述方法等差异较大,教材的种类繁多、规格不一。

目前,英国比较大的教材出版商有牛津大学出版社(OUP)、Nelson Thornes(已经被 OUP 收购)、Harper Collins 等大大小小几百家出版公司。每年英国的各种组织会组织图书展会等活动,给政府、学校、出版商搭建相互交流和展示的平台。例如英国教育供应商协会(BESA)每年组织的四次重要展会;英国出版商协会教育出版商委员会(the Publishers Association, Educational Publishers Council)提供的教材试用机会;伦敦书展(the London Book Fair)等。

二、中小学教材的选择和使用

在英国,中小学生可以获得由政府无偿提供的教科书,使用过程中要保证教科书的干净整洁,使用结束后要归还给学校,留给下一届的学生继续使用。在私立学校,无论是义务教育还是非义务教育,教科书的借出都是有偿的。

英国教科书管理体制属于自由制,所谓自由制是指教科书的出版发行完全自由,而且教科书的使用也由学区或学校自行决定,无须上级教育行政部门的认可。但实际上,在选择教科书时 GCSE 等外部考试、地方教育当局和督学等也可能发挥间接的影响。在这样的制度体系下,英国中小学的教材选用一般是由校长和教师在商议的基础上决定。

此外,教师组织在教材选用的过程中也在一定程度上发挥的参考、建议的作用。例如 School Books Direct,它是一个完全在教师群体领导下的组织,成立于 2011 年,成员包括优秀一线教师、高级技能教师和退休的校长等。该组织主要目的在于以最低的价格为教师提供最优质的教材，从而应对日益紧缩的教育财政。目前，该组织主要提供 Nelson Thornes，OUP 和 Harper Collins 三家的中小学各科教材。

三、中小学教材选用案例

在英国中小学，教材（尤其是教科书）属于学校资产的一部分，受英国教育经费紧缩以及现代信息技术在教育教学中应用的影响，很多学校用于教材的经费不断减少。另外，校长和教师的观念——教学不应当结构化而应是流动的——也使得教科书的使用有所下降。据统计，当前英国 10 岁左右的学生中只有 10％使用教科书，14 岁学生中只有 8％使用。[1] 在这种背景下，英国很多中小学教学中所用的“教材”实际上是教师在综合各类教学参考书的基础上自行编写的资料，在某种程度上打破了教科书自身的结构体系，于是不同地区和学校的学生所接受到的信息会存在一定的差异。

案例：邦纳小学（Bonner Primary School）的教材选择[2]

邦纳小学课堂中所使用的教材比较多样，同时给学生和家长提供获取在线学习资料的路径和线索。课程的开发和教材的选择主要是由学校的教师负责，各个学科领域的具体情况如下：

（一）英语

一年级使用了 Read，Write Inc 的课程和教材，以“合成拼音”（synthetic phonics）为主要教学内容，学习如何将英文词和读音相互转换等。2—6 年级的英语教学所使用的则是由学校教师基于 Alan Peat 模式自主开发的教材。在这些课程的基础上，学校还组织“挑错俱乐部”（Bug Club），引导学生在学校和家里

---

〔1〕 Death of the textbook: Education minister hits back at ‘free-flow’ teaching which leaves children with dog-eared bits of paper. [EB/OL]. [2013-12-03]. http://www.dailymail.co.uk/news/article-2517213/Death-textbook-Education-minister-hits-free-flow-teaching-leaves-children-dog-eared-bits-paper.html.

〔2〕 根据邦纳小学网站：www.bonner.towerhamlets.sch.uk 相关介绍整理。

阅读。同时，邦纳小学还提供给学生多个校外第三方组织的相关学习资源，包括 Brainbox Voice Box（帮助学生发展口头语言技能）、Brainbox Plays（提供大量阅读和表演的短剧）、Brainbox Misc（提供训练思维能力的学习材料、谜语和问题）、Coxhoe（提供面向家长、教师和学生的英语教材）、Woodland Junior School（提供适合多个年龄段学生的活动）、Revisewise（专门为六年级学生提供学习材料）、BBC Schools 所提供的学习资料、Primary Resources 提供的学校资料。各个年级的学生可以根据自身兴趣和需要去选择自主学习的资料。

（二）数学

在数学学科，邦纳小学在教学中主要参考的教材和资料包括 Brainbox 的数学活页（主要是 KS2 的学生使用）、Cohoe（面向所有年级，包含数学游戏和活动）、Woodland Junior Primary School（拥有很多数学游戏和活动）、Revisewise（面向六年级学生）、Funbrain（数学游戏）、BBC Schools、Primary Resources、Nrich（提供面向学生、家长和教师的活动与游戏）、Probability spinners、Probability games、BBC Probability games 等。

（三）科学

在科学学科，邦纳小学比较重视培养学生的动手实验能力，学生在校期间有很多机会动手做实验、做调查。可供参考的教育资源包括 Brainbox 的科学活页、BBC Schools 提供的科学学科相关资源、Coxhoe 提供科学课程资源、Woodland Junior School 提供科学专区资源、Revisewise 提供面向六年级学生的科学课程资源、Healthy Eating（BBC）关于食物种类和健康饮食的相关资料、Learning Circuits 关于电流的课程资源、Primary Resources 提供的初等教育资源。

在现代社会，课程是确保学校教育有效开展的重要要素。对课程如何编制、由谁制定、如何落实、包含哪些内容等重要问题的不同看法，构成了众多课程理论流派。英国学者丹尼斯·劳顿（Dennis Lawton）认为，在任何一个国家的教育体系中都存在五个层次的课程控制，即国家控制（national）、地区控制（regional）、

机构控制(institutional)、教研组控制(departmental)和个人控制(individual)。[1]不同的时代,各个层级对课程控制的强度有所侧重,且各层在课程控制中所担当的角色亦有所区分。在英国基础教育课程发展历程中,课程控制经历了从没有课程国家控制到课程的国家控制,由国家控制到教师控制,再由教师控制走向国家课程的发展阶段。当前,英国基础教育所使用的课程是以1988年国家课程为基础、不断改革调整而来的课程体系。

课程的顺利实施需要适当的教材制度作支撑。英国在自由主义传统的影响下,没有形成统一的教材制度,校长和教师有权决定学校所使用的教材。1988年国家统一课程的颁布和实施,对于英国教材市场产生了巨大影响。学校教师对教材的选用进一步脱离传统教科书的束缚,依据国家统一课程的相关指南以及各类资格证书考试的要求,利用各种教学参考资料和社会资源组织课程和教学的实施。

---

〔1〕 Dennis Lawton (1983): Curriculum Studies and Educational Planning. Hodder and Stoughton Ltd. P. 115.

第四章

英国基础教育质量监测与评价

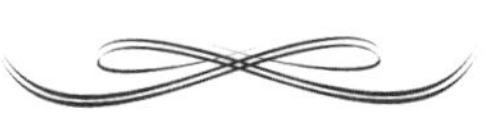

第一节 英国基础教育质量监测

一、英国教育督导官方监控

1. 英国教育督导的性质和定位

在国家层面上英国主要是通过教育督导来保证各级各类教育的质量。尽管英国的教育督导具有很强的独立性和专业性,但本质上还是属于国家教育行政的一部分,依照国家的教育政策、法律、相关标准对教育机构及其开展的教育活动进行判断和评价。

战后英国教育督导的发展以1992年为分界线,分为女王督学团和教育标准局两个时代。在女王督学团时代,督学团的职责覆盖大学以外的各类教育,包括学前教育、初等教育、中等教育、中等后教育和师范教育。所涉及的学校既包括公立学校也包括私立学校,一年大约督导5 000个教育机构,其中,全面督导20所,短期督导250所,地方教育局督导2～3所,其余为日常随访。[1] 伴随1992年之后改革的不断深入,原有的女王教育督导团变革为教育标准局(Ofsted),与学校、地方教育局以及民间机构之间的合作关系日益突出。教育督导的权威性除了来自督学个人的魅力外,也来自专业化的工作组织和流程,每名督学都配有统一的《督导大纲》,需在大纲的指导下开展督导工作。此外,改革后英国教育督导的运行机制也有所调整,教育标准局主要负责全国督导工作的宏观管理、协调和监督,以及有关教育督导的政策、规划和标准的制定。换句话说,改革后的教育督导体系职责划分更加明晰,工作机制更加灵活。

2. 英国教育督导的任务与对象

按照《1992年(学校)教育法》关于督学的相关规定,女王总督学(HMCI)需要向国务大臣报告四个方面的信息,即英格兰学校的教育质量、英格兰学校所达

---

[1] 王璐.英国教育督导与评价:制度、理念与发展[M].北京:高等教育出版社,2010:76.

到的教育标准、英格兰学校所获得的财政资源是否得到了有效管理、英格兰学校的学生在精神、道德、社会和文化方面的发展状况。《2006 年教育与督导法》规定总督学的职责在于向国务大臣报告四个方面的信息，即在督学的职责范围内相关活动的质量以及这些活动的受益方所达到的标准；这些活动的质量以及活动受益方所达到标准的改进情况；这些活动作为以用户为中心活动所实施的程度；在实施这些活动与服务时对资源的高效和有效运用情况。另外，关于教育标准局的职能也进行了调整，《2006 年教育与督导法》规定教育标准局的职能在于为总督学确定与其职责相关的战略优先选择、确定与此选择相关的战略目的和目标、保证总督学的职责有效行使。可以明显看到，前后两部关于英国教育督导的重要法令所持的态度和立场对比鲜明，前者更多的是立足于政府发展教育的作用，而后者则在此基础之上更多地考虑了受教育者，更加关注教育消费者的情况，这点明显反映出英国教育改革中所渗透的消费者主义取向。

英国教育督导的对象包括四类教育与服务提供机构，即学校教育领域机构、继续和技能教育领域机构、儿童和家庭服务领域机构以及学前和保育领域机构。每个领域都包含若干类机构，具体如表 4-1 所示。

除了对直接提供教育和培训服务的机构进行督导外，地方教育当局也是督导对象之一。换言之，英国教育督导包含两种类型，一是教育培训服务提供方督导，二是地方教育当局督导。后者起步相对较晚，主要是希望通过督导促进地方教育当局更加注重发展本地教育。

表 4-1 英国教育督导对象[1]

督导领域	督 导 对 象
学校教育	独立学校、幼儿园(nursery)、小学、学生推荐单位(pupil referral unit)、中学、儿童教育服务机构(Service Children's Education)、第六学级、特殊学校、地方教育当局、其他学校
继续教育和技能培训	成人与社区学习、舞蹈与喜剧学院、劳动与养老提供部门、用人机构、提供住宿的继续教育学院、普通继续教育及高等教育学院、移民遣返与拘留中心、独立特色学院、职前教师教育、learndirect、Nextstep、监狱、缓刑期教育(probation)、第六学级、工作为基础的学习(work-based learning)、其他成人学习和技能培训

〔1〕 英国教育标准局网站 www. ofsted. gov. uk.

续表

儿童和家庭服务	收养支援机构、寄宿学校、儿童及家庭法院咨询服务(CAFCASS)、儿童之家、独立抚养机构(independent fostering Agency)、提供家政服务的继续教育学院(further Education College with residential care)、地方当局收养机构、安全训练中心、寄宿家庭中心(residential family centre)、寄宿制特殊学校(residential special School)等
学前和保育	住家托幼(Childcare on domestic premises)、非住家托幼(Childcare on non-domestic premises)、注册托幼员(Childminder)、家庭保育员(home childcarer)、儿童中心、其他早教和保育机构

3. 英国中小学督导评价的指标

伴随英国社会和教育改革的不断深入,教育标准局的业务范畴也有所扩大。例如,英国义务教育年限从16岁提高到17岁乃至18岁后,继续教育领域各种类型的教育和培训服务便纳入到督导工作的范畴,同时儿童和家庭福利等相关活动和服务也被纳入进来。鉴于督导对象的不断扩大和多样化,教育标准局分门别类地制定了督导框架和指南,力图使得同类型教育机构的督导具有一致性。普通中小学的督导是英国教育督导中最为重要的一部分,此处主要围绕英国中小学校的督导评价展开。

督导评价指标是教育督导工作实施的重要工具,是教育督导评估体系的重要组成部分。在1992年之前的女王督学团时代,学校教育督导评价指标体系由学校全面督导评价标准和课程评价标准两套标准组成,前者设定了校舍与资源、教学组织、课程、教学大纲与计划、人员、管理及领导水平、学生管理的组织与活动及个性与社会教育、教与学、考试、评定与记录、特殊教育等10个一级指标。每个一级指标下都包括若干个二级指标,这些指标多是描述性的,而没有与量化评分联系起来。除了全面督导评价指标外,女王督学团还专门设计了一套课程评价指标,包括课程计划的制定和课程目标;教学内容是否包括了该学科的重要知识点;课堂教学方法的多样性及其是否适合学生的需求;是否注重学生能力的培养;是否注重学科知识与现实生活相联系;作业与联系。

1988年国家统一课程实施后,女王督学团时代的课程评价指标显然并不适用于新情况。因此,在1992年前后的改革中,Ofsted大幅修订了《学校督导大纲》,并提高了它的公开性和透明度。1994年首次制定的《学校督导手册》中的

“学校督导框架”(framework for the inspection of schools)和“督导标准指南”对学校督导评价的内容、指标和标准进行了详细说明。督导框架规定了学校教育质量、学校所达到的教育标准、学校对所拨付教育经费资源的管理是否有效、学生在精神、道德、社会和文化方面的发展四个督导评价的内容,围绕这些内容设定了 4 个一级指标和 17 个二级指标,其中一级指标分别是水准与质量、学校效能、学生的个人发展和行为、教育质量。在 1994 年中小学教育督导评价与标准的基础上,2005 年教育与技能部发布名为《每个孩子都重要——英格兰学校督导框架》的重要文件,对教育督导进行了较大的调整。这一版的中小学教育督导评价指标确立了总体效能、成绩和标准、教育质量、领导和管理四大核心指标,33 个二级指标。2010 年英国政策再次修订学校督导评价指标,以“追求卓越”、追求“高质量的教育公平”为目标,突出强调中小学的三个类效能,即学生的学习效能、学校的教育效能、学校领导的管理效能,并将此前的四大一级指标调整为“学生的成果”“学校的教育效能”“学校领导与管理的效能”三大核心指标。2012 年 Ofsted 再次修订了学校督导评价指标,此次修订提高对督导结果的总体期望,格外强调教学(teaching)的重要性及其对学生学习的影响。因此,新的中小学督导评价指标调整为总体效能(overall effectiveness)、学生成绩(achievement of pupils at the school)、教学质量(quality of teaching in the school)、学生的行为与安全(the behavior and safety of pupils at the school)、领导和管理(quality of leadership in, and management of, the school)5 个一级指标。具体的指标体系如表 4-2 所示。

表 4-2 英国中小学教育督导评价指标与标准(2012)[1]

一级指标	内涵	标　　准
1. 总体效能	指学校教育的质量。评价学校在多大程度上满足了学生的需求,其教学对学生学习的影响以及在改善或维持办学水准方面的领导效能	① 学校是否达到“良好”,或超过这一级达到“优秀”。 ② 学校被评为“需要改善”是因为其他四个指标中有“需要改善”的,还是在满足学生精神、道德、社会和文化发展方面存在缺陷。 ③ 学校被评为“不合格”,其重大缺陷何在,需要怎样的特殊措施

〔1〕 The Framework for School Inspection 2012。

续表

1. 总体效能	评价学校在满足学生精神、道德、社会和文化发展方面的努力	① 学校是否促进学生对信仰、价值观和更为深刻的人类问题进行反思,发展学生学习的兴趣,促进其成为善思、有责任感的个体。 ② 学生的是非观在多大程度上得到发展,在校内和校外生活中如何运用。 ③ 学生参加包括志愿者活动在内的需要社交技能的活动的情况。 ④ 学生对多样性的尊重和意识,例如性别、种族、宗教和信仰、文化、性取向和残疾。 ⑤ 学生从学校踏入下一个教育与培训阶段的过程中是否全面了解自己所面临的挑战和选择。 ⑥ 学生是否能够欣赏戏剧、音乐、艺术和文学。 ⑦ 学生是否具备充分地、积极地参与现代民主英国社会生活的技能和态度。 ⑧ 学生是否会对一些文艺、体育和其他文化机会做出积极响应。 ⑨ 学生是否理解并欣赏校内的不同文化,并将其发展为未来生活准备的基本要素
2. 学生成绩	主要关注学生的学业成绩。在考察过程中督学要考虑学生的起始水平	① 与学生自身的起点相比有所进步。 ② 学生作业的质量以及入学以来取得的进步。 ③ 学生的技能得到发展并在课程学习中应用,包括阅读、写作、交流和数学技能。 ④ 学生已经做好步入下一个教育、培训或工作阶段的准备。 ⑤ 残疾学生和有特殊教育需求的学生在入学以来有所收获。 ⑥ 不同组别学生的成绩差异有所缩小。 ⑦ 学生毕业时学业成绩达到法定标准。 ⑧ 享受学生津贴的学生入学后成绩有所提高
3. 教学质量	教学最重要的目的是提高学生学业质量。包含整个学校课程在内的学习活动的计划和实施、教师对学生的记分、评价和反馈,以及教师的支持与干涉策略、教学在促进学生精神、道德、社会和文化发展过程中的影响等	① 所有学段和学科的教学是否促进学生的学习和进步。 ② 教师始终对学生抱有较高的期望。 ③ 教师是否通过在课堂上系统而有效地检查学生理解情况,并做出适当干预,从而提高学习质量。 ④ 阅读、写作、交流和数学得到很好的教授。 ⑤ 教师和其他成人创造积极的学习氛围,吸引学生投入其中。 ⑥ 教师的记分和建设性反馈有助于学生的学习。 ⑦ 教学策略,包括设置适当的作业、支持和干预能够适合个性化的需求

续表

4. 学生行为与安全	考量在一定时期内学生的行为和安全，帮助督学判断学校在多大程度上促进了学生的精神、道德、社会和文化发展	① 学生的学习态度。 ② 学生在学校和课堂上的行为表现。 ③ 学生如何对待(尊重及其行为)其他年轻人和成人，是否受到欺辱、骚扰和歧视。 ④ 学校在学校与课堂中的出勤和守时情况。 ⑤ 教师如何管理学生的行为和期望，以确保所有学生能公平地在一个受尊重、有尊严的氛围中成长和学习。 ⑥ 学校在多大范围内确保行为管理的系统性和一致性。 ⑦ 学生是否有安全感，是否能适当地评价和管理危机并保证自己的安全。 ⑧ 学校领导和管理者在学校多大范围内创造积极的风气
5. 领导和管理	所有学校领导的影响、学校管理的效率和效用是督导的重要内容。督导特别强调在各个层面上的领导和管理如何促进教学的提升、让所有学生克服学习上的困难	① 设定远大的学校愿景，对所有学生和教师抱有较高期望。 ② 通过高质量的教学、领导能力和较高的职员专业水准，提升学校水平，发展学校不断改善的能力。 ③ 保证所有的教学员工能够从适当的专业发展中获益，并保证业绩得到严格管理。 ④ 准确评估学校的优势和弱势，并利用评估结果促进学校改善。 ⑤ 提供宽广而均衡的课程，满足所有学生需要，能够让所有学生完成其全部教育潜能、在学习上取得进步，并促进学生良好行为和安全以及精神、道德、社会和文化发展。 ⑥ 促进学生在知识领域的学习和进步。 ⑦ 促进家长参与支持学生学业、行为和安全、安全以及精神、道德、社会和文化发展。 ⑧ 采取措施提升学生的安全，保证学生的在校安全

4. 英国学校督导评价的实施

英国中小学的督导评价是一个遵循 PDCA 过程的系统性工程，以评价指标为基本判断工具，以督导制度为实施的保障。督导评价的实施包括相关信息资料的收集、信息资料的处理和做出评价判断三个主要环节。一般情况下，信息的收集主要是发生在督导前和督导中阶段，信息资料的处理则主要是发生在督导实施中的后期和督导后的报告形成中，评价判断也主要是发生在督导实施中的后期和督导后的报告形成中。

(1) 督学的聘任与管理

目前,英国 Ofsted 中参与督导工作的职员大致分为两类,一类是通过第三方合作机构提供的签约督学,约 2 700 人左右,另一类是 Ofsted 直接聘用的职员,共 1 470 人。这两类督学各自的职责和管理方式差异明显。通常,Ofsted 直接聘用的女王督学(HMI)不直接参与学校的督导工作,而主要是负责督导工作的总体规划、评估工具研究与开发、监督督导工作的质量;相比之下,到学校或教育机构中巡视、调查等这些具体督导工作主要是由补充督学承担。[1]

教育标准局聘任的督学包括女王总督学(HMCI)、女王督学(HMI)和补充督学(additional inspector)。女王总督学是教育标准局的总负责人,是领导全国教育督导工作的最高长官。女王督学位于总督学之下,直接对总督学负责。要成为女王督学,一般要具备硕士学位且具有较高的学术声望,拥有丰富的领导经验,有很强分析、写作和沟通能力等,敢于坚持原则、秉公办事。对于补充督学的任职资格,教育标准局也有明确的规定。

补充督学一般是作为女王督学的助手,也可以作为首席督学的代理人开展督导工作,其聘任由首席督学(chief inspector)征得财政部同意后任命,拥有与女王督学同样的权力。补充督学的任职基本条件包括具备相关领域的学位及(或)教师资格,特定领域的补充督学则要求具备 5 年以上的教学经验,同时具备相关领域的最新专业知识,能够使用信息技术,没有犯罪记录。通常情况下,有志从事补充督学的人员要首先向与教育标准局合作的三大社会机构——Cfbt Education Trust、Serco、Tribal Group,或者通过国家教学与领导学院(National College for Teaching & Leadership)(仅限于 NLEs)提出申请,社会机构对申请资料进行两轮的筛选,确定参加培训的候选人。所有的补充督学候选人必须参加教育标准局所组织的培训,并符合教育标准局制定的培训前后需要具备的素质和能力。成功完成培训的候选人会获得教育标准局的认可,获得从事补充督学的基本资格。通过社会机构的渠道获得补充督学资格的候选人在完成培训后要

---

〔1〕 Ofsted homepage. [EB/OL]. [2014-05-05]. https://www.gov.uk/government/organisations/ofsted/about.

与该机构签约，成为该机构所属的督学。[1]

(2) 督导评价的实施过程

英国中小学督导的过程分为督导前、督导中和督导后三个阶段。教育标准局根据督导机构的类型分别制定相应的要求和原则等。例如，针对中小学、保育机构、继续教育机构等分别制定相应的督导框架和指南手册等，给督学提供进行督导评价的工具，帮助家长、受督导的机构等了解督导评价。

第一，督导前阶段(Before the inspection)。

在实施督导前，教育标准局会根据被督导的学校类型及规模决定督导小组的人数、督导时间、督导建议总量、督导期间的主要事项、督导报告的内容构成等。组建起督学小组后就要收集和整理被督导学校的相关信息，制定督导计划，准备督导工作的实施。督导小组计划和准备的过程中，组长(the lead inspector)要在充分了解学校近期表现及其变化的基础上，填写督导准备结果表(EFs)；还要组织整个督导小组的准备工作，包括督导前所收集的信息分析以及需要重点跟进的领域、督导第一天的主要活动等。

此外，在进入学校开展具体督导工作前，督导组要收集在籍学生家长对学校的看法和意见。学校也要配合督导小组的工作，鼓励家长贡献智慧，将反映家长意见的教育标准局链接放在学校网站，以便于家长意见的收集。

同时，督导组组长需要提前通知学校督导日期及相关事宜。一般情况下，督导组会在正式督导开始前的一天通知学校。如果督导组长与校方沟通后确定第二天可以接受督导，那么他便会通知督导服务提供者(inspection service provider，ISP)，由 ISP 向学校发送确认函。督导组长通知学校的主要目的在于：通知学校接受督导；让学校明确其将督导事宜通知家长的法定义务，且家长意见(Parent View)是督导阶段收集家长意见的主要途径；安排督导的具体事宜；安排与主要职员的讨论；安排同校方管理委员会或负责学校管理代表的会议；要求同地方教育当局或其他相当机构的一名代表进行面对面的会议或电话会议；给校方提供

[1] Ofsted. Qualifications, experience and standards required of additional inspectors. [EB/OL]. [2012-10-26]. https://www.gov.uk/government/uploads/system/uploads/attachment_data/file/381255/Qualifications_2C_20experience_20and_20standards_20required_20of_20additional_20inspectors.pdf.

提出疑问的机会，等等。此外，督学在这个阶段也可以要求学校提供自评报告、当前学校改善计划、出勤信息等相关信息。

第二，督导过程中阶段(During the inspection)。

在进入到中小学开展督导过程中，督导小组主要是要完成两项任务，一是收集被督导学校相关一手资料，获取评价指标所要求的信息；二是在收集和分析信息的基础上形成对学校效能和质量等各个方面以及整体的判断。[1] 在收集一手资料的过程中，督学可以运用多种方法，包括实地现场调查、文献分析等。督导小组深入中小学时，首先要与校长及学校高级管理团队进行简单会晤，介绍督导组成员、安排与校长讨论学校自评报告及其他资料的时间、确认观察课堂后的反馈时间、保证让校长清楚地知道教育标准局观察课堂所收集的信息不是用于绩效管理，以及其他一些相关事宜。

接下来，督导组将会深入到教室中观察课堂，尤其强调核心科目，即英语、数学和科学；督导组长应当邀请校长或高级职员参加联合课堂观察。观察完课堂后，督学要与高级职员和教师进行后续讨论，以便确保教师及学校领导对教学和学习评价的准确性、收集个别学生或特定类别学生学习和进步情况的证据、收集能够充分支持改善教学和学习的建议的证据。在给出课堂观察反馈方面，除了联合观察之外，督学必须要给出反馈，而且根据课堂观察时间的长短，督学的反馈也有所侧重。一般情况下，督学给教师及其他职员的课堂观察反馈应当包括如下几方面内容：观察中所发现的、教学上的优点和缺点，重点讨论学生的学习情况及教师的促进作用。此外，在督学与教师的讨论中还应该包括其他多项相关内容，例如整门课的情境和内容、本节课与整门课之间的关系、教师专业发展对提高教学质量的推动作用、绩效管理的本质与影响等。

除了观察课堂外，督导组在学校里开展督导工作的过程中还要与学校管理层密切接触，收集家长及其他利益相关者的意见。需要注意的是，在与学生、家长及学校职员接触的过程中，要尽量避免校长或高级职员在场，以确保对学校领导和管理进行判断的客观公正性。在收集家长意见方面，除了上文提到的在线

---

[1] 王璐.英国教育督导与评价：制度、理念与发展[M].北京：高等教育出版社，2010：162.

收集方式外(即 Parent View),督导组还需要考虑通过其他调查或其他方式收集相关信息,并在做督导判断时加以考虑。

教师专业发展关系到学校教育质量的高低,因此也是督导组重点考察的内容之一。督学一般是从高级管理领导层如何有效使用绩效管理及学校自评去推动专业发展的角度进行考察,主要的关注点包括:专业发展对教学及特定教师的影响,教师绩效管理的相关信息及其与薪级晋升之间的关系,校长绩效管理的相关信息,与校长、管理者、中高级领导及其他职员的讨论,学校课堂观察记录,在一段时期内教学改进以及教学效果的跟踪、监测和分析系统改善的情况,学校对教师专业发展的记录与评价,对新合格教师及职业早期阶段教师的支持与专业发展情况,职员问卷信息的分析等。

在上述一系列督导活动中,督导小组要与学校方面不定时地交流意见。待督导活动结束,收集、分析好各方面的信息后,督导小组需要做出对督导学校的最终判断,并反馈给学校。

第三,督导后阶段(After the inspection)。

学校开展的督导活动结束后便进入到督导后阶段,主要任务包括向学校反馈初步督导结果、形成和发布督导报告。由于督导报告集中反映了一所学校的教育教学情况,其公开发布具有广泛的影响。因而,在撰写督导报告的问题上,教育标准局也十分慎重。

督导组离开学校之前,需要将督导结果和意见等反馈给学校,并要确保校方明确了解了几个关键问题,包括:

① 学校在每个督导领域所获得的等级;

② 等级是暂时性的,因此在学校正式收到最终的督导报告之前是保密的;

③ 需要保证督导过程中所发现的主要问题以及口头反馈的主要内容会在督导报告中有所反映;

④ 让学校清楚地知道改善建议;

⑤ 让学校清楚地知道形成督导报告的程序;

⑥ 学校会被邀请参与督导后调查(post-inspection survey);

⑦ 学校被评为堪忧组别(category of concern)的含义;

⑧ 让学校清楚地知道投诉的程序，等等。

离开学校后督导小组便要开始撰写督导报告及发布工作。督导报告由督导小组组长负责撰写，每位小组成员须将自己负责的某一方面的督导情况和意见汇集成书面材料交给组长。一般情况下，督导报告包括如下几个部分：①引言，包括学校数据和指标；②督导的主要结果和关键问题；③学校教育标准和质量；④学校效能；⑤学生的个人发展和行为；⑥课程科目的教学情况，包括所有国家课程科目、相关的宗教教育以及其他课程的教学情况；⑦主要结论的成因。[1] 督导组长完成督导报告初稿的撰写后需将其发送给督导服务提供方(ISP)，由其进行编辑后再转发给被督导学校，核对事实性信息。确认无误后督导报告将公开发布。

根据学校所获得的督导评价等级，督导报告的工作流程和时间也有所差异。按照英国教育标准局2012年修订后的《学校督导框架》(*The Framework for School Inspection*)规定，对于被评定为“优秀”(outstanding)“良好”(good)和“有待改进”(requires improvement)的学校，督导组通常要在结束学校现场督导后的10个工作日内将督导报告发送给学校，在15个工作日将学校的督导报告发布在Ofsted的主页上。一般情况下，学校在收到督导组发来的督导报告后有一个工作日的时间核对报告中的信息并给出反馈。相比之下，被评定为“不合格”(inadequate)的学校所需要的时间则相对较长。这样的学校一般会在收到督导报告初稿后有5个工作日的时间检查核对，在督导结束后的28个工作日内收到最终的督导报告。如果督导组提出了特殊措施，那么督导报告在正式公开发布前需要主任督学(HMCI)签字确认。

(3) 督导评价结果的运用

伴随1992年英国教育督导大刀阔斧的改革，督导评价结果的运用也发生了较大的变化。1992年教育督导改革最重要的一个点在于将“通过督导促进学校的改进”作为一个重要目标。2006年《教育与督导法》明确要求教育服务要不断提升、以使用者为中心、效率与效用兼顾。因此，教育标准局在其新时期的战略规划《提升标准、改善生活：教育标准局战略计划(2011—2015)》(*Raising*

[1] 王璐.英国教育督导与评价：制度、理念与发展[M].北京：高等教育出版社，2010：174.

Standards, Improving Lives: The Office for Standards in Education, Children's Services and Skills Strategic Plan 2011—2015)也秉承这三个原则,力图通过教育督导推动各级各类教育与培训水准的提升,更加关注儿童和学习者、家长以及用人方的意见,从而不断改善生活质量。在这样的价值观念的引领下,督导评价结果主要用于三个方面:第一,构成全国性教育质量评价及相关问题研究的基础数据和信息,主要是为督学向教育大臣报告全国教育质量提供材料;第二,构成学校不断改进、提升办学水准的重要基础资料和依据;第三,为学生、家长和社会提供了解学校信息和质量的来源。

教育标准局规定学校要将督导报告与学校改进直接挂钩,并明确规定督导之后学校应提出行动计划。对于学校提出的改进计划以及学校改进情况,教育标准局将按照《2005 年教育法》(*the Education Act* 2005)的相关规定,开展监测性督导(monitoring inspection),以帮助学校落实改进措施。针对问题程度不同的学校,教育标准局后续的监测性督导也有所区别。在督导过程中,督学除了按照四个等级(优秀、良好、需要改进、有待改进)归类学校外,还会根据学校存在问题的程度判断学校是否属于堪忧组别学校(schools causing concern)。实际上,即便是被断定为堪忧组别学校,后续的监测性督导也并不完全一样。堪忧组别学校中包括两类,一类是被认为"失败学校"(failing school),即需要采取特殊措施的学校〔1〕;另一类是存在重大缺陷(serious weaknesses)的学校〔2〕(《2005 年教育法》第 44 条)。除了这两类学校外,教育标准局也会对"有待改进"这个类别中的部分学校以及其他学校〔3〕实施监测性督导。

对于第一类学校来说,督导后学校通常不需要另外提交新的行动计划,通常会在督导后的 4～6 个月接受第一次监测性督导。基本的督导程序与一般的督导大致相同,但监测性督导注重对学校改进情况的跟进。如果在 2 年之内学校不能完全改进则必须要再次接受正式的督导。学校在规定时间内完成改进后,

---

〔1〕 这类学校是那些不能给学生提供合格教育的学校,而且领导和管理层也不能证明有能力改进。

〔2〕 这类学校是存在严重缺陷或需要改进的学校,其目前所提供的教育水平是不能令人接受的,或者是他们与预期相比做得不好,但是有能力改进。

〔3〕 其他学校不属于堪忧学校类别,但存在对其教育教学质量投诉,或者教育部要求,又或者出现一些引起 Ofsted 注意的、有关该校的信息。

教育标准局还要对其进行风险评价。

对于第二类学校来说,也同样不需要另外提交新的行动计划,只需在原有计划的基础进行修改。这类学校通常会在督导报告发布后的4～6周内接受第一次监测性督导。在这个过程中HMI通常会与校长、学校董事会以及地方教育当局代表等相关人士会面,讨论学校改进计划是否恰当。在第一次监测性督导之后的18个月里,学校可能还会接受1次或2次的监测性督导。如果18个月后,学校依旧存在重大缺陷则必须要重新接受督导。

二、英国基础教育质量的半官方监控

除了通过教育标准局(Ofsted)对英国中小学等教育机构所提供的教育质量进行监控外,英国政府也通过资格与考试管理局(Office of Qualifications and Examinations Regulation, Ofqual)对学生学业成绩的测定结果来掌控教育质量的情况。资格与考试管理局(Ofqual)是挂靠在教育部下的非内阁部委,是依据2009年的《学徒、技能、儿童与学习法案》(*Apprenticeship, Skills, Children and Learning Act*)和2011年的《教育法》(*Education Act*)设立,直接对议会负责,从而很大程度上避免了来自教育部内部等各方面的干扰和影响。

1. 资格与考试管理局的定位与职责

伴随1988年国家课程改革的实施,检验学生学习状况的考试与评价机制的管理重心也相应上移。英国政府根据《1988年教育改革法》的规定设立了国家课程委员会和学校考试与评价委员会(School Examination and Assessment Council, SEAC),1993年国家课程改革中这两个机构合二而一,成立了学校课程与评价局(School Curriculum and Assessment Authority, SCAA),负责合并前两个机构的事务。《1993年教育法》规定了学校课程与评价局的主要职责,包括:①对英格兰所有公立中小学的设置课程、考试和评价安排进行全面调查;②在教育大臣要求或当局认为适当时,就公立学校课程设置、考试和评价安排等事务向国务大臣提出建议;③就学校课程设置、考试和评价安排等方面的问题,向教育大臣提出研究和发展计划;④出版和公布有关学校课程设置、考试和评价安排等方面的信息;⑤与其他相关机构协调安排,确保评定的质量;⑥依据

1988年教育改革法第5条第(1)款的规定，提出建议；⑦向教育大臣就公立学校教育设施提出建议；⑧在教育大臣的指导下，履行协助义务。

1997年布莱尔执政后便开始践行其竞选纲领中提出的“教育，教育，教育”首要事项。针对学校教育质量的滑坡，布莱尔政府在“第三条道路”的政治主张影响下，将教育改革置于优先地位，旨在增加教育投入、改革教育体制、提高教育质量、实现教育公平。于是，在《1997年教育法》的主导下整合了此前的国家职业资格委员会(National Council for Vocational Qualifications, NCVQ)和学校课程与评价局(SCAA)，新成立了资格与课程局(Qualifications and Curriculum Authority, QCA)，统一管理英格兰所有的外部资格考试。

2007年英国政府再度对考试管理机构进行调整，将资格与课程局的管理职能和课程开发职能分开，设置独立的考试与测评管理机构资格与考试管理局(Ofqual)，同时保留QCA的课程开发等相关职能，作为教育部下属的非部委公共机构(non-departmental public body, NDPB)，2010年又进一步整合为标准与考试局(Standard and Testing Agency, STA)。按照相关法律的规定，资格与考试管理局(Ofqual)的主要任务在于确保资格标准(qualifications standards)和评价标准(assessments standards)，及其公信力、辨识度和效率。具体来说，确保资格标准主要是保证Ofqual所负责管理的资格能够真实反映学生的知识、技能和理解状况，并能够反映达成状况；确保评价标准主要是为了促进所管辖的评价考试的开发和执行；同时，在这两个过程中要保证资格和评价能够得到公众的信任，让公众了解管制资格(regulated qualifications)的范畴、优点，以及对发证机关进行认可的优点等。表4-3为资格与考试管理局负责的国家考试。

资格与考试管理局2010年开始正式运行。它在管制资格(regulated qualifications)和管制评价(regulated assessment)两个方面的职能有所区分。在管制资格的方面，资格与考试管理局主要是通过对发证机构认可(recognition)和资格认证(accreditation)两个渠道来保证资格证书管理的有效性。在这个过程中，资格与管理局要设定机构认可和资格认证的标准，并要负责发证机构的后续监管等相关工作。实际上，在资格证书的管理上，资格与考试管理局主要职能体现在搭建不同资格融通转换的平台。在管制评价方面，资格与考试管理局主要是负责确保评价的有效性、公正性，评价标准设置的合理性，评价结果得到恰当使用。[1]

表 4-3 资格与考试管理局负责的国家考试[2]

早期基础阶段(Early Years Foundation Stage, EYFS)	
2—3 岁	发展状况检查
预备班 5 岁	新早期基础阶段档案
关键学段 1	
一年级 6 岁	语音教学检查(Phonics screening check)
二年级 7 岁	在英语、数学和科学方面，参考法定考试进行由教师进行评价
关键学段 2	
六年级 11 岁	阅读、数学以及语法·标点·拼写考试(3—6 级)
	英语、数学和科学方面的教师评价。写作评价由外部机构进行
关键学段 3	
九年级 14 岁	所有科目上的教师评价

2. 资格与考试“标准(standards)”的管理

(1) “标准”的内涵

对“标准”进行管理是资格与考试管理局的核心工作，这就要求该局首先要对“标准”进行定义。“标准”的定义有很多种，而且通过专家学者讨论后对“标准”的定义也未能达成共识，于是在综合多种定义的基础上，资格与考试管理局认为应重视三个方面的内容，即内容标准(content standards)、评价标准(assessment standards)、业绩标准(performance standards)或称等级标准(grade standards)，具体内涵如下：

① 内容标准(content standards)：指教学大纲、学习课程等所设定的学习内容要求，可以包括与学科相符的知识、技能与理解。内容的难度可以通过增减学习的广度和深度、或技能的广度和熟练程度要求来调整。

② 评价标准(assessment standards)：资格与评价管理局认为评价是测定学

[1] 资格与考试管理局既不负责决定学生的学习内容(由教育部决定)，也不负责评价的开发与施行(由标准与考试局负责)。

[2] 资格与考试管理局网站. [EB/OL]. [2014-03-25]. http://ofqual.gov.uk/qualifications-and-assessments/national-assessments/.

生是否习得获取资格证书或特定资格等级所要求内容的过程。评价标准则是指某个评价的难度如何。

③ 业绩标准(performance standards):指某件事情的完成情况。在教育领域是指学生的成果。在部分情况下,例如工作所需的实践性许可(licence),只有一个业绩标准,是学生通过资格考试的门槛;在其他情况下,例如在 GCSEs 和 A-Level 考试中,则存在多个业绩标准。

④ 难度(demand):上述三个标准都关系到难度的级别。所谓难度是指一个评价或资格考试在多大程度上挑战考生,通常通过四种方式表现出来,即学科知识水平要求、技能或过程的应用、抽象思维水平要求、应对评价的策略等。

(2)“标准”的调控

影响 GCSEs 和 A-Levels 资格证书标准的因素主要有课程内容、评价和评级三个方面,其中内容应当具有一定的难度,评价应当能够适当地检测出学生对内容的掌握情况,在此基础上设定评级标准,以便更直观地反映学生是否达到特定资格的要求。在“标准”管理的整个过程当中,Ofqual 主要是核检内容和评价是否合适,并跟踪资格证书的认证过程,以保证考试委员会设定和保持适当的评级标准。Ofqual 认为,为了保证不同年份和不同发证机构所发出的资格证书具有可比性,要尽力避免分数膨胀(grade inflation)。为此,Ofuqal 所采用的主要方法是跟踪性比较,即根据相似学生组别此前的成绩预测今后的得分状况。例如考试委员会可以参考关键学段 2(KS2)的成绩情况去预测 GCSE 的考试结果,参考 GCSE 的结果去预测 AS 和 A-Level 考试的结果。同时,Ofqual 还会基于变异量设定偏差限度。每个考试委员会要向 Ofqual 报告考试结果,如果考试结果都在预先设定的偏差限度之内,则无需对评分过程进行调整;如果在预先设定的偏差限度之外,则需要考试委员会对各自的评分过程进行调整。

可以看到,Ofqual 对“标准”的管理实际上重点在于保证学生能够有效完成各类课程学习,并能够通过各类资格证书考试反映出学习的结果,Ofqual 主要是发挥了终端监控的作用。资格证书考试的具体实施等交由 OCR 等第三方专业机构开展。

3. 资格证书考试标准(criteria)的设定

20 世纪 90 年代后期,以布莱尔为首相的工党上台后开始着手对纷繁多样的资格证书体系进行了梳理和整合，于2000年建立起全国统一的国家资格框架(NQF)。NQF建立之初分为5级，为了与高等教育资格框架衔接，2004年进一步调整为9级(从入门到8级)。2008年英国政府再次调整资格证书体系，整合了学分的概念，进一步扩大了资格证书的覆盖范围。QCF延续了NQF的级别制度，入门级最低，8级最高，每个级别都用一系列一般性指标进行描述，将逐渐与NQF融合为一体。

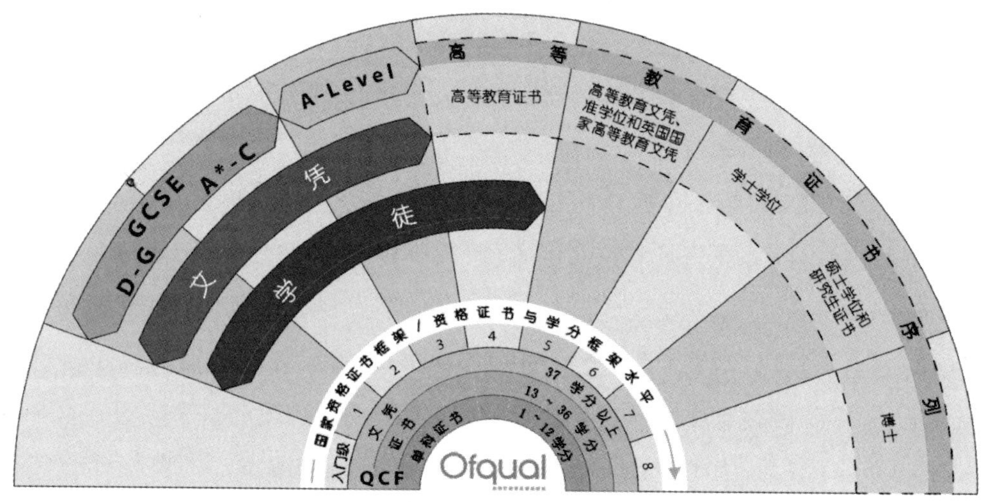

图4-1 英国资格证书水平比较图[1]

从图4-1可以看到，常说的GCSE和A level证书已经被整合到NQF的大框架下。目前，英国正在实施的资格框架体系包括国家资格框架(National Qualifications Framework, NQF)、资格与学分框架(Qualifications and Credit Framework, QCF)、学分与资格框架·威尔士(Credit and Qualifications Framework for Wales, CQFW)，此外，在高等教育领域还有高等教育资格框架(Framework for Higher Education Qualifications, FHEQ)。实际上，QCF和CQFW在本质上是同一个框架，只是实施的区域有所区别，前者主要是在英格兰和北爱尔兰地区实行，后者针对的是威尔士地区(表4-4)。所有这些证书和

〔1〕 Ofqual. Comparing Qualifications levels. [EB/OL]. [2014-03-26]. http://ofqual.gov.uk/help-and-advice/comparing-qualifications/.

资格框架共同构成了一个可以比较的资格证书体系，其目的在于：①增加教育和培训的机会、灵活性以便提高资格证书的获取率，提高国民素质、增强英国的国际竞争力；②通过明确资格证书的级别层递，促进终身学习；③避免不必要的重复，保证资格证书种类的多样性；④增进公众和各行各业对国家证书的相关性和整体性的认识和信心。〔1〕

表 4-4 NQF 与 QCF 资格框架对照表〔2〕

水平	NQF 资格举例	QCF 资格举例
入门	• 入门级证书 • 入门级生活技能	入门级职业资格证书(VQs)： • 入门级单科证书、证书和文凭 • 基础学习层级 • 入门级功能性技能
1	• 取得 D—G 的 GCSEs 证书 • 1 级国家职业资格证书(NVQs) • 1 级关键技能 • 生活技能 • 准文凭(Foundation Diploma)	1 级职业资格证书(VQs)： • 1 级 BTEC 单科证书、证书和文凭 • 1 级功能性技能 • OCR 国家证书 • 基础学习层级
2	• 取得 A* —C 的 GCSEs 证书 • 2 级国家职业资格证书(NVQs) • 2 级职业资格证书(VQs) • 2 级关键技能 • 生活技能 • 高级文凭(Higher Diploma)	2 级职业资格证书(VQs)： • 2 级 BTEC 单科证书、证书和文凭 • 2 级功能性技能
3	• AS/A-Levels 证书 • 高级扩展考试证书(Advanced Extension Awards) • 国际文凭(International Baccalaureate) • 3 级关键技能 • 3 级国家职业资格证书(NVQs) • 剑桥国际证书(Cambridge International Awards) • 高级进阶文凭(Advanced and Progression Diploma)	3 级职业资格证书(VQs)： • 3 级 BTEC 单科证书、证书和文凭 • BTEC 国家证书 • OCR 国家证书

〔1〕徐学莹，肖家榍. 英国 QCA 的成立及统一的资格证书体系建设的最新发展[J]. 外国教育研究，1999(2)：42-46.

〔2〕Ofqual. Qualification levels. [EB/OL]. [2014-03-26]. http://ofqual.gov.uk/qualifications-and-assessments/qualification-frameworks/levels-of-qualifications/.

续表

4	• 4 级国家职业资格证书(NVQs) • 4 级关键技能 • 高等教育证书	原 4 级 NQF 证书	4 级职业资格证书(VQs): • BTEC 专业文凭、证书和单科证书
5	• 英国国家高等教育文凭 • 其他高等教育文凭 • 4 级国家职业资格证书(NVQs)		5 级职业资格证书(VQs): • HNCs and HNDs • BTEC 专业文凭、证书和单科证书
6	• 专业生产技能国家文凭(National Diploma in Professional Production Skills) • 4 级国家职业资格证书(NVQs)		6 级职业资格证书(VQs): • BTEC 高级专业文凭、证书和单科证书
7	• 研究生证书和文凭 • BTEC 高级职业单科证书、证书和文凭 • 翻译文凭(Diploma in Translation) • 5 级国家职业资格证书(NVQs)	原 5 级 NQF 证书	7 级职业资格证书(VQs): • 高级专业单科证书、证书和文凭
8	5 级国家职业资格证书(NVQs)		8 级职业资格证书(VQs): • 战略方向的单科证书、证书和文凭

在上述体系下,Ofqual 根据相关法律要求制定各类资格证书的考试标准(criteria),包括资格证书标准(qualification criteria)和学科标准(subject criteria),主要是用于开发和认证相应的资格证书。资格证书标准主要对资格证书包含的内容、评价和评级结果报告进行规定。例如,GCE AS 和 A level 资格证书标准规定了评分方法,即得分到 A*—E 才能获得 A level 证书,A* 等级最高。学科标准主要是规定了构成各资格证书的科目达标要求。例如,商务金融管理文凭标准(Criteria for the Diploma Qualifications in Business, Administration and Finance at Levels 1, 2 and 3)具体规定了拿到文凭所需要的学时和内容(表 4-5),可以看到三个级别的文凭所要求的学时有所差异。此外,该标准还进一步规定了每个级别文凭的学习内容要求。

表 4-5 商务金融管理文凭结构要求

级　　别	基础(Foundation)	中级(Higher)	高级(Advanced)
总 GLH 学时要求	600	800	1 080
主修学习学时 (GLH)	240	420	540
相关学习学时 (GLH)	240	200	180
附加/专业学习学时	120	180	360

注:GLH 是指 Guided Learning Hour 在指导下的学时。

三、基础教育质量的第三方监控

除了 Ofsted 和 Ofqual 对英国基础教育质量的监控外,英国还存在第三方专业机构对教育质量进行监控。第三方专业机构大致分为两类,一类是教育证书考试机构,例如牛津、剑桥考试局等,主要是在基础教育的结束阶段实施各种证书考试,对课程与教学的质量进行中段监控,通常要通过 Ofqual 的认可。另一类是以服务学校教学为宗旨的机构,他们根据学校的需要在课程的实施过程中进行检测,评估教学质量以及学生的学习情况,及时发现教学中存在的问题,提出改进教学的建议,例如杜伦大学课程、评价与管理中心(Curriculum Evaluation and Manage Centre University of Durham, CEMC)。该中心最主要的业务是利用自主开发的一套标准化学科教学质量评价工具对各学科的教学质量进行跟踪与监控。[1]

第二节　英国基础教育评价体系

一、强调发展的学校评价

教育评价对教育活动具有较大的导向性作用,既可以是积极的也可以是消

〔1〕 高凌飙.课程与教学质量监控——英国的经验对我们的启示[J].教育研究,2004(8):37-40.

极的。如何评价教育服务提供者——学校和其他教育机构,使之能够促进学校的健康发展、最终让学生受益,是教育发展中的一个重要课题。围绕这个问题,学校评价理论也随之不断发展,经历了测量时代、描述时代、判断时代和建构时代四个阶段,并正从鉴定性、奖惩性评价走向以促进学校发展为目的的发展性评价。[1]

1992年教育改革之前,英国政府使用学生的原始成绩来评价学校教育活动的质量,这一做法引起了广泛的争论和质疑。学生原始成绩对于学生个体发展的评价是有效的,但却不能表明在学校和课堂中的教与学是否有效。1992年伴随教育标准局的创设,英国提出了"学校增值性评价"的概念。1994年SCAA发布报告《学校增值表现指标》(*Value-added performance indicators for schools*, *Saunders*, 1999),该报告认为增值模型(value-added model)应该尽可能的简洁、直接、精确。随后Fitz-Gibbon(1997)对全国性的增值评价系统可行性进行了研究,提出增值评价的信息应主要限定在学校内部、用于学校改进,而不是对外公布。2002年,英格兰和威尔士地区的中等学校率先开始推行增值性评价模式,2006年在全国范围内全面整合进学校评价体系。同时,将原有的PANDA与PAT整合,形成RAISEonline系统,学生的相关信息整合到学校自评信息中,便于为校长、教师、地方教育当局、学校改进合作者(SIPs)和督学获取相关信息。

1. 什么是学校增值评价?

"增值"(valued-added)原本是经济学领域中的一个概念,是指初期投入与最终产品销售价格之间的差距。"增值"的概念引入到教育领域后,主要是指通过学校的影响,学生在开始时和结束时相比较所产生的变化,有些变化可以量化测量,而有些变化却难以考察。对这些变化进行的评价就是学校增值评价。

增值评价的概念是基于学校可以使学生学业成就增加"价值"的假设[2],

---

〔1〕 卢立涛.浅析学校评价理论的发展历程与趋势[J].教育理论与实践,2007(6):24-27.
〔2〕 [英]萨丽·托马斯.运用"增值"评量指标评估学校表现[J].教育研究,2005(9):20-27.

以测量学生在某一段时间内学习进步状况为主要数据来源。增值评价既是反映学校效能(school effectiveness)的指标,也是校长和教师分析学生进步程度的工具,同时,也是学校自评、寻找改进教育活动的重要途径。

2. 评价的指标与方法

增值评价依托统计学技术对学校教育的相关数据进行分析,多元统计方法的发展对增值评价的发展产生较大的推动作用。在多层线性模型(也称作多水平模型)分析方法产生之前,一般采用分数差值法、简单回归法等统计方法来进行增值评价,尽管这些方法操作简单、容易理解,但分析结果的解释力却不尽人意。多层线性模型分析方法提供了剔除其他因素影响的方法,使得统计分析能够更明确地反映出学校生活对学生个体结果的影响,是得到广泛认可的、最为准确和灵活的工具。[1] 目前,英国所采用的增值评价就是基于多层线性模型分析方法。

增值评价所使用的数据包括两类,一类是每个关键学段结束时所参加的国家课程考试成绩以及各类资格证书考试的成绩,另一类是反映学生背景特征的数据,主要通过学生层面学校普查(the Pupil Level Annual School Census, PLASC)来获取,包括性别、免费校餐资格(entitlement to Free School Meals)、民族、特殊教育需求(special educational needs)、母语(first language)、受看护儿童(Looked-after Children)、入学日期、家庭邮编(home postcode)等。此外,两类数据的连接则是通过学号(Unique Pupil Numbers, UPNs)得以实现。从增值评价所使用的指标上可以看出,增值评价试图在综合考察学生发展影响因素的基础上分清责任、促进改进。

在上述这些数据的基础上,英国政府开发了情境化增值评价模型(Contextualized Value Added Model,CVA),基于模型计算出学校增值分数(表 4-6)。在英国所使用的多水平模型(Multilevel Model, MLM)中,多数变量是源自 PLASC 的学生水平变量,既包括学生入学前的学业达成情况也包括学生个体特征信息。

---

〔1〕 Sally Thomas. Value-added Measures of school effectiveness in the United Kindom[J]. Prospects, vol. XXVIII, no. 1, March 1998: 91-108.

表 4-6 增值分数与学校排名对应[1]

增值分数	排名位置
＞102.1	全国排名前 5％的学校
100.9～102.0	全国排名前 75％～95％的学校
100.3～100.8	全国排名前 60％～75％的学校
99.8～100.2	全国排名 40％～60％的学校
99.3～99.7	全国排名 25％～40％的学校
98.0～99.2	全国排名 5％～25％的学校
＜97.9	全国排名最靠后的 5％的学校

注：100 分为全国中小学的平均水平。

3. 评价结果的应用

作为一种发展性的学校评价方法，英国中小学增值评价结果的使用更强调与学校改进联系起来，发挥促进区域教育均衡、学校整体改进以及把握学生个体发展情况的作用。面向不同的人群，增值评价结果的使用方式有所不同。

(1) 构成学校效能表(school performance table)的一部分。增值评价中所使用的部分指标会在学校效能表中有所体现，与其他学校相关信息共同勾勒出学校的总体状况，向社会公布，增强学校教育教学活动的透明度。通常学校效能表中所包含的增值评价信息相对比较简略。

(2) 为学校改进和教育督导提供相关信息。2006 年英国开始大面积实行增值评价的同时，开发了一款全新的软件系统——RAISEonline，主要是用于提供更为详细的增值评价数据，这些数据要比学校效能表所提供的内容更为丰富和详细。学校可以利用这些信息与全国平均水平进行比较，也可以与高效能学校进行比较。此外，该系统所提供的信息也可以供学校进行自评和目标设定等。督学在督导过程中也会根据该系统的信息评价学校的改进情况。

(3) 筛选特定学校。在英国被认定为是高效能的学校有可能被委以对口帮扶本地薄弱学校的责任，增值评价可以为判断是否是高效能学校提供依据。此外，在选择学校参加特定项目，例如通过增值评价结果选择有潜力的学校参加特色学校

[1] Griffin, Woods & Nguye(2005).

(specialist schools)工程;或者通过增值评价结果确定需要额外帮扶措施的学校。

(4) 监测政策项目的有效性。增值评价结果也可以用于监测特定政策或管理制度的进展情况和有效性。研究人员可以利用增值评价的数据构建模型,描述特定类别学校学生的成长情况。然而,通过增值评价数据对政策项目进行监测并非万能,是存在一定局限的。

二、分级实施的学生评价

英国基础教育领域的学生评价是一个三级框架体系(图 4-2)。处于最上一级的是国家考试,主要是检验每个学习阶段学生的收获,考试标准一般采用全国统一的标准级别,国家考试的主要作用在于保证教育质量;处于中间的是以教师为评价主体所实施的评价,一般在学生学习计划每个阶段结束时进行,围绕学习计划中的标准展开,主要是为确保学生不偏离学习计划;处于最下一级的是学生的自我评价和同学之间的互评,这一级的评价相对灵活,不受时间、地点的限制,可以在教育情景中的任何时候发生。前两种学生评价是“关于学习的评价”,而最后一种则是“为了学习的评价”。[1]

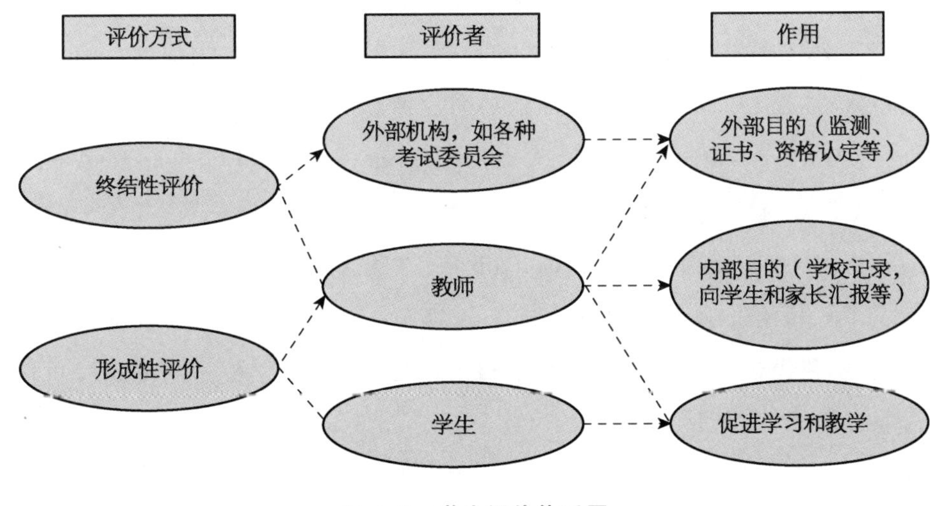

图 4-2 学生评价体系图

〔1〕 王凯.英国基础教育中学生评价的转向及趋势研究[J].外国教育研究,2003(1):39-42.

1. 国家评价

英国从小学到中学要参加三次全国性的统一考试(SATs),又称为关键学段考试(Key Stage Test),和一次全国性的升学考试(GCSE)。这四次全国性考试属于终结性评价,主要是检验学生进步的情况,考试一般采用全国统一的标准级别。按照《1988 年教育改革法》及相关政策文件的规定,英国将国家课程体系中学生应当达到的发展水平划分为 8 个级别,并规定各个关键学段结束时一般学生需要达到的级别标准。采取全国统一的标准级别主要是为了确保教育质量。

英国学生在第一、第二、第三个学段结束时都要参加 SATs 考试,在第四学段结束时要参加普通中等教育资格考试,就是通常所说的 GCSEs 考试。SATs 和 GCSEs 考试的组织运行方式存在一定的差异。SATs 考试由教育部内设的标准与考试局(Standards and Testing Agency)组织实施,标准与考试局会根据国家统一课程的要求,分别制定各关键学段英语(阅读、语法、拼写)和数学学科 SATs 考试的考试框架(test frameworks),一般考试框架会规定 SATs 考试的范围(哪些考哪些不考)、如何评价学科中的每个要素、建议的考试结构、预期学生所达到的水平。GCSEs 及其以上的升学考试(A-Level 考试)则是由专门的考试机构组织实施,这些考试机构都由 Ofqual 统一管理。目前英国境内共有五个考试机构提供 GCSEs 考试,分别是评价与资格联盟(Assessment and Qualifications Alliance, AQA)、牛津 · 剑桥 · RSA 考评局(Oxford, Cambridge and RSA Examinations, OCR)、爱德思国家职业学历与学术考试机构(Edexcel)、威尔士联合教育委员会(Welsh Joint Education Committee, WJEC)、课程、考试与评价委员会(Council for the Curriculum, Examinations & Assessment, CCEA)。具体选择哪个考试机构所提供的考试主要由学校自行决定,同一所学校不同的课程可以参加不同机构组织的考试。

国家考试是基于国家统一课程的一种考试,主要考查学生一定的学习期间内所取得的进步以及在学科和课程中所达到的水平,更加关注学生自身能力的提升。从这种意义上来说,国家考试所能覆盖的范围有限,主要是评价学生的学业成绩,而非潜能和兴趣等。

2. 校本评价

伴随英国基础教育改革的不断深入，学生评价作为英国基础教育的一个重要领域也在经历转型，从实施"关于学习的评价"逐渐向"为了学习的评价"。在这个过程中，良好校本评价体系的构建引起广泛关注。教育技能部(DfES)以及资格与课程局(QCA)都声明校本学生评价要完成从"关于学习的评价"向"为了学习的评价"的转化。[1] 英国教育部标准与效能司(DfES Standards and Effectiveness Unit)主任 David Hopkins 认为，所谓"为了学习的评价"是指：运用相关数据和对话把握学生的学习需求；能为目标设定提供结构化且真实的反馈；能够促进教师针对各个学生的需求调整教学风格；培养学生的自评技能，让学生能够掌控自己的学习。[2]

英国中小学的校本学生评价包括两个层面，一个是由教师主导实行的教师评价，一个是由学生自主进行的自评与互评。

教师所实施的评价包括终结性评价和形成性评价两类。伴随英国基础教育改革的深入，教师所进行的学生评价更多地强调学生在课程学习过程中的表现和达成情况，重视形成性评价。因此，教师需要摆正自己在学生评价中的位置、角色，转变对学生的评价方式和手法 ，以便推动课程的顺利实施。教师所实施的形成性评价的特点主要体现在：渗透于教学与学习的各个环节，教师与学生一起分析、细化学习目标以及标准，及时反馈，尤其重视学生的自我评价和学生之间的评价。

学生之间进行的互评和自评的兴起主要是受到英国对终身学习及终身学习能力重视的影响。学生的互评与自评强调采用"自我参照标准"以及学生对综合实践活动中的各种表现进行反思性评价，强调师生之间、生生之间对彼此的、个性化的表现进行评定和鉴赏。这种反思性自我评价与互评有助于促进学生深化对自我的了解和认识，可以提升在学习过程或者活动结束之后学生之间评价的

---

〔1〕 张雨强，王凯. 应然与实况：英国对校本学生评价体系的探讨[J]. 外国中小学教育，2006(5)：28-32.

〔2〕 General Teaching Council for England. Perspectives on Pupil Assessment. [EB/OL]. [2014-04-28]. Hittp://dera.ioe.ac.uk/id/eprint/14022.

针对性。在具体实施学生互评和自评的过程中，教师要明确告诉学生评价学习成就的标准，并提供具体范例；让学生清楚认识学习目标以及完成学习目标的意义；鼓励学生记住学习目标，以便在学习过程中更好地进行自我评价，更清楚地进行互评等。通过互评和自评，学生主要是获得掌控自己学习的技巧和能力，成长为独立的学习者。

英国基础教育质量监测与评价以撒切尔夫人改革为分水岭，形成两个明显的发展时期。英国在 20 世纪 80 年代末期之前没有形成统一的国家课程标准，学校的教育教学实际情况呈现多样化，课程设置和管理权掌控在地方教育当局，国家层面上对课程及教学质量的管理和监控比较少。在这种分权化的教育行政体制之下，英国采取是的让地方负责监管质量、国家监管地方职责履行情况的策略。80 年代末期撒切尔夫人主导下的国家统一课程实施以来，原有基于皇家督学的教育质量监控体系也随之调整，表现出明显的集权化倾向，将原来分散在地方的督导网络统合起来，形成独立于行政体系之外的全国性督导体系。除了教育标准局(Ofsted)开展的对学校和地方教育局的质量监测外，指向教育最终成果检验的半官方机构和独立的第三方机构也是英国基础教育质量检测与评价体系中不可或缺的组成部分，对于保证和促进英国基础教育质量发挥了重要作用。除教育督导外，英国还形成了以在增值评价引领下的学校评价，促进学校的不断改进和提升，同时，增强了学校教育系统的透明性。针对学生的评价则呈现明显的三级状态，每一级评价都在教育教学过程中发挥着独特的作用。

第五章

英国基础教育教师发展

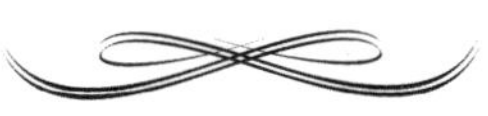

第一节 英国中小学教师的职前培养

一、中小学教师职前培养的目标与要求

在英国,中小学教师的培养经历了几个发展阶段,培养模式几经转型,形成了目前重视教师主体性及其发展,以建构主义、反思性研究等为基础的多元开放的培养体系。1972年《詹姆士报告》提出了著名的"师资培训三阶段法",即普通高等教育阶段、专业训练阶段和在职培训阶段,体现了非定向型教师教育的特点,推动英国教师教育走向职前职后一体化。

1. 目标

英国中小学教师的职前培养(Initial Teacher Training)是所有有志从事教师职业人员必须完成的"规定动作"。在20世纪80年代之前的师范教育时代,师资培养的主要目标是培养技术性的教师,主要是为了满足当时对教师数量的客观需求;80年代进入教师教育时代后,师资培养的主要目标转变为培养专业型、反思性的教师,以满足社会对教师质量的要求。

英国的中小学教师职前培养采取的是综合开放的形式,所有有志于从事教师职业、满足一定条件要求的人员均可以申请参加专门的师资培训。通过培训补充教师培训申请者的知识短板,指导师资受训者获得能够胜任未来教学工作的相关能力。

2. 入门要求

GCSE成绩要求:申请参加ITT的基本要求包括,申请者至少在GCSE英语和数学学科取得C,或者有相当于该水平的同等学力证明材料。对于申请小学教师培训的人员还要求申请者具备GCSE科学学科的C以上成绩。英国职前教师培训中不乏GCSE成绩达不到要求的申请者,这部分申请者若仍然是在校生则需

要自己努力取得相应的成绩要求,若已经离开学校教育的申请者则可以参加一些职前教师培训机构所提供的 GCSE 同等水平考试,合格后方可继续参加培训。

学位要求:职前教师培训申请者需要具备与所教学科相关的学位(degree)。如果相关培训机构或者学校认为,申请者具备成为教师的资格,但需要在职前教师培训开始前进一步提升执教学科的知识水平,那么申请者则需要与培训机构进行协商,参加相应的课程学习。

学科知识:职前教师培训招生在对 GCSE 成绩提出要求的同时,也进一步对申请者的相关学科知识有所要求。申请者所具备的学科知识是否符合要求主要是由各个培训机构自行判断,判断的主要依据是申请者的专业技能考试(Professional Skills Tests)成绩。一般专业技能考试主要考察算数和识字技能,通过技能考试后才能够正式开始接受职前教师培训。职前教师培训机构还会针对每位申请者的知识储备情况提供学科知识巩固课程(Subject Knowledge Enhancement Program, SKE),提高受训者的知识储备。

工作经历:不同的教师培养路径对申请者是否有相关工作经历的要求不同。例如,在雇用式培训(employment-based training)路径下的学校直接培训计划(School Direct Training Programme),要求受训者拥有 3 年以上工作经历。

个性品质:英国向来对教师选拔严格要求,除了上述学术类的要求外,对于申请者个人的品质也有所要求。责任感、领导能力、团队精神、主动性和创造性、沟通能力等都是面试中要考量的内容。

表 5-1 为英国职前教师培训要求。

表 5-1 英国职前教师培训要求[1]

入学要求	中等教育普通证书(GCSE)要求
	学位要求
	适合性要求
培训要求	方案设计要求
	培训质量要求

[1] TDA. Requirements for Initial Teacher Training(revised), 2008.

续表

培训要求	资源要求
	个人培训需求要求
	机会均等要求
	入职教育要求
	年龄水平要求
	中小学培训时间或情境要求
	两所学校要求
管理和质量保证	合作关系要求
	遵守和维护要求
	行为不当要求
	调控要求
	监控和评价要求
	毕业、注册、海外受训教师和教学第一方案

二、中小学教师职前培养的路径与机构

1. 培养路径

以20世纪80年代为分水岭,英国中小学教师培养从以重视技能训练的师范教育,转变为强调反思的教师教育时代,教师培养发生重大转型,主要体现在四个方面:①教师教育和培养的空间模式由大学为本的模式向以大学为本和学校为本相结合的模式转变;②由以行为科学为基础的教师教育转变为以认知科学和质量研究,建构主义、反思性研究为基础的教师教育;③教师培养“作为技术员的教师”转变为培养“作为专家的教师”;④教师教育的教学模式由“训练模式”转变成“发展模式”。[1] 伴随教师教育的重大转向,职前教师培养路径也不断扩展,除了战后初期形成的以高等教育机构为主的教育学院和教育系外,中小学校等也越来越多地参与到职前教师培训过程中。

目前,英国中小学教师职前培养的途径大致有两类,即大学为主的教师培训

〔1〕 朱旭东.国外教师教育模式的转型研究[J].外国教育研究,2001,28(5):52-58.

(university-led training)(图 5-1)和学校为主的教师培训(school-led training)。前者主要是由高等教育机构中的教育学院提供本科阶段或者研究阶段的职前教育课程,同时注重实践课程在教师培养中的作用。后者则是以未来的用人单位即学校为主,挑选和培养新教师,具体又分为基于雇佣关系的 School Direct 和 Teach First 项目培训、以学校为中心的职前教师培训(School-centered initial Teacher training, SCITT)。与大学为主的教师培训相比,学校为主的培训更加注重教育实践和用人学校的需求,教师培养更加具有针对性。无论通过哪种路径进入职前教师培训领域,在出口处所有学员如果打算继续从事教师职业,就必须要取得 QTS 资格,部分学员还可获得 PGCE 证书(Postgraduate Certificate in Education)。

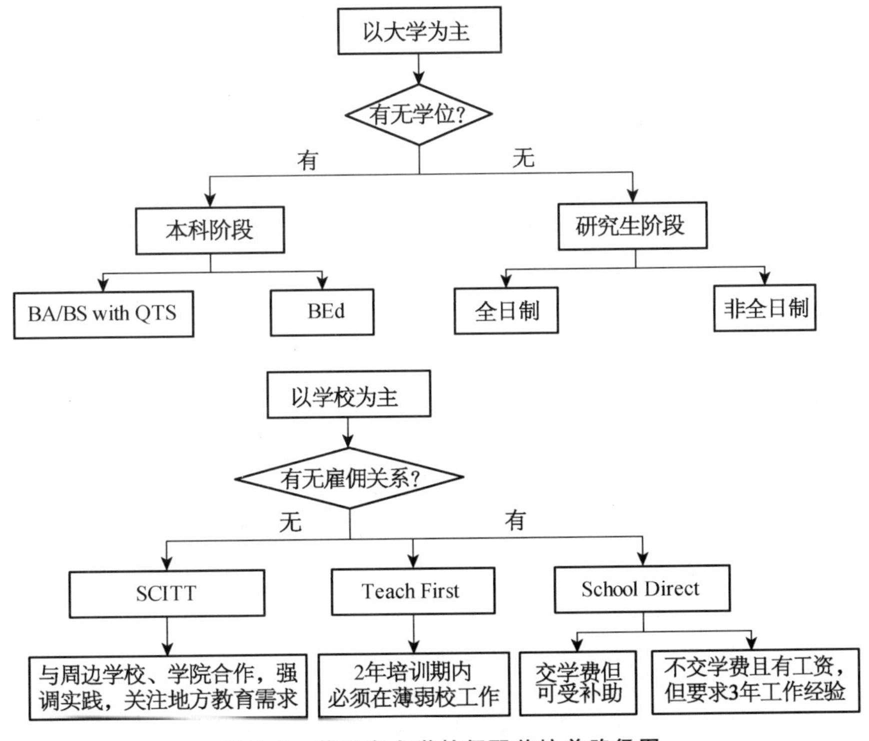

图 5-1 英国中小学教师职前培养路径图

大学为主的教师培养:大学对于英国教师教育的发展发挥了重要作用,推动英国教师专业地位和学术水平的不断提升。目前,英国大学主要在本科层次(BEd、BA /BS with QTS)和研究生层次(PGCE 课程)培养教师,前者主要是为培养未来的小学教师而设置,后者主要是为培养中学教师设置。其中,本科层次的教师培养还可以进一步细分为两类，一类是教育学士课程，即 Bachelor of Education(BEd)，主要学习内容包括“主要课程”“教材研究课程”“教育专业课程”和“学校教育工作生活体验”。学生在进入教育学士课程之初就已经明确未来职业方向。另一类是一般的文学学士(BA)或理学学士(BS)，但在完成本专业学习的同时，还会另外修习英国合格教师资格(QTS)所要求的内容，在大学毕业拿到 BA 或 BS 学位的同时获取合格教师资格。这一类的毕业生就业选择的自由度相对较高，既可以选择从事教师职业，也可以从事其他职业。通常，大学为主的教师培训理论性较强，未来教师的专业理论基础相对较好，但另一方面，教育和教学的实践技能则相对较弱。

学校为主的教师培养：20 世纪 80 年代末英国开始倡导提高教学实践在教师培养中的地位和作用，从而催生了以学校为主的、实践取向较强的教师培养路径。《1994 年教育法》对中小学教师培养进行了重大调整，导致教师教育课程和教师教育机构的重组。在这样的背景下，教师培养形式日益多样化，出现了以学校为中心的职前教师培训(SCITT)。进入新世纪后，为解决薄弱学校的师资问题，英国政府 2002 年开始正式启动“教学优先”(Teach First)项目，实施范围不断扩大，2012 年进一步扩大到肯特和麦德维地区，同时得到众多企业、政府和慈善组织的支持。英国政府为进一步扩大学校在职前教师培训的自主权，2012 年设立了 School Direct 职前教师培训项目，截至 2014 年 5 月，该项目下已形成 900 多个合作关系，覆盖 15 000 多个培训名额。[1] 该项目下的学校可以按照学校的需求自行招聘受训学员，自行选择该学员的培训机构、培训内容、所需经费等，可以说是一种买方定制式职前教师培训。

2. 培养机构

从上述中小学教师培养路径中可以看到，参与到教师职前培养的机构主要包括大学教育学院(或教育系)、高等教育学院、艺术中心(或艺术学院)、中小学等。不同类型的师资培养机构所侧重的培养方式和内容等有所差异。

---

〔1〕 How your school can recruit and train new teachers through school-led initial teacher training (ITT). [EB/OL]. [2014-09-29]. http://www.gov.uk/school-direct-get-involved-in-inittial-teacher-training.

大学教育学院:英国的综合大学均设有教育学院或教育系,是英国教师教育的主力军。这些院系面向已经取得学科专业学位、愿意将来从事教师职业的大学本科毕业生,有学前教育专业、小学教育专业、中学教师教育专业、特殊教师教育专业等。是英国中小学教师、特别是中学教师的主要来源。

高等教育学院:高等教育学院是多种类型教育学院的简称,包括高等教育学院、教育学院、技术学院、工艺学院和继续教育学院。这类学院主要培养小学教师,是小学教师培养的主力军。但它们不仅仅培养教师,也开设其他门类的专业,培养各类人才。所以,英国现在已经没有单一的教师教育学院。

艺术中心:艺术教育中心主要是培养艺术教育方面的教师,其招生对象是持有美术或手工艺专业证书的人员,艺术教育中心除 4 所由大学负责外,其余的由艺术学院负责。这说明,英国现行的教师培养体制是以大学和高等教育学院为主体的开放的教师教育体制。[1]

教学学校:除了上述三类职前教师培养机构外,部分优质中小学也成为教师培训机构,这些中小学通常叫做"教学学校"(Teaching Schools),英国政府计划到 2016 年建设 600 所教学学校。教学学校可以直接从教师培训申请者中选择本校所需要的受训者,以便满足本校教学实际的需求。除了提供职前教师培训外,教学学校还承担几个方面的责任,包括教师在职专业发展(continuing professional development)、支援其他学校(supporting other schools)、发现并开发领导性人才(identifying and developing Leadership potential)、管理专家型教育领导(specialist leaders of education)以及研发(research and development)。

3. 培养机构的认证

为保证师资培养质量,英国实行职前教师培训机构(ITT providers)认证制度(accreditation),由英国国家教学与领导委员会(NCTL)具体管理。2012 年新改组的英国教育部教学司(Teaching Agency)新颁布出台了《职前教师培训(ITT)准则》(*The Initial Teacher Training (ITT) Criteria*)(表 5-2),对职前教师培训机构的认证进行了调整。该《准则》要求培训机构必须达到教育标准局督

〔1〕 黄崴. 教师教育体制国际比较研究[M]. 广州:广东高等教育出版社,2002.

导评级“良好”(good)并通过认证,才能够进行职前教师培训,具体对培训机构的入学标准、培训标准、管理和质量保障标准、雇佣式教师培训标准进做出了相应规定,涉及到教师培训生、教师培训机构、合格教师和新合格教师的雇用者,是职前教师培训机构申请认证时要遵循的重要依据,从而在培训机构的入口处确保英国中小学教师质量。

表 5-2 英国《职前教师培训(ITT)准则》内容概要〔1〕

领域	具体要求
入学标准	保证所有培训学院具备相应的 GCSE 考试的成绩
	保证所有进入研究生阶段 ITT 的学员,具备英国高等教育学位或同等资格
	保证所有学员都经过严格的筛选过程
	保证所有 2013 年 8 月 1 日及以后开始 ITT 的学员在入学前通过职业技能考试
培训标准	保证职前教师培训的内容、结构、实施和评价能够满足学员达到 QTS 标准,满足 QTS 标准后方可予以推荐
	保证所有学员在 2 个或以上连续的年龄组里进行教育实习,并在实习开始前或结束后让学员参与其所教的年龄组别的教学预期、课程、策略和教学安排等活动
	保证培训项目能给学员提供充足的在校实习时间,以达到 QTS 标准
	保证所提供的培训项目每年至少有 60 天的培训活动
	保证每位学校至少在 2 所学校任教过
管理和质量保障标准	保证其管理结构能够支持培训项目的有效运行
	保证其与合作者签订合作协议,明确各自的角色和责任;非学校为主(school-led)的培训必须确保学校在招生、选择、培训和评价学员的过程中发挥重要作用
	保证其行为等与现行 ITT 相关的法律法规一致
	保证严格监控、评价和调整其所提供培训的各个方面,并证明这些措施有助于改进培训质量和学员评价
雇用式教师培训标准	保证培训期间所有学员被雇佣为无资格教师(unqualified teachers),按照教师工资界别支付其工资
	保证所有学员或受雇于教育部教学司,或受雇于已认证的机构
	保证所有学员所承担的教学任务不超过全职有资格教师(full-time qualified teacher)的 90%
	保证所有列入海外受训教师项目(Overseas-Trained Teacher Programme)的学员必须在英国之外已顺利完成官方认可的教师职业培训

〔1〕 英国教育部教学司《职前教师培训(ITT)准则》(*The Initial Teacher Training (ITT) Criteria*). 2012。

三、中小学教师教育课程

经过三个世纪的发展变化，英国中小学教师教育已形成了比较成熟的课程体系。20世纪的几次改革推动英国政府逐步制定出比较完善的教师专业标准和合格教师标准，这些标准指导着英国现行主要课程——BEd课程和PGCE课程——的设计和实施。

1. 课程设置依据的变迁

英国中小学教师教育课程标准可以说是政府干预教师教育领域的集中表现。英国教师教育课程标准兴起于20世纪80年代，伴随英国政府对教师教育的认证而出现，可以说是对全球化的进程和保持国际竞争力的一种回应。

1984年英国教科部发布第3号令，成立教师教育认证委员会(Council for the Accreditation of Teacher Education, CATE)，代表教育大臣直接负责监管英格兰和威尔士的职前教师教育，对教师教育课程进行职业有效性的审定。1985年CATE颁布了《职前教师培训课程认证标准》(*Initial Teacher Training: Approval of Courses*)。第3号令确立了绩效责任与中央控制的机制，对英国教师教育发展产生了深远影响。

《1988年教育改革法》推动英国教育进行激进的变革，颁布实施国家课程，很大程度上剥夺了教师课程自主权，削弱了地方教育当局的权力，加强了学校管理委员会和家长的权力。由此，教师教育课程的中央控制有所加强。1988年出台的《合格教师身份》、1989年的《教育(教师)条例》明确规定，只有取得合格教师身份才有资格任教于地方政府开办或者接受政府补助的中小学，只有符合合格教师任职资格标准，才可取得合格教师身份。1989年英国教育科学部出台第24号令(Circular 24/89)，介入职前教师教育课程的内容，规定课程中必须涉及一系列特定主题。

根据《1992年教育法》英国教育部组建了教育标准局，将教师教育督导纳入其职责范畴之内。1994年在教育科学部内成立师资培训局(Teacher Training Agency, TTA)，废除教师教育认证委员会，同时，将教师教育经费的管辖权从高等教育拨款委员会转移到师资培训局。

英国工党上台后的1998年，教育与就业部和师资培训局共同颁发了新的教师教育课程专业性认证标准《教学：高地位、高标准——教师职前培训课程的要求》(*Teaching: High Status, High Standards: Requirements for Courses of Initial Teacher Training*),修订了合格教师资格标准,重新设计教师教育课程的内容。该标准分别从“学科专业知识与理解”“教育专业知识与理解”“有效教学和评价方法”等几个方面对教师教育课程的内容和职前教师应达到的水平做了详细的规定,形成较为系统化的教师教育课程标准框架体系。[1]

2002年,教育与技能部(DfES)和教师培训局共同签署颁布了《胜任教学：合格教师专业标准与职前教师教育要求》(*Qualifying to Teach: Professional Standards for Qualified Teacher Status and Requirements for Initial Teacher Training*),取代1998年的认证标准成为英国教师职前教育的纲领性文件,规定教师教育机构必须根据“合格教师资格”(Qualified Teacher Status, QTS)标准设置课程,师范生完成相关课程的学习,通过考核,获得“合格教师资格”证书,才有资格成为中小学新任教师。从而,英国的“合格教师资格标准”也是其教师教育课程标准。

2005年,师资培训局改组为学校培训与发展局(Training and Development Agency for Schools, TDA),隶属于教育与技能部,主要负责监督中小学师资培训的课程,改善中小学教师的素质。2006年11月,学校培训与发展局颁布了新的《合格教师资格标准修订案》(*the Revised Standards for the Recommendation for Qualified Teacher Status*)。2007年1月TDA进一步颁发了覆盖教师职业发展不同阶段的教师专业标准框架,同年2月,颁布了修订后的有关教师教育机构培养要求的文件《职前教师培训要求》(*Requirements for Initial Teacher Training*)。2007年9月《教师专业标准框架》(*Professional Standards for Teachers*)定稿,并代替了原有的专业标准。

2010年在联合政府的主导下,英国教育部发布了白皮书《教学的重要性》(*The Importance of Teaching*),提出在教师培养过程中建立全国性教学学校网络。2011年英国政府进一步提出职前教师教育改革方案《培训下一代优秀教师：实施计划》(*Training our next generation of outstanding teachers:*

[1] 汪霞,钱小龙.英国教师教育课程标准的改革[J].比较教育研究,2011(11):21-26.

implementation plan)，要求学校更加直接地参与到职前教师培训过程中，并推动设置 School Direct 项目。2012 年英国教育部调整出台《教师标准》(*the Teachers' Standards*)，取代此前的 TDA 教师专业标准中的《合格教师资格标准》(*Qualified Teacher Status*)和《初级教师专业标准》(*Core Professional Standards*)，以及英格兰教师协会(GTCE)制定的《注册教师行为实践守则》(*Code of Conduct and Practice for Registered Teachers*)。

2. 教育学士学位(BEd)课程

教育学士学位(BEd)课程主要是面向定向师范生，主要培养小学教师，对应关键学段 1 和关键学段 2，在读期间，学科专业学习与教育专业训练同时并进。通常全职的 BEd 课程需要 3 年或 4 年，非全日制学生则需要 4～6 年时间。课程设置由教育理论、教学技能、教学实践经验、核心课程四部分内容构成。其中，教育实践在课程计划中所占比重较大，贯穿 BEd 课程始终。每所大学依照教师标准在具体安排课程时虽有所差异，但都要保证学生毕业时能够满足教师标准，获取合格教师资格。下文仅以应该普利茅斯大学(Plymouth University)的教育学士课程为例加以说明。

普利茅斯大学位于英格兰西南部，创立于 1862 年，目前小学 BEd 课程(BEd Primary)、小学 PGCE 课程(PGCE Primary)和中学 PGCE 课程(PGCE Secondary)已经被教育标准局(Ofsted)评为优秀(outstanding)。该校的 BEd 课程学制 3 年，分为两个方向，一个是学前儿童研究(Early Childhood Studies Specialism)，重点关注 3—7 岁儿童；另一个是关注 5—11 岁儿童的方向。BEd 课程所覆盖的学科包括艺术与设计、数位素养(Digital Literacy)、学前儿童研究、英语、人文学科、数学、音乐、体育、科学和特殊教育需求(Special Educational Needs)。无论哪个方向或学科的学习，BEd 课程都包括四个领域的学习和经验：

(1) 小学课程研究(Primary Curriculum Studies)：主要是为未来小学全科教师做准备，突出对当前学校教育状况和需求的回应，提供小学所有学科的基础知识。

(2) 专攻学科研究(Specialist Subject Studies)：主要是针对学生所选学科，提供专攻领域相关知识、概念理解和提问方式等学习内容，并支持学生发展职业领导力等。

(3) 教育研究(Education Studies):该领域的学习内容主要是为支持未来教师专业发展,通过对教育原理、教育发展与教育哲学进行批判式解读,帮助未来教师确立专业身份。同时,教育研究对专业技能的发展和提升也为其他领域的学习做下铺垫。

(4) 教育实践(Experience in Educational Settings):该领域的内容在 BEd 课程中占有核心地位,以多种形式贯穿三年课程学习的始终。

在三年的学习过程中,每学年的课程核心模块都经过精心设计,第一年主要打基础,学习教学所需的知识和技能,以及能够支撑专攻学科、核心学科和基础学科的模块内容,此外,有三次见习或实习的安排。两次见习都是以两人一组的形式进行,为期分别为 2 周和 5 周;实习为期 1 周,要执教基础学科。第二年深入学习专攻学科、核心学科和基础学科的相关知识以及教育研究的内容,拓宽专业技能,尤其是在专攻学科、ICT 和特殊教育需求方面,促进学生对教师专业和专业身份的理解。另外,要进行三次教育见习或实习,包括 4 周的两人组见习、与核心学科相关的 3 周见习、1 周与专攻学科相关的实习。第三年进一步发展包括专攻学科领域的领导能力在内的专业能力,引导学生开展毕业论文写作,促进学生对自身专业身份进行反思,思考如何改变教育实践。此外,要选择所学方向的执教年级,进行为期 8 周的全责(with full responsibility)教育实习,同时要准备就业。表 5-3 以小学英语学科的 BEd 课程安排为例,进一步说明。

表 5-3 普利茅斯大学小学英语 BEd 课程内容安排〔1〕

学年	核心模块	内 容
第一学年	基础学科介绍	介绍国家课程中 5 个非核心学科
	核心学科介绍	熟悉学科知识,了解课程设置和实施的基本要素
	教育研究 1	了解儿童学习原理,好的教与学的特征
	专攻学科 1	加深学生对专攻学科知识的理解
	英语多选测试 1	文本和词汇知识,通过摸底测试找出优缺之处
	数学多选测试 1	形状/空间、数据和数字处理,通过摸底测试找出优缺之处
	科学多选测试 1	—
	教育实践	在学校中参与国家课程的小组教学

〔1〕 普利茅斯大学小学英语 BEd 课程简介,[2014-05-29]. http://www5.plymouth.ac.uk/courses/undergraduate/bed-primary-english.

续表

第二学年	基础学科进阶	继续学习国家课程中5个非核心学科内容，侧重与教育实践的联系
	核心学科进阶	进一步学习学科知识和课程设置与实施的基本要素，提升学生在教学和学习过程中的自信
	教育研究2	分析有效教与学的基本原则，考虑自身的态度和价值观，反思如何能够提高学习
	专攻学科2	从理论角度和教学角度深入理解专攻学科
	英语多选测试2	语法和文本特征，通过摸底测试找出优缺之处
	数学多选测试2	测量、分数和数学推理，通过摸底测试找出优缺之处
	科学多选测试2	电、磁、能量、力、运动和科学提问，通过摸底测试找出优缺之处
	教育实践	侧重理解技术的运用——提高在学校里的教育专业人员和学生的学习水平
第三学年	成为学科领导	学前和小学的教育管理，培养其在专攻学科的管理技能
	核心学科	学习如何监控、评价和记录儿童发展情况，并想不同人群汇报
	毕业论文	运用已经学过的专攻学科知识、技能等开展独立研究，侧重于教学及其对儿童的影响
	教育研究3	引导学生对教师行业、专业身份等进行反思，思考如何能改变教育实践
	教育实践	进行全责实习，包括备课、规划、教学以及评价单个儿童、小组和班级。依照QTS标准评价学生

3. 教育硕士证书(PGCE)课程

教育硕士证书(PGCE)课程主要是培养中学教师，也培养幼儿园和小学教师，是面向已经获得学士学位，并打算从事教师职业的本科毕业生而开设的师资培训课程，针对不同学段PGCE的课程内容会有一定的调整。PGCE课程是一种学历课程而非学位课程，按照培养方式的不同，可以分为全日制PGCE课程和非全日制PGCE课程，学完并通过并不代表具有硕士学位。全日制PGCE课程需要1年的时间，分3个学期完成；非全日制最长不超过2年。PGCE课程侧重于培养学员的教学技能，而非从教学科的学科知识，因而在入学前培养机构一般要求申请者具有本科学历，并已经很好地掌握了从教学科的相关知识。

与基于大学的BEd课程不同,PGCE课程既可以通过大学修习,也可以通过远程学习修习,亦可通过中小学修习,即上文提到的"教学优先"项目和"学校直接培训计划"。一般情况下,学员的本科专业要与未来执教学科联系较为紧密,否则需要参加学科知识巩固课程。下文以英国埃克塞特大学(University Of Exeter)培养中学教师的PGCE课程为例进行说明。

埃克塞特大学始建于1855年,1955年之后在皇家特许的支持下,逐渐发展成为今天的埃克塞特大学。埃克塞特大学同时开设培养小学教师和培养中学教师的PGCE课程,在2010年Ofsted的督导中得到好评,被评为"优秀"(outstanding)。埃克塞特大学中学教师PGCE课程为期10个月,分为秋、春、夏三个学期,所开设的中学学科课程包括舞蹈、设计与技术、英语、地理、历史、数学、现代语言(法语、德语、西班牙语)、体育、宗教教育和科学(生物、化学、物理、心理)。

中学PGCE课程主要由三部分内容构成(表5-4),即中等教育及专业研究模块(Secondary Education and Professional Studies Module)、中学专业学习模块(Secondary Professional Learning Module)、中学学科专项研究(Secondary Subject Specialism),学习内容各有侧重[1]:

表5-4 埃克塞特大学中学教师PGCE课程模块内容

学习模块	中等教育及专业研究	中学专业学习	中学学科专项研究(数学)
学习目标	① 让学生了解当前教育政策和问题、教育理论和实践; ② 支持学生批判性地反思儿童学习与发展、教学法及教师的角色与责任; ③ 支持学生达到QTS标准的要求	让学生能够对自己的专业发展进行反思,展现基础知识、技能和经验学习的成果,达到《教师标准》对QTS的要求	① 让学生综合理解与当前中等教育课程中数学教学相关的理论、问题和实践的背景; ② 支持学生达到QTS的要求; ③ 培养学生成为反思且自治的专业实践者

〔1〕 PGCE Programme. Secondary PGCE. [EB/OL]. [2014-06-03]. http://socialsciences.exeter.ac.uk/education/pgce/secondarypgce/components/.

续表

学习内容	① 教育与专业研究讲座，包括涉及中学教师专业发展的多个主题； ② 研究入门，主要是引导学生努力向硕士水平接近，开展基于课堂的小型研究； ③ 学科研讨会，在特定学科的情景下跟进和拓展部分讲座内容； ④ 专业研究研讨会，在特定学校情景下跟进讲座课程的部分主题； ⑤ 研讨会日，结束学校实习后回到大学分享实习感受，进一步探讨教学理论与实践的联系	① 引导下的独立学习，阅读有关课堂教学的文献，批判性地反思专业学习； ② 学校实习，开展一系列学习活动，包括课堂观察与教学、个人辅导、书面批判性反思、书面未来发展规划等； ③ 该模块学习没有学分要求，但学生表现要记录到个人发展档案（Individual Development Portfolio, IDP）中，以供QTS审定之用	① 理论、规划、反思和发展研讨会，学习数学教育理论基础及如何在课堂教学中运用； ② 课堂教学法研讨会，学习当前数学教学； ③ 同伴教学（peer teaching）； ④ 研讨会日，结束学校实习后回到大学分享实习感受，进一步探讨数学教学理论与实践的联系
预期成果	① 掌握特定学科知识与技能，包括教育理论与政策、学科教学方法、国家课程的相关法律规定等； ② 学科核心知识与技能，包括批判性地评价教育理论与实践、综合分析教育文献、运用适当的技术分析和处理教育数据、运用研究数据支撑教育论断等； ③ 个人和关键知识与技能（可迁移/面向工作），包括管理和评价个人学习进展、进行独立或合作式的有效学习、自信明确地表达观点和意见、能够适应不同的团队、能批判性地思考问题的特征及其解决策略等	① 掌握特定学科知识与技能，包括辨明学生的学习需求、坚实掌握中学学科知识和教学法、明确理解国家课程及其评级的法定要求； ② 学科核心知识与技能，包括批判性地评价个人专业学习、规划未来专业发展需求； ③ 个人和关键知识与技能（可迁移/面向工作），包括管理自己的学习发展、有效学习并明确自己的学习策略、能够适应不同的团队、能批判性地思考问题的特征及其解决策略等	① 掌握特定学科知识与技能，包括识别和评价与数学教育相关的教育概念和问题、辨明学的数学学习需求、数学学科知识和教学法、国家课程数学学科法定要求； ② 学科核心知识与技能，包括批判性评价教育理论与实践的相关性、综合分析教育文献、运用适当的技术分析和处理教育数据、运用研究数据支撑教育论断等； ③ 个人和关键知识与技能（可迁移/面向工作），包括管理自己的学习发展、有效学习并明确自己的学习策略、能够适应不同的团队、能批判性地思考问题的特征及其解决策略等

PGCE课程学习内容分布到三个学期(表5-5),教育实习所占比重相对较大,大致有60%以上的时间用于各种形式的教育实践,在整个课程的学习过程中每个学生都配有一位经验丰富的一线教师和一位大学教师,同时对其进行指导和帮助。三个学习模块的学习内容交替安排,教育理论和教学法等基础性内容集中在第一、第二学期进行,学校实习贯穿始终。此外,大学与中小学的合作和导师也发挥重要作用。按照规定,教育实习要至少在2所中小学里进行。

表5-5 埃克塞特大学中学教师PGCE课程安排(2014/15年度)〔1〕

第一学期	9月15日—9月26日	2个星期的学校观察,初步认识学校
	9月29日	大学课程开始,重点关注专业发展、执教学科的学科知识、教学法和教学技能
	11月10—21日	秋季学期的教育实习
	12月12日	大学课程结束
第二学期	1月5日—3月26日	学校实习
	1月23日、3月6日	研讨会工作日
第三学期	4月13日—6月29日	学校实习
	4月27日、5月22日、6月30日	研讨会工作日
	6月24—25日	外部考试
	6月30日	课程结束

第二节 英国中小学的教师资格

一、中小学教师专业标准

自20世纪80年代,各国纷纷从国家战略的高度构建教师质量保障体系,其

〔1〕 埃克斯特大学中等PGCE课程介绍.[EB/OL].[2014-06-03]. http://socialsciences.exeter.ac.uk/education/pgce/secondarypgce/secondarystructure/.

中,教师专业标准作为判断教师专业化程度的主要依据被视为重中之重。英国在20世纪80年代中期建立起教师教育审议机构,并颁布了教师教育课程标准,重点关注教师教育课程的设计和管理。直到1988年英国政府才正式出台《合格教师身份》咨询文件,1989年出台的《教育(教师)条例》明确规定:只有取得合格教师身份的人方可到公立中小学任教,而要取得合格教师身份,必须达到教师任职资格标准。同年,英国政府首次确立了合格教师(licensed teacher)和实习教师(articled teacher)标准,并于1989年和1990年实行。[1] 英国教师标准实行以来经过多次修订,最近两次是在2007和2012年,对于英国教师标准的发展来说是两次比较大的转折。2007年修订构建了英国职前之后一体化的专业标准体系,分别对合格教师资格和教师教育机构提出了法定标准;2012年的修订的教师标准则在2007标准的基础上进行了整合和简化,新的《教师标准》取代原有的《合格教师资格标准》《普通教师专业标准》以及《注册教师行为实践守则》。

1. 2007年标准的主要内容

2007年英国学校培训与发展局(TDA)修订颁布了《教师专业标准》(*Professional Standards for Teachers*)(表5-6),2007年9月正式开始实施,适用于从事学校工作的教学和教辅人员。该标准描述了职前、职后多个专业发展阶段教师的特征和要求,包括Q、C、P、E、A五个部分,即合格教师(Qualified Teacher Status, QTS)专业标准、普通教师(Core Teachers)专业标准、经验教师(Post Threshold Teachers)专业标准、优秀教师(Excellent Teachers)专业标准和高级技能教师(Advanced Skills Teachers)专业标准。其中,前两者属于严格意义上的教师资格标准,而后三者则属于工资等级的考核标准,与《学校教师工资待遇》(*School Teachers' Pay and Conditions Document*)规定一致。

尽管2007年标准所包含的不是一个单一的标准,而是一个涵盖多个层次的标准体系,但作为标准体系其内容上存在高度的一致性。换句话说,无论是哪个层面,2007年标准都是从专业特质(professional attributes)、专业知识和理解(professional knowledge and understanding)、专业技能(professional skills)三个维

[1] 黄崴.教师教育体制国际比较研究[M].广州:广东高等教育出版社,2002:28.

度规范不同职业阶段的教师。通过对教师职业不同阶段的特点和预期的描述，可以更清楚地勾勒出教师职业的整体样态。

表 5-6 2007 年《教师专业标准》指标框架〔1〕

一级指标	二级指标	Q	C	P	E	A
专业特质	师生关系	Q1，Q2	C1，C2			
	政策法规	Q3	C3	P1	E1	A1
	交流协作	Q4，Q5，Q6	C4，C5，C6			
	个人职业发展	Q7，Q8，Q9	C7，C8，C9		E2	
专业知识和理解	教与学	Q10	C10	P2	E3	
	评价与监督	Q11，Q12，Q13	C11，C12，C13，C14	P3，P4	E4	
	学科与课程	Q14，Q15	C15，C16	P5	E5	
	读写算及 ICT 能力	Q16，Q17	C17			
	成就与多样性	Q18，Q19，Q20	C18，C19，C20，C21		E6	
	健康与福利	Q21	C22，C23，C24，C25	P6		
专业技能	规划	Q22，Q23，Q24	C26，C27，C28	P7	E7	
	教学	Q25	C29，C30	P8	E8，E9	
	评价、监督与反馈	Q26，Q27，Q28	C31，C32，C33，C34		E10，E11	
	教学反思	Q29	C35，C36		E12	
	学习环境	Q30，Q31	C37，C38，C39			
	团队协作	Q32，Q33	C40，C41	P9，P10	E13，E14，E15	A2，A3

从表 5-6 可以看到，处于教师职业初期的《合格教师标准》和《普通教师标准》要求相对较多，而相当于从业资格的 QTS 标准的要求少于普通教师的标准；升级为经验教师后，标准要求的数量大量减少，从 C 级的 41 条减少到 P 级的 10 条；成为优秀教师后，标准要求的数量又增加到 15 条；到高级教师后，要求的数量减少到 3 条。可以看到，对各级教师的要求呈现逐渐减弱的波浪形，但却并不意味着对相应级别的要求会实质性地减少。这主要是因为英国教师专业标准采取的是递进叠

〔1〕 根据 2007 年《教师专业标准》编制。

加的方式，也就是说高一级的教师必要满足所有低级教师的所有要求。

可以看到，2007 年《教师专业标准》的出台形成了教师职业全程标准体系，教师职前培养与在职教师各个发展阶段的专业标准相互融通，呈现出层次性、发展性和一致性的特征。

2. 2012 年标准的主要内容

2010 年联合政府上台后，教育大臣迈克尔·戈夫(Michael Gove)采取了一系列措施改革教师教育。2010 年出台了学校教育白皮书《教学的重要性》(*the Importance of Teaching*)，认为教学和教师质量是决定教育质量的核心要素，要求采取多种措施提升教学质量和教师领导能力。2011 年，英国教育部制定了教师职前培训的改革方案——《培训下一代优秀教师：行动计划》(*Training Our Next Generation of Outstanding Teachers*：*Implementation Plan*)，该计划指出学校要更为直接地参与教师职前培训，并详细说明了 School Direct 项目。在倡导改革职前教师教育的同时，英国也重整教育部内的机构设置，2012 年 4 月将原负责教育培训的"培训与发展署"(TDA)改组为"教学司"(Teaching Agency)，1 年后的 2013 年 4 月又将其与原国家教育领导学院(National College for School leadership)合并，新成立国家教学与领导学院(National College for Teaching and Leadership, NCTL)，统管英国职前、职后教师培训，以及教师职业管理、学校领导培训等。

新的《教师标准》(表 5-7)于 2012 年 9 月开始正式生效，但教育部教学司从 2012 年 4 月便开始依照新标准来颁发 QTS 和评定教师行为。2012《教师标准》大大简化了对教师的要求，将原来的 Q 级和 C 级标准要求合并、减少标准中的指标数量。从表 5-7 可以看到，新标准重点关注两个方面，即教学质量和教师个人与职业行为，反映出 2012 年白皮书《教学的重要性》所提出的观点。第一部分指向教学，从教育期望、学生激励、学科知识、教学组织、因材施教、教育评价、营造环境等 8 个方面进行规范。与 2007 年标准不同的是，第一部分中的小标题并非是独立的标准，而是对大标题进行扩充和说明，因而第一部分实际上只有 8 个标准，但每个标准的内涵有所扩大。第二部分对教师的个人和职业行为进行规范，主要从教师道德和行为标准、认同本校规章制度、职责与义务三个方面提出要求。

表 5-7 2012 新标准的框架及内容〔1〕

<table>
<tr><td>说明</td><td colspan="2">1. 新标准适用于大部分教师,它没有对教师职业生涯某一阶段给与特别考虑。
2. 新标准界定了受训者获得合格教师身份的最低要求。
3. 校长(或评估者)将依据教师承担某一职责或出于某一生涯阶段时所应达到的能力标准对已获资格的教师做出评价。校长和评估者的专业评判将是这些评价标准的中心。
4. 在实习期过后,这些标准将被接着用作界定全部已获资格教师的职业表现。
5. 新标准为教师设立了自获得初始资格以来的专业发展的基本框架。合适的自我评价、反思及专业发展活动对完善教师专业行为是极为关键的。新标准为教师设定了评价自我专业行为、接受同事反馈的关键领域</td></tr>
<tr><td>序言</td><td colspan="2">对学生施以教育是教师的首要任务,而为了使个人工作和品行达到一个较高水平,教师应当用尽可能严格的标准来要求自己。教师应当努力成为一个可信且富有正义感的人;教师应具备较高的知识素养,并保证他们已有的专业知识、专业技能可以始终处于与时俱进和自我批判的状态;教师应努力与同事形成良好的专业关系;为使学生尽可能多地受益,教师应与学生家长紧密协作</td></tr>
<tr><td rowspan="4">第一部分 教学</td><td>1. 为学生设置高水平的预期目标,进而使他们在挑战中受到鞭策</td><td>• 教师与学生应以互相尊重为基础,逐渐营造出一种安全可靠且富有启发意味的课堂氛围;
• 教师制定出的目标,应对具有不同出身、能力及性格的学生产生促进作用;
• 教师应以身作则,始终如一地向学生展现那些希望他们养成的良好的态度、观念和品行</td></tr>
<tr><td>2. 加快学生的成长步伐,督促他们取得优异成绩</td><td>• 教师应抱有对学生学业成就、个人发展及课业成绩的强烈责任心;
• 教师应主动了解学生的能力水平和知识储量,进而在此基础上展开教学设计;
• 教师应引导学生对已取得的成绩和涌现出的新需求发起反省;
• 教师应懂得学生学习行为方面的有关知识,并了解这些行为对课堂教学的潜在影响;
• 教师应唤醒学生对其学业的责任感和主动性</td></tr>
<tr><td>3. 在学科知识和课程知识方面呈现出良好状态</td><td>• 教师需要扎实掌握相关学科和课程的知识,需要激发并长时间维持学生对于本学科的兴趣,需要对学生容易陷入的无趣予以及时澄清;
• 教师应批判性地理解所授学科和课程,认识到学术科研的重要性;
• 教师需要知道如何推动学生读写能力和口语能力发展,而且无论具有怎样的学科背景,他们都必须准确使用标准英语;
• 从事早教阅读的教师,应当具备完整的语音学知识;
• 从事早教数学的教师,应当具备强化教学效果的相应策略</td></tr>
<tr><td>4. 能对结构化课程进行有效的组织和教学</td><td>• 教师应使课堂时间的效用最大化;
• 教师应提高学生的学习兴趣,使他们抱有对知识的渴望;
• 教师应通过布置家庭作业、安排课外活动等方式,对学生学习到的知识进行强化和充实;
• 教师应就教学效果和方法做好课后反思;
• 教师要对相关学科的课程设计与推行有所贡献</td></tr>
</table>

〔1〕 高鹏,杨兆山. 2012 年英国教师标准研究[J]. 外国教育研究,2014(1):112-120.

续表

<table>
<tr><td rowspan="4">第一部分 教学</td><td>5. 从学生的优长和需要出发开展教学活动</td><td>• 教师应该了解教学活动中因材施教的恰当时机和方式；
• 教师应知道哪些因素会对学生学习产生不良影响，并认识到化解它们的方法；
• 教师应掌握儿童身体、社会性及智力发展的相关知识，进而对不同发展程度的学生采取差异化的教学方式；
• 教师应对每一名学生的需要都有所了解，并通过恰当教学方法的运用，为学生学习提供有力支持</td></tr>
<tr><td>6. 进行准确且富有成效的评估</td><td>• 教师应通晓对相关学科和课程进行评价的方式，这其中应包括指向特殊教育的“法定评估”(Statutory Assessment)；
• 为帮助学生不断提高自身的知识水平，教师应多采纳形成性和总结性的评价方式；
• 教师应充分利用数据，对学生的发展情况进行测评，并藉此设定接下来的教育目标及编排象形的课程；
• 无论是通过口头还是给出准确分数的方式，教师都需要经常性地对学生进行评价，并让他们用于对这些评价做出回应</td></tr>
<tr><td>7. 通过对学生行为的管理，营造一个优质、安全的学习环境</td><td>• 教师应制定清晰的课堂行为规范，要求学生在校园内外都能遵照学校规定的守则行事，从而帮助学生养成良好的行为习惯；
• 教师应严格要求学生，要经常公正地采用包括表扬、处罚和奖赏在内的一系列措施规范学生行为；
• 为使课堂更有效率，教师要运用那些贴合学生需求并能激发学生潜能的管理方式；
• 教师既要保证师生关系处于良好状态，又要通过恰当的方式维护个人权威，并适时地体现出相应的决断力</td></tr>
<tr><td>8. 实现覆盖范围更广的专业使命</td><td>• 教师应投身于校园生活和校园风气建设之中；
• 教师间应形成积极的专业关系，认清寻求建议和专家帮扶的方式与时机；
• 合理地部署支持人员；
• 教师要将专业发展作为个人应尽的义务，以此寻求教学质量的提高，此外，教师还要对同事的建议和评价给与反馈；
• 教师应与家长保持密切联系，并就学生的权益等问题搭建良好的沟通平台</td></tr>
<tr><td rowspan="3">第二部分 个人和职业行为</td><td>1. 在校园内外，教师都要展现出高尚的道德素养和适当的行为举止，从而确保社会大众对教师职业的信任感</td><td>• 教师应对学生给与充分的尊重，并逐渐形成尊重包容的师生关系，同时，教师还要严格遵守职业规范，不僭越个人的职权范围；
• 教师应依照相关法律的规定，切实维护学生的权益；
• 教师应对他人的权益持有宽容和尊重的态度；
• 教师不应动摇民主、法治、自由等为英国民众普遍认可的基本价值观念，而且要包容那些有着不同人生信念和宗教信仰的个体；
• 教师对个人观点的表达，绝不能利用学生的年少无知，也绝不能将他们导入犯罪的歧途</td></tr>
<tr><td colspan="2">2. 教师必须尊重并恪守各自学校的校风、校纪和校规，在个人出勤率和守时性方面时刻要有严格要求</td></tr>
<tr><td colspan="2">3. 教师必须明确他们所应承担的法定职责和法定义务，并以此作为个人从事教育教学活动的依据</td></tr>
</table>

总的来说,新标准的标准体系和内容由繁至简,对指标的描述也从法律条文式的刻板规定转变为以"教师"为主体的描述式风格,重点突出"教师"这个主体的地位,语言简单易懂,便于执行和落实。另一方面,新标准整合了原有的Q级和C级标准,涵盖内容从多层走向统一,增强了标准的"普适性"。

二、中小学教师资格的审定

1. 审定主体

英国中小学教师资格是保证教师质量的重要手段,在2012年《教师标准》出台之前,"合格教师资格"是从教的必需资格,新标准出台后执教于学院式学校的教师并不要求一定要具备合格教师资格。

合格教师资格的审定权最终是掌握在英国教育部手中,即教育标准局根据教师职前培训要求对教师培训机构的培训课程进行督导评价,教育部再根据该评价结果以及教师职前培训要求对教师培训机构进行认证,只有通过认证的机构才有资格组织实行师资培训。换言之,教师培训机构只负责培养考核准教师的责任,而教育部和教育标准局则分别是对培训机构进行认证和督导评价,从而形成教育部与培训之间的委托代理关系。

伴随英国教育改革的推进,中小学教师资格的审定机构也发生变化。根据《教育(学校教师资格)(英格兰)管理条例》(*The Education* (*School Teachers' Qualifications*) (*England*) *Regulations* 2003)的规定,合格教师资格由英格兰教师协会(GTCE)负责颁发。2012年改革后,审定主体由原来的英格兰教师协会变革为教育部下设子机构——教学司(Teaching Agency),该机构从2012年4月1日开始正式运行,主要负责教育职员的提供、质量及管理,并接管从前培训与发展署、英格兰教师协会管理的所有教师培训、教师资格认证、教师资格审核及教师行为不端的惩处工作。2013年4月,教学司又合并到国家教学与领导学院(NCTL),相关教师管理工作一并合并。

2. 审定方式

在英国,中小学教师的审定方式较为多样,既有学历的要求也有技能考试[1]、

[1] 该要求仅限于英格兰,在威尔士、苏格兰和北爱尔兰,QTS技能测试都不是必要要求。

教育实践等要求。目前,英国中小学教师资格审定主要有两种方式,即"学历教育+技能考试"、"教育实践+技能考试"两种,前者是针对大学培养的新教师而言,后者主要是针对以学校为中心的教师培养模式而言。两种方式的主要差别在于职前教师培训的方式不同,上文已做过详细介绍。无论哪种方式,中小学合格教师资格的获取不仅要求学员完成职前教师培训,达到 QTS 标准,还要求学员必须通过 QTS 技能考试(QTS Skills Tests)。英国在 1975 年的《继续教育条例》中规定,"合格教师必须是读完并通过教育学士学位、教师证书或其他专业证书的课程,并考试及格"才能颁发资格证书。

教师培训机构需要严格按照《合格教师资格标准》或《教师标准》设定师资培养课程,同时以此为考核学员的标准。2012 年之前,所有持有 QTS 资格的公立学校教师必须要到英格兰教师协会注册,实行教师注册管理的方式。

除合格教师资格(QTS)之外,为促进优秀职业类学科教师的获取,从 2012 年 4 月开始,具备合格教师学习与技能资格(Qualified Teacher Learning and Skills status, QTLS)的教师[1],如果 QTLS 资格持有者同时也是学习中心(Institute for Learning, IfL)会员,则可自动视同为具备 QTS 资格,可以从事普通学校的教育教学工作,其具体聘用和考核评价由用人学校校长决定。

三、中小学教师的聘用

英国中小学教师的聘用涉及多个利益相关者,包括地方教育当局、教育标准局、用人学校、教师协会[2]等。在整个的教师聘用过程中,各方所承担的责任和角色截然不同而又相互补充。从教师聘用的所处阶段来看,包括新教师的录用和在职教师的任免两个阶段,此处着重介绍新教师的录用。

关于中小学教师聘用,《1988 年教育改革法》的出台使得中小学教师聘用的方式出现了较大的变化。此前,英国中小学教师的聘用由地方教育当局负责,督

〔1〕 QTLS 资格主要是针对继续教育(further education)领域的教师而言。在英国,继续教育领域既包括高等教育阶段的教育,也包括义务教育结束之后的基础教育阶段,与我国"继续教育"的概念存在较大差异。

〔2〕 2012 年伴随新的《教师标准》的颁布,教师协会对教师管控有所减弱。

学具体参与。地方教育当局在教师聘用的过程中承担的主要职能是:对试用期教师的考核评定工作予以组织和检查,对欲录用的试用教师进行审批。

英国政府于2009年根据《1998年学校标准与框架法案》和《2002年教育法》的相关规定修订教师管理条例,出台了《2009年教职员(英格兰)管理条例》(*the School Staffing* (*England*) *Regulations* 2009),对教职员的聘用和管理进行了详细规定,为教师聘用和管理提供明确的政策依据。

一般来说,有意从事教师职业的人员首先要具备教师资格,途径有多条,可以根据自身具体情况和需求选择拿到教师资格的路径。但是,伴随英国新世纪以来教师教育改革的不断推进,英国先后出现了聘用先行、资格后取的中小学教师培养和聘用的方式。英国的教师资格证书没有区分中小学,也没有对学科区分,因此,在决定教师被录用为哪个层次的教师时,需要参考其在职前教师培训中所学的课程,或者是在雇用学校中的表现。此外,教师的聘用也会综合考虑应聘者的意向。其次,应聘者还需要参加学校或地方教育当局组织的面试,主要是考察应聘教师的资格、与用人学校的匹配程度等。英国的教师聘用面试环节相对比较复杂,参与面试过程的有学生、教师、校长、学校董事会。应聘者一般需要在应聘学校中试讲,让学生了解自己,然后校长征求学生的意见;除试讲外,应聘者还需要分别与同学科教师共同研讨教学问题,参与教学设计环节;与校长交流其对教师职业的认识以及自身职业规划与目标等;应聘者还要与学校董事会成员会面,回答董事会成员的问题。经过上述几个环节后,学校董事会根据来自几个方面的信息,形成对应聘者的综合判断,决定是否予以录用。[1]

从英国中小学教师聘用过程来看,用人学校更加注重在实践过程中考察应聘者是否达到教师资格的要求,例如,学校会通过学生、教师、校长和董事会等多个利益相关者收集对应聘者的反馈信息,并在多方信息的基础上做出决定,决策过程比较科学,尊重教师专业性和教育教学规律。如此选出的教师往往更容易长期坚持从教。

---

〔1〕 李瑾瑜.英国中学时如何招聘教师的[J].中国教师,2007(9):16-17.

第三节　英国中小学教师的在职发展

一、新合格教师入职培训

1. 新合格教师入职培训的目的

在英国,刚刚拿到 QTS 教师资格的准教师进入到教师岗位后,一般称为"新合格教师"(newly qualified teachers),这类教师通常比较缺乏教育教学实践经验。因而,英国政府规定,中小学新合格的教师都必须要履行入职培训(induction program),完成从职前教师培训向教师职业生涯的过渡。新合格教师入职培训在英国被称为 induction 阶段,通常要持续 3 个学期,即 1 个学年。在这段时间里,新合格教师必须在每个学期结束后接受评价,以保证进入教师职业的新合格教师具备教师资格所要求的各类基础技能和能力。新合格教师顺利完成入职培训后,才可以继续留在中小学任教。

新合格教师的入职培训机会只有一次,如果被判定为不符合相关标准的要求,则没有机会弥补,也不能在相关公立学校里任教。但没有顺利完成入职培训并不意味着失去 QTS 资格。

2. 新合格教师入职培训的过程

在中小学教师入职培训期间,新合格教师通常会得到学校根据其具体情况安排的支持,主要采取师徒方式。培训期间,新合格教师所在的学校会为每个新合格教师配备一名导师,负责对其进行个性化的监督和指导,并对其进行阶段性评价,入职培训结束后还要对其进行总结性评价。入职培训的整个过程大致包括前期准备、目标设定、监控和支持、事后评价等多个环节。

在前期准备阶段,需要学校合理安排新合格教师的工作量以及导师的工作量。按照英国《教师(学校教师入职培训安排)(英格兰)条例 2012》(*Education*

(*Induction Arrangements for School Teachers*) (*England*) (*Amendment*) *Regulations* 2012)的要求,处于入职培训阶段的新合格教师所承担的教学任务不得超过本校教师的 90%。此外,对于担任导师的教师来说,英国政府也有一定的规定。入职培训导师必须具备 QTS 资格,并且具备相应的技能和知识,以便能够对新合格教师进行有效的训练和引导。导师还必须具备客观、公正评价新合格教师的能力。学校要减少导师的工作量,让入职培训导师有充足的时间对新合格教师进行有效支持和指导。

在目标设定阶段,学校和导师根据新合格教师的职业生涯档案和相关标准,设定入职培训的目标。在具体的培训实施过程中,新合格教师可以与导师沟通,适时调整目标设定。

导师的监控和支持可以说是整个入职培训的核心环节。导师需要定期听新合格教师的课,观察其在教学实践过程中的表现,并就观察结果与新合格教师进行讨论,提出及时、建设性的改进建议等。

评价是反馈新合格教师入职培训情况的有效手段。评价需要由导师或校长执行,按照规定每个学期要对新合格教师进行评价,具体的评价时间可以由新合格教师与学校协商决定。评价中所使用的证据必须清楚、透明,并要提供给被评价者所属机构或本人。

二、在岗教师的在职培训

1. 教师在职培训政策

英国中小学教师在职培训的历史可以追溯到 17 世纪末,以"基督知识促进会"组织的新任教师和农村教师的在职培训为发端。[1] 此后,18 世纪末到 19 世纪初,英国教师在职培训又相继出现了"导生制"(Monitorial system)和"见习教师制"(Pupil-teacher apprenticeship)。总体来说,1944 年之前的教师在职培训奠定了英国现代教师教育的基本框架,但规模较小,培训内容比较狭窄,还没有真正进入政府和研究者的视野。

---

〔1〕 杜静.英国教师在职教育的发展与动因研究[M].北京:中国社会科学出版社,2010:24.

第二次世界大战后，英国进行了大刀阔斧的教育改革，至今出台了三项对教师在职培训产生重大影响的政策文本，分别是1944年的《麦克奈尔报告》(全称为《教师和青年领导者的补充、招聘及培训委员会报告》)、1972年的《詹姆斯报告》(全称为《师范教育和师资培训调查委员会报告》)和1998年的《教师：应接变革的挑战》。《麦克奈尔报告》提出一系列旨在提高教学专业地位的建议，呼吁为在职教师提供“充电课程”(refresher courses)，并使他们在任教五年后享有一学期带薪培训的机会。《詹姆斯报告》则堪称“教师教育宪章”，该报告第一次将职前、职后教师教育统合到一个体系中，并强调在职培训的重要性，建议所有教师在每七年的服务期中至少有一学期带薪培训的假期，并尽快提升到每5年一学期。此外，每个学校的教师中都应该有一个“专业导师”，负责协调在职培训和支持新教师计划，充当联系学校与其他从事该项工作的机构的纽带。[1] 《教师：迎接变革的挑战》在继承1972年报告的基础上，进一步推进《詹姆斯报告》提出的三段论，围绕“新专业主义”勾勒出一幅宏伟蓝图，将教师职业生涯具体划分为获得合格教师资格(QTS)、入职培训、申请业绩关口评定(performance threshold assessment)、取得“高级技能教师”资格、成为学校领导(校长)，奠定了新世纪以来英国中小学教师在职培训的政策基础。

在出台推动教师在职培训相关政策的同时，英国政府也不断提供财政支持。1998—2002年间共计投入10亿英镑，2002—2004年又不断增加财政投入，资助教师专业发展。英国政府还设立专项培训资金，激励教师积极参与在职培训，例如“最佳实践研究奖金”(Best Practice Research Scholarships)、“专业奖金计划”(Professional Bursaries Scheme)等。

2. 教师在职培训形式

英国中小学教师在职培训的形式多样、培训主体相对多元。从培训时间和内容来看，有长期培训、短期培训、专题研讨会、示范观摩课等。从培训方式上看，可以面授也可以远程培训。从培训主体上看，有高等教育机构、社会培训机构和中小学校。其中，“校本培训”(school-based teacher training)越来越受到推

〔1〕 瞿葆奎. 英国教育改革[M]. 北京：人民教育出版社，1993：388.

崇,也是历史比较悠久的一种培训方式。校本培训直接指向教育实践中存在的问题以及教师的实践能力,具有较强的针对性。校本培训强调基于教师任职学校的在职教育,以更新教师知识和提升教师能力为目的,一般由中小学、地方教育当局、大学或其他培训机构共同实施。[1]

除了校本培训以外,按照英国政府 1987 年《教师工资待遇法》(*Teacher's Pay and Condition Act*)规定,中小学教师还可以享受每年 5 天的专业发展日,这几天中学生停课放假,教师则在本校参加培训。这是英国政府以法律形式涉足中小学校本培训的开端,激发了后来著名的师资培训"六阶段模式",进一步推动政府引导校本培训的发展,形成英国较具特色的大学与中小学的"伙伴关系"。

3. 教师在职培训内容

鉴于英国中小学教师在职培训的目的,培训的内容比较丰富多样,而且强调实践能力的培养。按教师的水平差异,培训机构将教师进修内容作五种程度划分:为学历不合格或不能胜任本职工作的教师开设的补习课程;为具有 3～5 年教龄的合格教师开设的高级文凭研究课程;为师范院校毕业的新教师开设的教育学士学位课程;为综合大学毕业的中学教师开设的教育硕士学位课程;为帮助各类教师解决教育实际问题开设的短期课程。层次多样、丰富灵活、针对性强的培训内容,能够满足不同"消费者"多样化的需要,给予教师更大的选择空间。此外,针对呼声很高的教师培训过程中理论与实践相脱离、新任教师不能尽快适应教育岗位的事实,近年来英国通过设置相应课程内容并制定严格评估机制等措施,在教师培训中注重教师职业技能和教育胜任能力的提升。[2]

除了上述针对教师水平差异在大学或校外培训机构开设的课程外,校本培训的内容也需要关注。校本培训的内容体现了学校和教师发展的需要,更加注重解决教师在教学过程中遇到的实际问题,因而,培训内容更偏于实用性较强的教育理论、学科教学知识与运用、学校与班级管理、校本课程开发、学生评价等。

---

〔1〕 杜静.英国教师在职教育的发展与动因研究[M].北京:中国社会科学出版社,2010:100.

〔2〕 王颖.近十年来英国中小学教师在职培训的新动向[J].继续教育研究,2008(1):94-95.

第四节 英国中小学教师的退出机制

一、英国中小学教师退出机制的依据

教师退出机制本质上是一种师资队伍优化机制，旨在通过合理有序的方式提升师资队伍的整体素质，应当是教师队伍建设中的一个重要环节。理论上来讲，教师退出机制需要考虑多个方面的问题，包括退出对象的判定、退出程序、申诉等。良好的教师退出机制对于教师来说是一种负向的激励，鞭策教师不断提升教师职业素养。

对于出现严重过失行为的中小学教师，英国备有一套透明、公正的程序进行处理。《2011年教育法》(*The Education Act* 2011)授权教育大臣总体管理教师行为，具体由国家教学与领导学院(NCTL)负责整个退出机制的管理与运行，校长和学校董事会对本校教师能力和行为管理负责。除了教育法的相关规定外，英国政府还出台了多个管理条例，规范教师行为，为教师行为管理提供法律依据，主要包括《教育(学校教师评价)(英格兰)条例2012》《学校教职员(英格兰)条例2009》《学校教职员(英格兰)(修订)条例2012》等。具体到教师行为管理，英国政府专门出台《教师纪律(英格兰)条例2012》(*The Teachers' Disciplinary* (*England*) *Regulations* 2012)，详细规定违规教师的处理办法和流程等。可以看到，英国政府对于违规教师的处理有理有据、小心谨慎。

除了上述有关教师行为的法律法规外，英格兰教师协会也发布有《注册教师行为实践准则》(*Code of Conduct and Practice for Registered Teachers*)，约束在教师协会注册的教师行为，在某种意义上发挥了行业管理的作用。2012年，伴随教师专业标准的改革，英格兰教师协会被撤并，其《注册教师行为准则》也随之被《教师标准》所取代。

二、英国中小学教师退出机制的运作

教师队伍管理是否具有良好的“自洁”功能标志着一国教师管理体制是否健全，而教师的退出机制则指征教师管理的发展水平。如上所述，英国十分重视教师队伍的建设，对教师素质的要求比较高，不但对知识和教学技能提出要求，对教师的职业道德也提出较高的要求，以便保护教师职业的社会地位。不仅如此，英国对于违规教师采取较为严厉的处罚措施，从另一个侧面保护学生，同时维护教师职业地位。

教师退出机制实际上是教师管理中一个重要环节，涉及多个方面。英国政府将教师的违规行为按严重程度区别对待，行为性质最为恶劣的教师会遭到终身禁教的严厉处罚，以警示世人，其处理过程需要 NCTL 甚至警察的参与；而一些比较轻微教师职业行为问题（例如，能力不足的问题），则无需 NCTL 涉入，主要以地方教育当局和学校为主予以解决。对于教师的严重违规行为，英国教育部专门出台文件《教师不端：教师禁教》(2014)(*Teacher Misconduct：the prohibition of Teachers*)，对行为不端教师的处理进行详细说明。英国违规教师检举程序见图 5-2。

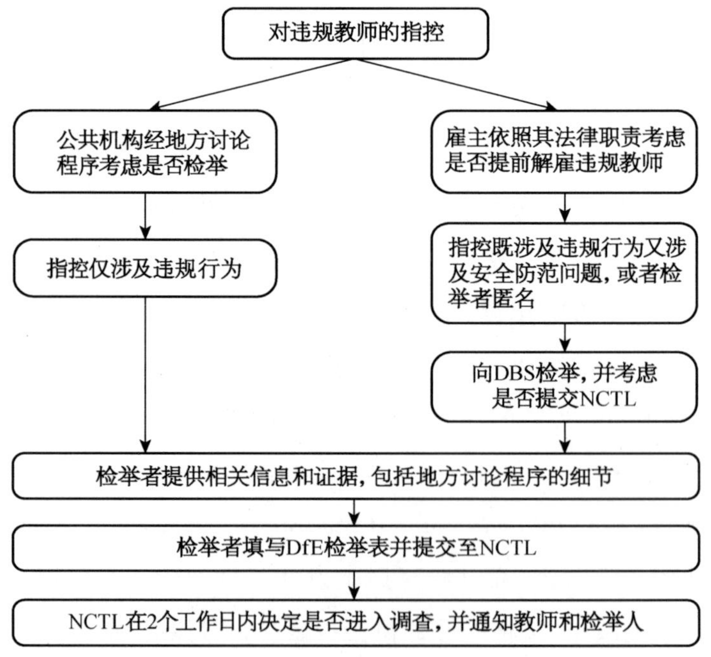

图 5-2 英国违规教师检举程序

1. 禁教令的目的

禁教令(prohibition order)是由英国政府签发,对行为严重违规、甚至违法的教师实行终身不得从事无人监管下的教师职业的一种处罚措施。发放禁令的目的在于保护学生,同时维持教师职业的公信力(public confidence)。尽管禁教令可能会存在处罚性作用,但英国政府认为,不应视为仅仅是为了处罚或者谴责被禁人员,更是为了警醒整个教师全体、维护教师群体的声誉。

每一个禁教令发出后,都会被收录到 NCTL 负责管理的"违禁教师名单"(the Prohibited List),用人学校、地方教育当局、教师提供机构等可以通过网上系统(Employer Access Online System)查询。

2. 禁教令的签发

总体来说,由于禁教令决定一名教师的职业生涯,其签发过程比较谨慎,主要由几个步骤组成,包括初步检举(一般向学校、地方教育委员会等报告)、正式检举(向 NCTL 报告违规教师)、职业行为小组(Professional conduct panel)讨论和建议、NCTL 决定是否签发、被禁教师的申述等。可以看到,从禁教令的提出到最终决定的过程中有多个方面的人员参与其中,例如,NCTL、警察、用人学校等。

(1) 警察:英国警方专门提供一个"披露与排除服务"(Disclosure and Barring Service, DBS)。它是由英国警方提供的档案系统,可以检索从事与儿童有关职业的成人信息,确认其是否有犯罪记录。一般,曾经有人身伤害方面犯罪记录的人员会被禁止从教。但是,DBS 的标准与 NCTL 的标准存在一定的差异,NCTL 的标准相对更为严格,当两者的意见相左时,NCTL 可将其提交职业行为小组(Professional conduct panel)进行二次判定。

(2) 职业行为小组:该小组成员通过公开竞聘任用,共有 3 人,必须要包括 1 名教师或者近五年曾经担任过教师的成员,1 名外行人士,尤其是非教育领域人士。该小组根据前期所收集的证据,分析违规教师案例并作出相应的决策。职业行为小组的判断是依照几个基本标准进行的,前一个标准不满足,则无需讨论是否满足后面的标准,此外,也会有法律顾问提供智力支持。首先,职业行为小组要判断禁令所提供事实的真实性,这一程序与民法案件的程序和标准一致。

其次,判断案件当事人是否存在不可接受的专业行为、是否存在可能将职业卷入纷争的行为(conduct that may bring the profession into disrepute)、是否有相关的犯罪记录。第三,禁教令是否合适,要考虑公众关注点所在,而不仅仅是旨在惩罚。在分析判断的过程中,职业行为小组需要遵循减损原则(mitigation),即如果教师行为不是出于主观故意、教师是否被迫如此行为、教师此前记录良好三个方面的判断标准能够满足的话,职业行为小组可认定禁令建议不合适。

在充分考虑所有证据的基础上,职业行为小组会形成对被指控教师的结论,并向教育大臣提出建议。因此,职业行为小组要总结证据以及做出结论的基本原则。在一般情况下,如果教师出现暴力、造假或严重地不诚实、偷窃、A 级毒品滥用或提供、性行为严重不检点、纵火或其他重大罪行、恐怖主义、查看・制作・处理・传播・发布儿童不雅照片等行为,职业行为小组则可以向教育大臣建议签发禁教令,不给违规教师缓和的余地。

(3) NCTL:其他高级官员收到职业行为小组的签发建议后,NCTL 将尽可能在两个工作日内作出是否签发禁教令的决定。在某些特定情况下,违规教师可以在一定时间过后(通常不少于 2 年)申请对禁教令进行复审,有些情况下还可以申请取消禁教令。复审不同于申诉,其过程主要是考察为何违规教师能够继续从教,而不是最初签发禁教令时的证据,更多地考虑《教师标准》中所提出来的各项要求。在复审的过程中,NCTL 和职业行为小组同时必须要考虑到公众的关注点以及相应适当的措施。

3. 违规教师的申诉

教育大臣正式签发禁教令后,被禁教师如果有疑问,可以在收到禁令的 28 天之内,根据英国民事诉讼程序(the Civil Procedure Rules)第 52 条之规定,向高等法院皇座分庭(the Queen's Bench Division of the High Court)提起申诉。如果高等法院对申诉予以核准,那么申诉则可能会移交教育大臣重新审定。

除上文提到的禁教令外,在违规教师案件尚未完全得出结论之前,若教育大臣认为在公众眼中有必要将违规教师暂时剥离教师工作岗位,则可以考虑签发临时禁教令(interim prohibition order)。临时禁教令的签发无需专业行为小组的讨论和建议,NCTL 高级官员收到对违规教师指控后可以直接考虑签发临时禁令。临时禁令签发后半年以上,违规教师可以向教育大臣提出书面复审要求,同时提供相关证据。与正式的禁教令不同,违规教师无权向高等法院提起申诉,只能申请复审。

高素质教师的培养和训练是教育变革的重要前提和基本保障,教师教育的重要性则更为凸显。英国历来重视中小学教师的培养和教育,早在17世纪末18世纪初,英国就出现了早期的教师训练,主要是由教会团体发起,采取导生制、见习教师制等,尚属于非正规的师范教育。到19世纪初期,英国出现了由私人开办的教师训练机构,在得到地方政府的资助后取得了较快发展,例如1840年由枢密院教育委员会首任主席凯-沙图华兹(James Kay-Shuttleworth)创办的巴特西师范学校(Battersea College for Teachers)。19世纪中期英国大学开始介入师范教育,主要是为中学教师提供短期培训课程。进入20世纪后,在社会公众的压力下,大学开始建立教师培训部,并在英国政府的推动下形成了英国师范教育体系。二战后,英国确立了大学对师范教育的绝对领导权。20世纪70年代初这种大学本位的教师培养模式受到社会的诟病,于是英国开始对教师教师进行调整。80年代出台了一系列法规对教师教育进行改革。改革后的英国教师教师呈现出职前与职后专业标准一体化、大学与中小学合作、师资培训渠道和形式多元化等特征。

为保证教师质量,英国十分重视教师的培养和培训。在培养体系方面,英国确立了明确的培养目标与要求,形成了以大学、学校为培养主体的多样化培养路径,满足不同层次、不同诉求人群的教师培养需要。在教师教育课程方面,英国20世纪80年代中期建立起教师教育审议机构,并颁布了教师教育课程标准,重点关注教师教育课程的设计和管理。在专业标准的建设和教师在职培训方面,英国80年代末建立起教师标准,经过2007年、2012年两次重大修订,形成《教师标准》作为教师资格、教师在职培训的重要参考和依据。在严把教师队伍入口的同时,英国也形成了较为明确的教师退出机制,为合理有序地提升教师整体素质提供了保障。

第六章

英国中小学校的管理

第一节 英国中小学的管理机制

一、学校董事会制度

1. 学校董事会制度的沿革

在英国,中小学校的管理实行学校董事会领导下的校长负责制,该制度起源于《1944 年教育法》的相关规定。学校董事会要在地方教育当局所制定的发展计划、学校性质的规划框架内,管理学校内部的运行。学校董事会制度成立之初,在小学称为管理委员会,在中学则称为董事会。建立这种制度的目的是一方面保证学校独立于教育行政,另一方面又要服从周围社会的合理的统治。[1]

20 世纪六七十年代,英国同其他发达国家一样,经历了学生运动、石油危机等一系列社会动荡,经济发展一蹶不振。社会将矛头指向了综合中学的质量低下,培养出来的人才不能满足社会发展的需要。不仅如此,社会对中小学教师的不满和批判声也日益增多。另一方面,进入 70 年代后,英国中学开始显现出综合化的发展趋势,社区、家长等参与学校管理的要求也愈发高涨,于是英国教育部 1977 年提出《学校新型合作关系》(*A New Partnership for Our Schools*),建议学校董事会由地方教育当局、教职员、家长、社区居民以同等比例共同构成,负责学校的管理。但这一提议直到 1979 年撒切尔夫人上台后才得以实现。

撒切尔执政期间,英国教育管理体制发生了翻天覆地变化,对教育与社会、经济关系的关注超越了以往各届政府。教育领域改革的一个重要关键词就是市场化,在基础教育阶段主要表现为给与学校更大自主权,增强学校之间的竞争,提高学校效能。因此,《1988 年教育改革法》除了推行国家统一课程及相关考试

---

〔1〕 王承绪,顾明远.比较教育[M].3 版.北京:人民教育出版社,274.

之外，还提出要给与家长更大的择校权，同时削减地方教育当局的权限，将财政预算和人事权力移交给各个学校，实行学校地方管理(Local management of schools)。由此，英国教育财政分配体制也要相应地转变为按学生数计算的预算分配方式(the per capita funding)。学校拥有前所未有的自主权的同时，也需要进一步完善内部管理，加强问责(accountability)，学校董事会的作用就凸现出来。1992年教育标准局成立后，开始对公立中小学的管理进行督导，并要求学校根据督导结果制定行动计划。可以看到，在撒切尔时代，学校被赋予不断提高教育质量的任务，因而要不断改善组织管理水平，增强自主性，成为教育改革的基本单位。

布莱尔在执政期间，将教育发展放在重要位置，致力于提高学校质量。在中小学的管理方面，1998年的《学校标准与框架法案》要求所有公立中小学的董事会必须设有家长董事的席位，并进一步要求地方教育当局的教育委员会中也必须设有家长委员的席位。由此可以看到家长参与在英国中小学校管理中的重要地位。进入新世纪后，对学校管理的关注更加深入，校长、中层领导的培养等更加受到重视。通过组建新型学校，给与家长和学生参与学校管理的更多权力，学校董事会的权限也有所扩大，例如，信托学校(trust school)的出现。2003年英国《学校管理条例》(*School Governance Regulations* 2003)进一步细化了对学校董事会的相关要求，统一对小学和中学的要求，取消学生规模限制。

英国政府认为高质量的学校管理对于提升教育质量、学校效能等至关重要，于是将学校董事会定位为非执行性委员会，即主要发挥战略性、监督性功能，并在教育标准局的督导标准中反映出来。当前英国政府对学校董事会的政策更加强调学校管理的“专业化”，因此，从改进信息服务、创设自由空间、吸引高质量学校管理人员、培训和督导等多个方面予以支持。

2. 学校董事会的构成

英国中小学学校董事会的构成(表6-1)有明确的法律依据。2003年英国政府全面调整学校管理相关的管理条例，一改1998年将学校管理的相关内容整合到整个《教育条例》的做法，专门出台了针对中小学校管理的法律条例。条例内容涉及学校董事会的角色、构成、联合管理与合作管理等多个方面的问题，2007年进行了一定的调整。联合政府上台后，又继续对2007年管理条例进行了调整，出台了 2012 年版以及多个修正案，但调整幅度较小，基本延续了此前的法律条例的基本框架。

表 6-1 学校董事会的构成(1998 年)

法定董事类型	中学规模		小学规模	
	600 人以上	600 人以下	100 人以上	100 人以下
家长代表	6 人	5 人	4～5 人	3 人
LEA 代表	5 人	4 人	3～4 人	2 人
教师代表	2 人	2 人	1～2 人	1 人
职员代表	1 人	1 人	1 人	0～1 人
社区代表	5 人	4 人	3～4 人	2 人
赞助董事	无	无	无	无
校长	√	√	√	√

中小学学校董事会成员构成比较多样化，既包括校内成员，也包括校外成员；既包括教育系统内部成员，也包括教育系统外部成员。按照《学校管理(董事会构成)(英格兰)条例 2003》(*School Governance*(*Constitution*)(*England*)*Regulations* 2003)的规定，学校董事(School Governors)可以分为家长董事(parent governors)、教职员董事(staff governors)、地方教育当局董事(LEA governors)、社区董事(community governors)、基金会董事(foundation governors)、伙伴董事(partnership governors)、赞助董事(sponsor governors)、准董事会成员(associate members)。2007 年版条例基本延续了这一分类，而 2012 年版条例则进行来较大的改动，取消基金会董事和伙伴董事，新设增补董事(co-opted governors)。增补董事一般具有较高的经营管理能力，能够促进学校的有效管理。

不同类型的学校，法定所需要包含的董事类型有所差别。2003 年版规定都将学校分为四类分别规定(表 6-2)，2007 年版在此基础上进一步将基金会学校和基金会特殊学校区分为无基金会支持的、有基金会支持但未达到合格基金会学校要求的、合格的基金会学校三类。为进一步赋予学校更大自主权，2012 年版条例大幅缩减了学校分类，仅规定公立学校、基金会和自愿学校两个类别。

2012 年版条例规定，中小学必须设置董事会，学校董事会规模至少 7 人。此前，学校董事会的规模在 9～20 人之间，其中，赞助董事和基金会董事人数不计入。另外,不论校长是否辞去其董事职位,校长必须自动计入教职员董事之内。不同类型学校的董事会构成的相关规定见表 6-2 以及表 6-3。

表 6-2 各类学校董事会的构成(2003 年)

法定董事类型	社区学校、公立幼儿园、公立特殊学校	基金会学校、基金会特殊学校	自愿受控学校	自愿受助学校
家长董事	至少 1/3	至少 1/3	至少 1/3	至少 1 人
教职员董事	至少 2 人,最多不超过 1/3	至少 2 人,最多不超过 1/3	至少 2 人,最多不超过 1/3	至少 2 人,最多不超过 1/3
LEA 董事	1/5	至少 1 人,最多不超过 1/5	至少 1 人,最多不超过 1/5	至少 1 人,最多不超过 1/10
社区董事	1/5	1/10 及以上	1/10 及以上	
基金会董事		至少 2 人,最多不超过 1/4	至少 2 人,最多不超过 1/4	超过以上 3 类董事总人数 2 人;满足家长董事条件,并被委派为基金会董事的人数需占 1/3 及以上;为保证基金会董事占多数,基金会董事任命者可追加 1～2 名基金会董事
伙伴董事		如无基金会,则按基金会董事要求		
赞助董事	至多 2 人	至多 2 人	至多 2 人	至多 2 人

表 6-3 各类学校董事会的构成(2012 年)

法定董事类型	公立学校	基金会和自愿学校附加要求
家长董事	至少 2 人	在满足对公立学校要求的基础上,①基金会学校或特殊学校,若没有基金会支持,董事会必须包括伙伴董事至少 2 人(但不超过总数的 1/4);②有基金会支持但未达到合格要求的基金会学校,董事会必须包括基金会董事至少 2 人(但不超过总数的 45%);③合格基金会学校的董事会,其基金会董事人数要超过其他类型董事的总数 1～2 人;④自愿受助学校董事会中要包括基金会董事,人数要超过其他类型董事的总数 2 人;⑤自愿受控学校董事会中要包括基金会董事至少 2 人(但不得多于总数的 1/4)
校长	1 人	
教职员董事	1 人	
LEA 董事	1 人	
增补董事	增补董事、校长、教职员董事总计不超过董事会总人数的 1/3	

学校董事会成员主要是通过选举和委任两种方式产生。家长董事需由在校生家长选出,教职工董事由除校长外的其他教职工选出,其他类型的董事则由相关责任人(地方教育当局、董事会等)委任。校长自动成为董事会成员,但也可以选择放弃。

董事长从董事会成员中选举产生,一般任期4年,可以连任。校长可以在校长任期内一直担任学校董事。此外,学校董事会可以指定特定类别的学校董事的任期,通常不少于1年。

在英国,担任学校董事是一种志愿者工作,很多董事是以工作之余的时间来参与,因此,对于学校董事来说是增加了工作负担。而且,当前英国政府不断给学校放权的同时,也要求学校董事要具备能够促进学校改善的技能和经验[1],使得英国中小学面临学校董事短缺的问题。

此外,伴随英国教育改革的不断深入,中小学的董事会出现了两类新型的董事会,即合作式董事会(collaboration)和联盟式董事会(federation)。[2] 前者是多所学校的董事会构成合作伙伴关系,每所学校都是一个独立的法人实体,拥有各自的章程,只是在部分问题上通过合作式董事会签署备忘录等方式,实现共赢的目的。相比之下,在联盟式董事会制度下,多所学校共享一个董事会,类似于只有一个法人实体的办学集团,联盟学校的土地和建筑所有权、债权等自联盟成立之日起会过渡到联盟董事会名下,原有学校的董事会随之解散。两种新型的董事会组织形式虽然形态上存在明显差别,但最终目的都是要提高中小学校的管理运营效率,促进学校教育教学质量的提升。

3. 学校董事会的职能

在英国中小学校的管理过程中,学校董事会主要定位为决策机构,把握学校总体的大政方针,其核心功能体现在三个方面:第一,保证学校理念、风气和战略

---

〔1〕 Patrick Howse. School governors should be more business-like. [EB/OL]. [2014-01-13]. http://www.bbc.com/news/education-25713820. [2014-07-02].

〔2〕 针对这两类新型董事会组织方式,英国政府专门出台管理条例加以规范,包括《2003年学校管理(合作式董事会)条例》(*School Governance (Collaboration) Regulations* 2003)、《2007年学校管理(联盟式董事会)条例》(*School Governance (Federation) Regulations* 2003)等。

的方向性；第二，保证校长为学校教育效能和学校负责；第三，监控学校财务管理，并保证教育经费的合理支出。

在这三个核心职能的基础之上，不同类型的公立学校董事会所承担的具体职能，例如招生管理、学校校舍管理、教职员聘用等方面存在一定的差异。总的来看，自愿受助学校、基金会学校、信托学校、学院式或自主学校的董事会职能范围相对较大，具体见表 6-4。

表 6-4 不同类型学校的董事会职能〔1〕

	自愿受控学校	自愿受助学校	社区学校	基金会学校	信托学校	学院式/自主学校
招生管理者	否	是	否	是	是	是
教职员聘用者	否①	是	否	是	是	是
土地和建筑所有者	否②	否③	否	是	是(通常)④	否
财政收入来源	LA	LA	LA	LA	LA	LA
慈善机构资格	独立慈善机构⑤	独立慈善机构	否	独立慈善机构	否	独立慈善机构

注：① 在自愿受控学校和社区学校，学校教职员的聘任主体是地方教育当局，但由学校董事会具体履行雇佣者的职责。
② 通常情况下，在自愿受控学校，慈善基金会拥有部分或全部的土地所有权。
③ 在自愿受助学校，基金会通常拥有土地和建筑的所有权。
④ 有基金会支持的学校，土地和建筑所有权归属基金会；若无，则所有权归属学校董事会。
⑤ 按照英国《2011 年慈善法》规定，独立慈善机构是指在英格兰和威尔士以慈善为目的的机构，可以免除英格兰和威尔士慈善委员会的注册和监督。大多数的独立慈善机构是继续教育和高等教育机构、大学、国家博物馆、社会团体等。

作为学校决策机构的学校董事会，在具体执行和落实学校的方针政策时需要依赖校长以及其他辅助性机构等。因此，在学校运营管理的过程中，需要明确区分学校董事会与校长的职能划分，以免出现内部管理混乱、权责不分明的问题。校长作为主要的学校政策执行者，与学校董事会之间属于一种紧密地合作伙伴关系，接受董事会的监督，负责学校内部组织、提升学校教育水平，但理事会不得干涉校长固有的权限，也不能干涉学校日常运营管理。两者的职能划分主要体现在学校课程、人事、财政三个方面，具体见表 6-5。

〔1〕 Department for Education. Governor's handbook. 2014-05.

表 6-5 学校管理运营方面董事会与校长的职能划分[1]

领域	校　长	学校理事会
学校课程	• 在法令和学校方针的框架内制定学校课程； • 编制、实施学校课程	• 与校长协商，在法令规定的范围内，决定包括性教育在内的广泛而均衡的课程方针； • 保证实施基于包括宗教教育在内的国家课程； • 设定学生的学习成长目标； • 通过监察和校长的报告确认学校的教育成果
人事	• 制定教职员配置计划； • 基于理事会的委任选考教职员； • 维持学校规章，处理教职员的投诉和不满（需按理事会或人事常务委员会的要求报告相关情况）； • 代表理事会与教职员及其团体进行协商	• 决定教职员的规模； • 决定教职员任用的手续； • 选考校长和副校长。其他教职员的选考可以委托给校长； • 依照相关法令，制定任职条件、规章、停职及解雇的手续； • 基于全国教职员薪资表，决定校长和副校长的薪资水平，制定和实施其他教职员薪资方针； • 解雇的决定
财政	• 编制学校预算案； • 执行预算； • 定期向理事会（或者财务常务委员会）报告会计、财务情况	• 对学校预算负有最终责任； • 讨论预算并予以认可； • 监察预算执行情况，并对执行结果进行评价； • 除预算认可外，以上各点均可委任包括校长在内的财务常务委员会执行

4．学校董事会的运行管理

在中小学校的运行管理过程中，学校董事会作为决策机构首先要制定学校管理章程(articles of government)和董事会规程(instrument of government)，为学校内部管理提供制度框架和依据。按照《2013 年学校管理(角色、程序、津贴)(英格兰)条例》[*The School Governance* (*Roles*, *Procedures and Allowances*) (*England*) *Regulations* 2013]的规定，学校董事会可以依据管理需要设立各种委员会，代理学校董事会执行各种职能。需要指出的是学校董事的核心职能是不能通过代理委员会实现，只能将一些相对具体的职能交由相对比较专业的委员会执行。

一般学校董事会下设的委员会数量并不固定，很多学校董事会会设置课程和学生常务委员会、人事常务委员会、基础设施常务委员会、财务常务委员会等 4 个常务委员会来监督、管理学校的具体工作。每个委员会都由学校董事会任命委员会主席和秘书，其中校长不得担任委员会秘书工作。此外，各个委员会还

[1] Departmental Advice on the Roles, Procedures and Allowances Regulations 2013。

可以纳入一定数量的准成员(associate members),但这些准成员没有投票权,其去留均由学校董事会决定。按照法律规定,校长有权出席任何常务委员会的会议和讨论,但是校长需要遵循回避原则,不参加诸如校长薪资和业绩等相关自身利益的讨论。聚焦学校管理某个方面的专题性常务委员会的职责主要是讨论、审议、监控相关领域的重要问题和提案,为董事会做出决策提供服务。

总的来看,英国中小学学校董事会为提升自身管理能力和效果,主要开展以下五个方面的活动(图 6-1),即①全面了解学校发展状况,包括学生情况和教育教学情况;②设定学校发展战略的总体方针的方向,包括学校愿景、价值、理念、治理结构等;③为学校教育教学活动授权,认可重大方案、战略等;④有效管理学校的领导,保证校长等学校领导能够有效促进学校的发展;⑤保持学校董事会自身与学校目的之间的一致性,包括审议董事会的构成、董事的技能等。实现这些

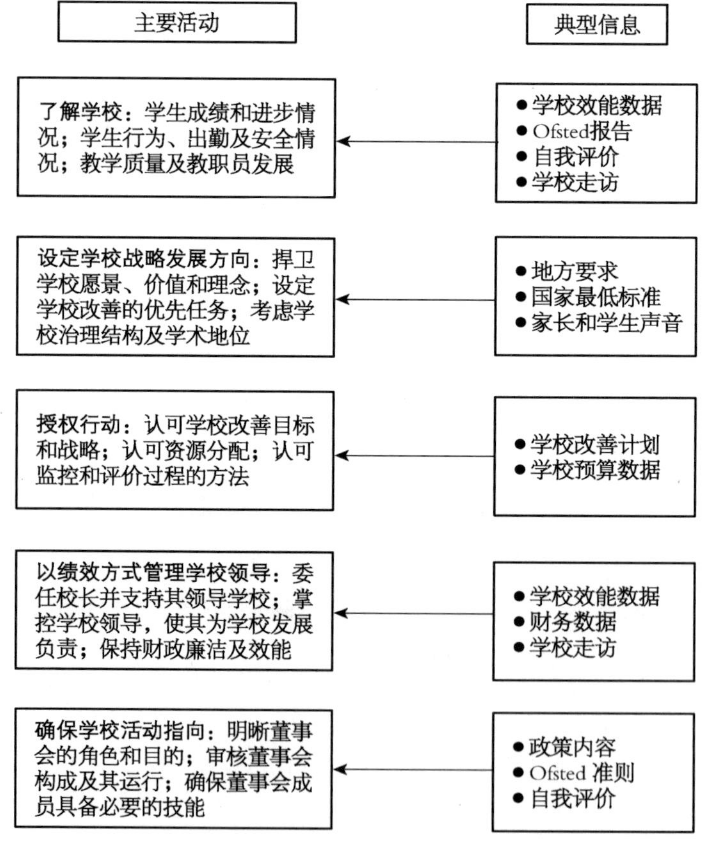

图 6-1　学校董事会的主要活动及其信息来源

活动，学校董事会需要通过内部和外部的多方面信息，包括英国教育部提供的学校效能数据、教育标准局的督导报告、学校自我评价报告、地方和家长的诉求等。

二、中小学校校长专业标准及任用

早在 20 世纪 60 年代一些英国学者就开始呼吁社会和政府重视中小学校长角色定位和校长培训，但直到 1972 年《詹姆斯报告》的发表，英国政府才明确地表达了改革中小学校长的决心〔1〕，此后英国中小学校长职位的要求以及培训制度才逐渐建立起来。在 80 年代中期掀起的教育改革浪潮，对校长专业化的要求逐渐高涨，经过长期的专门讨论，90 年代后期英国颁布了有史以来第一个校长国家标准。进入新世纪后，英国政府基于 1997 年颁布的《校长国家标准》（*National Standards for Headteachers*）实施状况，于 2003 年启动对标准的修订工作，旨在反映候任校长（aspiring headteachers）、在职校长（serving headteachers）及其利益相关者的诉求，把握时代对校长领导力的挑战。〔2〕 可以看到，英国教育改革遵循的是质量标准先行的路径，学校领导和管理被定位为改善学校管理效能的关键性要素。而校长是中小学领导的重中之重，因而 TTA 成立之初便首先着手关于中小学校长的改革计划。联合政府上台后，先后推出了教师标准等多方面的改革，并于 2014 年启动了对 2004 版《校长国家标准》的新一轮修订，重点审议校长的领导职责及其在社会中的角色，旨在更充分地反映现有英国学校系统的多样性。

1. 现行标准的教育理念

目前，英国实行的是 2004 年修订颁布的《校长国家标准》。2004 年修订是在广泛征求业内意见、反映 21 世纪早期对校长专业技能的要求的基础上，分析和反思 1997 年版《校长国家标准》的实施情况后进行的。2004 版标准更加重视校长在学校管理、国家政策落实以及满足学生需求中发挥关键性作用。

2004 年版《校长国家标准》包含三个核心原则，即校长的工作应当以学生学

〔1〕 例如，英国学者泰勒（W. Taylor）在 1968 年发表的文章《培训校长》（*Training the Head*）中，对中小学校长的专业水平提出质疑，呼吁加强校长的培训。具体参见冯大鸣，托姆林森. 21 世纪对校长的新要求——与英国利兹都市大学托姆林森教授的对话[J]. 教学与管理，2010，10：3-6.

〔2〕 张俊华. 透视英国制定和修订《校长国家标准》的教育理念[J]. 复旦教育论坛，2010，8(1)：28-33.

习为中心,重视发挥校长的领导作用,以及体现尽可能高的专业标准。这些标准支撑着校长领导工作的核心目的和关键领域。

《校长国家标准》将中小学校长定位为学校专业化的领导和管理者,校长要通过校长在学校工作各个方面的领导作用,促进学校教育质量的不断提升。校长要能够引领学校文化关注所有学生,促进学生学习质量、公平以及对学生期望的不断提升。鉴于此,校长是学校教师专业人员的"领头羊"。在向学校董事会负责的同时,要对学校发展的愿景、改善方向等具有独到见解。此外,校长工作也不能孤立于教师、家长、社区、地方教育当局、大学等,要能够与其他利益相关者保持合作伙伴关系,从多个方面营造学校发展的良好环境。

2. 现行标准的主要内容

2004年版《校长国家标准》(表6-6)的内容由6个关键领域构成,分别是规划未来(shaping the future)、领导学习和教学(leading learning and teaching)、自我发展和与人合作(developing self and working with others)、管理组织(managing the organization)、承担责任(securing accountability)、加强与社区的联系(strengthening community)。在每个领域下,《校长国家标准》都按照知识要求(knowledge requirements)、专业素质(professional qualities)、实现核心目标所需采取的行动(actions needed to achieve the core purpose)提出具体要求。总的看,《校长国家标准》规定的6个领域共勾勒出各类指标101项,其中,知识类指标49项,专业素质类指标24项,行动类指标28项。如此详细的校长标准不仅为学校的董事会选择和聘任校长提供了可靠依据,同时也为校长的评价提供了基本框架。

表6-6 英国中小学《校长国家标准》框架体系(2004年)[1]

	知识(49项)	专业素质(24项)	行动(28项)
规划未来 13项	了解地方、国家和国家发展趋势;建立、分享和执行共同远景的方法;战略规划过程;校内外沟通策略;新技术及其使用和影响;引领变革、创造和创新	致力于维持指向优秀和平等的合作性学校愿景;设定并实现远大而具有挑战性的目的和具体目标;合理应用新技术;全纳教育,以及所有人最大限度发展的能力和权利	能够进行战略性思考,以令人信服的方式建立和分享连贯统一的愿景;启发、挑战、激励、授权别人推进愿景;塑造学校的价值观和愿景

[1] Department for Education and Skills. National Standards for Headteachers. 2004.

续表

领导学习和教学 22 项	了解提高成绩、实现卓越的策略；校内个性化学习文化的生成；学与教的模式；运用新兴技术支持教与学；有效教学和学习评价的原则；行为和出勤管理模式；确保全纳、多样性、获得性的策略；课程设计与管理；收集和分析数据的工具；利用研究发现充实教与学；监控和评价运行情况；学校自我评价；培养有效教师的策略	致力于在追求卓越的过程中提升全体师生的水平；促进学校全体成员持续不断地学习；让所有学生享受有效的教与学；创造学习上的选择性和灵活性，以满足每个学生个性化的学习需求	能够展现出个人对学习过程的热爱和投入；展现出有效教与学的原则和实践；获取、分析和解释相关信息；发起、支持并讨论有效教与学的相关研究，谋划提升效能的相关策略；在全校认可卓越成绩、挑战不佳的表现
自我发展和与人合作 15 项	了解人际关系、成人学习和继续专业发展(CPD)模式；提升个人和团队发展的策略；建设和维持学习型社区；绩效管理、CPD 和学校持续改善之间关系；组织和个人变化所带来的影响	致力于构架有效工作关系；发展共享领导(shared leadership)的方式；开展有效的团队工作；持续开展个人和校内其他人的专业发展	能够培养开放、公正、公平的文化氛围并解决好各类冲突；发展、授权和维持个人与团队；与校内外的其他人合作并建立工作关系；挑战、影响和激励他人达成更高的目标；给出和收取有效的反馈，并采取行动改进个人效能；接受包括同事、理事和地方教育当局在内的他人的支持
管理组织 23 项	了解组织的模式以及组织发展的规律；自我评价的原理和模式；“赢得的自治权”(earned autonomy)的原理和实践；学校改善的原理和策略；规划和实施变革的项目管理；通过磋商和审议的方式制定政策；知情决策；战略性财政规划、预算管理及最优价值原则；绩效管理；关于学校设施多样化使用的人事、管理、安保和准入问题等；学校管理的相关法律问题，包括机会均等、种族关系、残疾、人权和雇佣关系等；运用新兴技术，提高组织的有效性	致力于分配领导权和管理权；公平地管理教职员和学校资源；保持个人和全体教职员的动机；建设和保持安全、安心、健康的学校环境；与他人合作，以提升学校组织能力并为其他学校的能力提升做出贡献	能够建立和保持合理的结构和体系；有效用、有效率地对学校进行日常管理；委派管理任务并监控其执行；对自己和他人划分优先顺序、规划和组织；在明智判断的基础上做出专业发展、管理和组织相关的决策；批判性思考，以预料和解决问题

续表

履行责任 13 项	了解包括管理在内的法定教育框架;包括自我评价和多机构工作在内的公共服务政策和责任框架;教育对建设、提升、维护社会公正、公平的贡献;运用包括效能数据在内的相关证据,支持、监控、评价、改善学校生活的各个方面;质量保证体系的原理和实践,包括学校检视、自我评价和绩效管理;在学校效能的成功及其庆祝中,利益相关者和社区的参与及其责任	致力于学校自我评价的原则和实践;带领学校有效用、有效率地工作,努力使其所有的学生在学术、精神、道德、社会、情感和文化方面不断成长;履行个人、团队和整个学校对学生学习成就的责任	能够展现出政治见解、预料发展趋势;让学校共同体参与到系统谨慎的学校工作自我评价中;收集、运用丰富的数据,以了解学校的优势和弱势;以学校发展为目的,将日常学校自我检视结果与外部评价结合起来
加强与社区的联系 15 项	了解影响学校共同体的当前问题和未来趋势;本地社区所拥有的丰富而多样的人、物资源;超越学校范围更为宽广的课程,以及其对学生和学校共同体的开放程度;学校、家庭、社区和事业伙伴关系的模式;其他机构的工作及与其合作的机会;鼓励家长和监护人支持其孩子学习的策略;其他学校的优势、能力和目标	致力于与校内人员、校外伙伴开展有效团队工作;为了所有学生及其家庭的福利,与其他机构合作;让家长和社区参与到对儿童学习的支持、对学校愿景的界定和实践;与其他学校合作并建立工作关系,以改善成果	能够认可学校社团的丰富性和多样性,并将其纳入考虑范畴;通过对话形成在价值观、信仰和共同责任方面的共识;倾听、反思社区反馈并采取行动;与家长、监护人、合作者和社区建立并维持有效的合作关系,以提升所有学生的教育

可以看到,英国中小学《校长国家标准》强调校长作为“教学领导者”的角色,其工作是服务于为学生提供高质量教育的。基于对校长的基本定位,《校长国家标准》从多个方面详细规定校长的职责,包括校长的知识、个人能力、处事方式、技能、态度等。《校长国家标准》中所规定的指标之间并不是完全孤立的,而是相互联系、相互作用的,只是在特定领域更加突出某项而已。如此细致的校长标准对英国学校领导层和校长的专业发展等发挥了重要作用。

首先,校长标准明确规定了学校“领头羊”的职责和技能要求,为校长的培养和任用提供了明确的标准,在一定程度上完善了英国中小学校长补充机制,改变了过去校长选任没有明确要求的状况。同时,也反映出政府在保证校长质量方面的责任。

其次,明晰的校长标准也为校长评价和专业发展提供了依据。伴随校长标准的出台,英国正式建立起校长国家专业资格(the National Professional Qualification for Headship, NPQH)制度,提升校长的专业化水平。

第三,校长标准的内容十分强调教育教学实践能力和技能,这为普通教师成长为优秀学校领导,乃至校长开辟了一条可能的通道。除实践技能外,标准中还多次提及共同治理,表明中小学校长需要更加关注校内民主、转变学校领导方式。

3. 中小学校长的资格与任用

目前,英国已经建立起相对比较完备的中小学校各级领导人员的培训制度。校长作为学校的重要领导者,是领导者培训中的重要内容。1997 年英国政府颁布校长国家专业资格(NPQH),标志英国的校长培训开始走向体系化、制度化,并先后针对新晋校长和在职校长分别实施专项培训,即新晋校长领导与管理项目(Headteacher Leadership and Manage Program)和在职校长领导项目(Leadership Programme for Serving Headteachers)。2001 年,英国教育与技能部(DfES)组建国家学校领导学院(National College for School Leadership, NCSL),进一步推进校长培训体制、机制的完善。2003 年 NCSL 将原有的新晋校长培训项目改革为校长入职项目(Headteacher Induction Programme, HIP),旨在为新任校长提供相应的入门辅导和培训等,增强了针对性。通过一系列的培训课程取得校长国家专业资格后,才可以踏上校长职业之路。按照《2002 年教育法》的规定,NPQH 资格是所有校长上岗的法定必备条件。

NPQH 资格培训需要提前 12～18 个月申请,学习 6～18 个月,在此期间,受训者需要在自己所就职学校以外的中小学担任 9 天以上的工作,完成 3 个基础模块和 2 个继续学习模块内容的学习(表 6-7),每个模块要完成 50 个学时左右,并接受终期评定。受训者可以控制学习的进程和学习内容的重点。

顺利拿到 NPQH 资格后的人员可以参加校长招聘。中小学校长的选择和任用主要由学校董事会决定,一般需要遵循七个重要步骤,包括聘任准备(parepration)、需求界定(definition)、广告阶段(attraction)、选择阶段(selection)、任命(appointment)、入职试用(induction)、评价(evaluation)。[1] 每个步骤的活动内容和要求各有侧重。其中,需求界定为关键的环节。

表 6-7 英国 NPQH 资格培训模块内容[2]

模块	名称	主要内容
基础模块	领导和改善教学	主要学习如何开发、改善和维持高质量的教学,包括校长的角色、Ofsted 督导框架、高标准行为要求、课堂管理、教学的监控・评价・改善、教师评价、如何与学生和家长打交道等
	领导有效的学校	主要学习有效学校管理的重要因素,包括主要的管理过程、董事会及校长权责、效能和专业发展管理、违规行为和不满的管理、行为管理、战略财务规划与运营预算管理、人力资源相关法律、学校的健康与安全、儿童保护等
	胜任校长工作	主要学习校长工作和管理的重要法律和责任,以成功校长实务为重点,包括 Ofsted 督导框架中非教学内容、如何建立校长威信、如何管理时间、高效国际体系下的有效领导、主要的管理工具、有效推行变革
进阶模块	从下列模块中选择 2 个:缩小差距、课程开发、自由与限制、引领改善、引领全纳、成就每个人、领导教职员和有效团队、关系与声誉、通过有效伙伴关系改进学校、利用数据和证据改善效能	

在准备阶段,学校董事会决定聘用新校长后,要组建 3～8 人的委员会(以 5 人为最佳),明确各委员的分工。确定招聘的时间。确保人力资源、教育、管理专家对整个招聘过程的支持。

在需求界定阶段,学校董事会要明确学校发展的需求、校长岗位的职能要求、薪资待遇等,并通过"岗位描述"明确岗位工作内容、目的、主要责任、能力要求、效能标准等关键内容;通过"应聘要求"明确对应聘者知识、技能、经验、能力、个人品质等的要求。如果校长招聘的需求没有界定清楚或者需求界定存在偏差,学校未来的发展与改进则可能会受到重创。

在广告阶段,通过各种途径发布校长招聘信息,吸引应聘者。当前英国校长招聘市场竞争性较强,好校长供不应求,因此,农村偏远地区学校、少数民族学校

---

〔1〕 NCSL, NGA. A guide to recruiting and selecting a new headteacher. [EB/OL]. [2014-07-08]. http://www.nga.org.uk/getattachment/Resources/Useful-Documents/A-Guide-to-Recruiting-and-Selecting-a-New-Headteac/PB1045-a-guide-to-selecting-new-heads—FINAL-200812.pdf.aspx.

〔2〕 根据英国教育部网站 NPQH 相关说明内容编译整理。

的校长招聘相对较难。在发布招聘信息时，学校要重点介绍应聘者所看重的内容，提升招聘广告的效用。

在选择阶段，校长聘任委员会应首先根据收到的应聘材料和应聘要求进行初选，再对通过初选的应聘者进行面试、选择。面试的内容可以多样组合，例如口头展示、角色扮演、领导集会、试讲、心理测试、小组面试等。

校长聘任委员会通过面试确定校长意向后，要与学校董事会的全体成员会面，并得到董事会对校长人选的认可。随后，便可发出应聘结果的通知。

入职试用自应聘者被委任为新校长之日开始算起。学校董事会有责任支持新校长的发展，帮助其顺利进入校长角色。入职试用通常没有固定结构，但可以通过国家和地方的一些项目获得专业支持。

面试结束后，无论校长聘任委员会是否找到合适的人选，都要对整个招聘过程进行评价，其目的在于找出招聘过程需要改进的地方，或者总结宝贵经验。

第二节　英国中小学管理的内容

一、中小学教师的岗位管理与评价

1. 中小学教师岗位设置

在英国，中小学校教职员的聘用权根据学校类型的不同，或是掌握在地方教育当局，或是在学校董事会手中。对于大部分的公立学校(主要是社区学校等)来说，《2009 年学校教职员(英格兰)条例》(*the School Staffing (England) Regulations* 2009)提供了主要的教师聘用法律依据。聘用后的教师管理则主要由中央(教育大臣)、地方教育当局和学校三个层面的相关人员共同管理，三者分工明晰。按照《2011 年教育法》(*the Education Act* 2011)的规定，英格兰教师协会(GTCE)从 2012 年起不再管理教师职业，其相应的管理职能转到教育大臣身上，具体事物则由国家教学与领导学院(NCTL)代表教育大臣执行。在新教师管理框架下，教育大臣负责严重违规(serious misconduct)教师的处理；情节较轻的违规教师、教师能力不足的问题则由地方相关部门管理和解决。在学校的层面，则要考虑是否根据教师的表现上报。

在中小学教师岗位管理方面，英国教师分为一线教师和学校领导两种岗位，每种岗位又划分为多个岗级，岗级职责明确。教师岗位的设置没有严格的编制限制，根据实际教育需求确定教师岗位，岗位设置相对比较灵活。

按照2012年最新修订的《学校教师薪资与条件条例》(*School Teachers' Pay and Conditions Document* 2012)的规定，教师用人方要按照要求制定教师工资政策及申诉机制。通常一线教师分为普通教师(main scale teacher)、经验教师(post-threshold teacher)、优秀教师(excellent teacher)、高级技能教师(advanced skills teacher)、无资格教师(unqualified teacher)，其中，经验教师、优秀教师和高级技能教师可以担任学校领导。学校领导岗位按照级别大致分为中层领导、高层领导和校长岗位，其中，校长岗位又具体分为助理校长(assistant head teacher)、副校长(deputy head teacher)和校长(head teacher)三个级别。在各类岗位上，校长和教师各自拥有不同程度和内容的自主权(表6-8)。

表6-8 英国中小学教师岗位主要职责[1]

岗位名称	岗位职责
普通教师	教学；参与学校的管理、制定规划；保障学生健康与安全，维持良好的纪律；参与教师、教辅人员及其他资源的开发与配置；促进自身的专业发展；与学生、家长及监护人保持良好的沟通；与同事、校内外教育专家共同工作且保持良好的合作关系
经验教师	与普通教师大致相同
优秀教师	继续保持较高的专业水平；通过自身的专业知识和专业技能为其他教师树立典范；在提高全校教师教学水平上发挥独特的功能；完成校长委派的各项任务；参与辅导和指导教师，包括实习教师和新任合格教师；通过示范课和课堂观察，帮助其他教师完善教学设计、教学评估和教学效果评价方面的专业知识及实践技能，帮助有困难的教师走出困境
高级技能教师	与其他教师共同研究班级管理和教学方法，并提供教学示例；传播基于教育研究的先进经验；制作高质量的教学教材；为教师的专业发展提供建议；参与对其他教师的绩效管理；帮助其他教师克服教学困难；指导新任合格教师；培训实习教师；完成扩展性服务

[1] 《学校教师薪资与条件条例》(*School Teachers' Pay and Conditions Document* 2012)。

续表

助理校长	履行教师的基本职责;在校长确定的总方向下,制定学校的长期目标和短期目标,制定政策、管理教职员工和教育教学资源、监控学校发展的进度;完成校长委派的合理任务
副校长	在校长缺席学校相关活动时,应在校长或上级管理者授权的范围内承担校长的专业职责;其他职责与助理校长的岗位职责大致相同
校长	负责学校的组织、战略与发展;领导与管理教学;教学;负责师生的健康、安全和纪律;管理教职工和其他资源;促进教职工的专业发展;晋升经验教师的评估;高级技能教师和卓越教师晋升评估;与董事会、教职工、学生、家长等进行沟通;与同事和其他专业人员建立合作工作关系

2. 岗位晋升与教师评价

英国中小学教师岗位的晋升主要是根据教师专业标准和各级岗位的专业要求等,通过校长负责的校内岗位晋升评价来实现。除了岗位晋升评价外,学校每年会对教师实行评价,决定教师的薪资级别。

英国中小学教师评价制度发端于 20 世纪 70 年代,经过了从奖惩性评价到发展性评价,再到绩效评价的发展历程。1983 年教育白皮书《教育质量》提出教师工资、晋升与其成就之间的联系问题;1985 年的白皮书《把学校办得更好》进一步强调管理教师"表现和绩效"的重要性,推动评价模式向发展性评价靠拢。进入 90 年代后,发展性教师评价在实施过程中暴露出来的问题,例如评价指标的模糊性、奖惩措施缺乏刚性等,评价的预期效果没有充分实现。于是,1998 年英国政府提出了将绩效与薪资挂钩的 PRP(Performance Related Pay)教师评价制度,进入新世纪后开始正式实施。教师评价在英国全国范围内已经成为一项日常性、系统性的工作,其结果是教师加薪、增加津贴、解聘和升降级等的重要依据。

目前,英国对中小学教师实行绩效管理,将教师评价结果与工资收入挂钩。按照《2012 年教育(学校教师评价)(英格兰)条例》(*The Education* (*School Teachers' Appraisal*)(*England*) *Regulations* 2012)的规定,董事会负责对校长的评价,校长则负责对学校其他教师进行评价,地方教育委员会负责独立教师(unattached teachers)的评价。董事会要制定本校的教师评价政策,此外,在评价校长时,要聘请校外专家,寻求关于校长评价的专业支持。评价结束后,董事会或校长等要向受评教师提供书面评价报告。可以看到,英国中小学的教师评价是在国家法定框架下、根据各校具体情况制定实施、具有一定灵活性的评价制度,在学校中的实施状况并不是千校一面。

二、中小学校的学生管理

英国中小学校的学生管理是学校管理的重要内容,包括招生管理、日常行为管理、缺席和违纪等。学校董事会、校长和教师在学生管理的不同侧面相互协作,共同促进学生身心的健康发展。总的来说,董事会主要是确保学校的各项管理制度建设,例如学生纪律与行为守则等,校长和教师主要负责具体执行。

1. 招生管理

按照相关法律条例的规定,英国不同类型的学校招生管理方式有所不同。对于社区学校和自愿受控学校来说,招生责任主体(admission authorities)是地方教育当局,其他类型的学校则是由董事会(或者相当于董事会职能的学院式学校受托机构,即 academy trust)负责。在这样的招生管理体制下,自愿受助学校、基金会学校或学院式学校的董事会需要充分理解并发挥其在招生管理方面的职责。

招生责任主体的主要责任包括设定公平、透明的招生政策,根据教育部的招生准则作出招生决策、回应招生申诉等问题。英国教育部根据《2012 年学校招生(招生安排及其协调)(英格兰)条例》(*the School Admissions* (*Admissions Arrangement and Co-ordination of Admission Arrangements*) (*England*) *Regulations* 2012)和《2012 年学校招生(申诉制度)(英格兰)条例》(*the School Admissions*(*Appeal Arrangements*)(*England*)*Regulations* 2012)制定颁布实施了新版的《学校招生准则》(*School Admissions Code*)和《学校招生申诉准则》(*School Admissions Appeals Code*),规定招生责任主体必须每年制定招生政策,通报地方教育当局并在其主页上向社会公开。招生政策中必须要明确招生名额和招生标准,如果公立学校或者自愿受控学校对地方教育当局规定的招生名额有疑义,学校董事会可以向仲裁机构提出。另一方面,如果学校招生名额未满,招生责任主体不得拒绝招生。

在招生信息公开方面,英国中小学必须在学校网站上公开学校接收弱势儿童所获得的经费总额及其使用情况、详细的课程说明、招生标准、行为规范准则、特殊教育需求准则、Ofsted 督导报告链接、绩效数据链接、关键学段 2 和关键学校 4 最新的达成度情况等相关信息。

在招生标准方面,每所学校都有权决定本校的招生条件,自主决定招生偏好。学校可以给与特定人群优惠待遇,例如已有兄弟姐妹就读本校的学生、住得离学校较近的学生、拥有特定宗教信仰的学生、在入学考试中成绩优异的学生、毕业于特定小学的学生、需要护理或被照料的学生等。

2. 学生日常行为管理

在中小学生日常行为管理方面,学校董事会、教师需要按照国家的相关法律条例规定实施对学生日常行为的管理。《2006 年教育与督导法案》对学校让学生留校、没收违规物品作出具体规定,同时规定教师运用合理力量控制或限制学生的法定权力。此外,为改善英国中小学学生行为,2010 年教育白皮书《教学的重要性》(*the Importance of Teaching*)中提出在维持学校纪律方面赋予教师更大的权力,包括增强搜查学生的权力、明确教师拥有使用合理力量的权力、为教师提供防止和处理欺辱问题的简便建议等。基于此,2011 年英国教育部出台了简化指南,对教师、校长和学校董事会的角色和职能进行来详细规定。《1996 年教育法》和《2012 年学校(具体要求及条款处理)条例》(*Schools (specification and Disposal of Articles) Regulations* 2012)赋予了教师未经学生同意对其进行搜查以寻找违禁物品[1]的权力。

按照英国相关教育法律法规的规定,每个学校的董事会必须确保该校有明确的学生行为规范准则,以便促进学生行为和纪律的改进。董事会要制定并定期修订学校纪律的基本原则,指导校长制定具体办法和措施。在制定行为规范准则时,校长必须要决定预期的学生行为标准、学校规则以及违反规则的惩罚措施等。制定好行为规范准则后,校长至少每年要向教职员、家长和学生开展宣传

〔1〕违禁物品主要是指刀具和武器、酒类、非法药品、偷窃的物品、烟草和卷烟纸、烟火、黄色影像、任何有可能伤人伤物的物品、任何学校规则禁止的物品等。

工作,并将其公布在学校网站上,采取适当的方式让各方充分了解。除了学生行为规范准则外,对于严重违纪的学生,学校可以根据情节严重程度采取相应的措施,最严重的情况下学校可以在经过多方审议的基础上开除违纪学生。

在具体的学生日常行为管理过程中,教师是法定管理者,有权对行为恶劣、违反学校规则、不听从指导的学生进行管理,但不得进行体罚。教师对学生纪律的管理不仅限于校园之内,在教师主导的校外活动过程中也要管理,可以让学生放学后留校或者没收学生物品。无论教师对学生采取何种惩戒措施,都需要满足三个基本条件以保证惩戒措施的恰当性,即惩戒学生的决定是学校所聘教职员做出的,该决定及惩戒措施本身必须是基于学校规则或者学生在教职员的管辖之下,不得违反其他法律法规并在任何情况下都是合理的。校长可以限制或扩大特定教职员或相关人员的管理权限,例如赋予志愿辅助学校活动的家长以学生行为管理权等。

对于严重违纪的学生,学校有权予以开除(excluding pupils),但程序比较复杂,需要校长谨慎决定,董事会及地方教育当局审定。英国政府《2012 年学校纪律(学生开除及其审定)(英格兰)》(*School Discipline* (*Pupil Exclusions and Reviews*)(*England*) *Regulations* 2012)详细规定了开除学生的关键问题。决定开除违纪学生后,校长必须要通知相关人员、董事会和地方教育当局。按照学生违纪程度,开除可以分为两类,一类是临时开除,每学年合计不超过 45 天,可以一次或多次实施;另一类是永久开除。校长可以撤销学校董事会还没有审定的开除决定。关于被开除学生的教育问题,董事会或地方教育当局有责任为临时开除 5 天以上的学生提供全天教育;地方教育当局有责任为永久开除的学生提供全天教育服务。

3. 出勤管理

在各种学生行为中,出勤(school attendance)是重要的内容,也是日常行为管理比较关注的内容,涉及地方教育委员会、学校、家长等,关乎义务教育的普及和教育质量的保证等重大问题。因此,单独加以评介。英国教育部认为良好的出勤情况是保证教育水准的核心措施,缺勤会导致学生更容易陷入失败的困境,中小学阶段出勤率较低的学生往往成绩也相对较低。基于这样的认识,英国政府专门在《1996 年教育法》《2006 年教育(学生注册)(英格兰)条例》及其修正案中,规定了地方教育当局、校长、教职员、董事会、学生和家长在促进学生出勤方面的责任和义务。

英国教育部专门对中小学生出勤情况进行调查,每年分 4 次公布调查结果。从 2013—2014 年度的统计数据看,英国中小学的总体缺勤率有所降低,从近五年情况看长期缺勤率(persistent absentee rates)继续降低。总体来看,2013—2014 年度中小学评价有 4.5%的学生缺勤,其中,3.5%经过学校允许,1.1%未经过允许。在缺勤学生中,14.0%缺勤 5 天及以下,5~10 天占 22.7%, 10.5~15 天占 19.2%。[1] 另外,有几类学生的缺勤率高于全国平均水平,包括享受免费校餐的学生、有特殊教育需求的学生、高年级学生、部分少数民族学生、教育发展相对落后的地区的学生。为提高中小学生的出勤率,英国政府 2010 年以来采取了多项改革措施,例如编制学校出勤指南、严格假期管理、提高惩罚力度等。

为管理中小学生的出勤,英国政府规定学生必须在入学时注册,学校必须在每个学期伊始组织学生进行出勤注册,确认学生是否出勤并按规定参加教育活动等。如有学生缺勤,学校就要弄清楚是什么原因致使学生缺勤,保证采取适当的安保措施,明确缺勤是否得到许可,根据缺勤情况进行记录。针对不同的缺勤情况,义务教育学校有权对家长开罚单,以便促进家长承担起敦促学生按时上学。按照相关法规的规定,学校可以向未经学校许可缺席的学生家长开罚单,最高 60 英镑,如果 7 天之内没有及时缴纳则会提高到 120 英镑。调查显示,英国不同地区的学校领导对缺席处罚政策的执行明显不同,东中部地区(the east Midlands)调查中 44%的学校领导给家长开过此类罚单,而伦敦地区这一比例仅有 5%。[2]

---

〔1〕 Pupil absence in schools in England: 2013 to 2014. [EB/OL]. [2015-05-20]. http://www.gov.uk/government/uploads/system/uploads/attachment_data/file/416343/SFR10_2015_text.pdf.

〔2〕 Richard Adams. Quarter of primary schools have fined parents for term-time holidays, survey says. [EB/OL]. [2013-11-29]. http://www.theguardian.com/education/2013/nov/29/primary-schools-parents-fined-term-time-holidays.

三、中小学校的课程管理

前文已经提到，英国基础教育课程管理权在战后经历了从教师集中到中央、再逐渐向教师回归的发展过程。20 世纪 80 年代之前，英国政府对学校课程的干涉相对较少，认为学校课程是教师的职责。国家统一课程的出台，强化了中央政府在教育课程管理中的作用，并要求学校自主开发的课程要符合国家需求。通过这样的改革，教师的课程自主权大大降低，逐渐向国家课程贯彻者靠近。进入新世纪后英国教育体制改革继续深入，出现了独立于地方教育当局的直接拨款学校、自主学校、学院式学校等新型学校，这些学校拥有在国家体系框架下自主开发和管理课程的权力。这种发展动向可以说是课程管理权在修订国家课程的过程中在一定程度上向学校和教师回归。总体来看，英国中小学校课程管理仍属于地方分权的模式，但呈现出一定的中央集权特征。

在具体的课程管理中，学校在遵循国家统一课程相关要求的基础上，自主管理各自学校的课程。管理责任由学校董事会、校长、教师等分担，部分情况下可能会涉及到地方教育当局，具体责任如下。

(1) 学校董事会：确保学校为学生提供充足的教学时间，保证覆盖国家课程和其他法定要求；确保相关评价的执行；确保所有面向 19 岁以下学生的课程通往 GCSE 和 A level 考试。

(2) 校长：根据国家法定的课程管理框架和地方教育教育当局的要求，规划、设计学校课程，包括课程目标、学科设置、课时分配等；领导学校中层和高层领导，组织各学科编制学科设计计划，并予以协调以使之与学校课程总体设计一致。

(3) 教师：主要负责在学校课程计划的基础上，具体安排授课。按照学校课程计划中所规定的目标、活动和评价方法等开展教学、评价学生发展状况等。

另外，每个学校在编制课程时，都会制定本校的课程政策说明(curriculum policy statement)，明确规定学校课程理念与原则、课程目标、国家课程、课程监控等相关要素。同时，明确校长和教师在学校课程的编制和执行中的具体职责，为学校课程的总体控制提供依据。

四、中小学校的财务管理

在英国,不同类型的学校财务管理方式有所差异。公立中小学的教育经费主要来源于地方教育当局。在提供教育经费的过程中,地方教育当局必须制定教育经费计划(scheme for financing schools),向社会公开相关信息,并委托外部机构对经费使用情况进行审计。基金会学校、自愿受助学校和自愿受控学校由于与慈善机构或基金会等存在一定的联系,因此在满足地方教育当局对学校财务管理要求的基础上,也要满足基金会的要求。除地方教育当局划拨的教育经费外,学校还可以通过其他方式筹集学校教育经费,例如向家长和企业等募捐、出租学校资产、承担其他收益性活动等。但是,需要注意的是,来自政府的教育经费不得用于许可范围之外的活动。

地方教育当局在制定和修订本地区内的教育经费计划时,必须要征求区内每所学校的董事会和校长的意见。该经费计划需要明确规定对教育经费进行有效管理、确保经费使用效率、向地方教育当局提供学校财务信息的基本步骤。在该经费管理框架下,学校董事会可以在三个方面支配使用经费,即为促进学校发展、为其他学校学生的发展、向社区提供设施和服务。为提高学校董事会、校长、地方教育当局和其他教育机构的透明性和责任,学校财务的相关信息要向家长、学生和教育部大臣及其他各方公布。

在具体落实和使用地方教育当局的教育经费时,学校董事会每年要审核学校的预算,并向学校财务管理负责。通常董事会专门设立一个学校财务专门委员会,来管理学校财务,一方面可以保留董事会的决策监管权,另一方面也赋予校长管理日常经费支出的权力。在管理过程当中,学校董事会要保证学校的会计记录清楚准确;按照地方教育当局的要求管理学校的支出和预算;决定在使用预算方面校长赋权的范畴;制定本校教职员补充和薪资政策;确保政府预算不被无端用于董事、雇员或其他相关人员个人;保证学校资产不受损失。

每年学校要填写学校财务效率表(the Schools Financial Value Standard, SFVS),辅助学校财务管理,促进经费效率的跟踪记录。该表需要提交给地方教育当局财务处,并得到审核。除该表外,学校董事会可以借助其他工具促进学校资源效率的提高,这些工具包括国家教学与领导学院(NCTL)组织的董事研修、学校财务参考基准(schools financial benchmarking)、合理采购、聘用学校管理专员、与其他机构合作等。

在学校设施设备方面,按照校舍、维护费、改扩建基础需求费、小型设备采购费用等,学校需要分别按照不同的规定进行具体操作。总的来看,基本上是教育部根据各类标准或经验模型提供分配方式、搭建制度框架,由地方教育当局和学校自主决定。例如,校舍建设方面,学校需要按照《2010年建筑条例》(*the Building Regulations* 2010)标准设计和建设校舍。校舍建设首先要确保安全及校舍内外和周边人员的健康。

学院式学校是一种比较特殊的公立学校。此类学校享有财政管理的自主权,但同时每年也必须提交审计报告和财务报表(financial statement)。学院式学校财务管理的特点包括以下几点:必须委任高级主管为会计官,全面负责公共经费的管理;收入超过1 000万英镑或固定资产3 000万英镑以上的学院式学校要按要求设立审计委员会;需每年依照慈善目标核定收支预算;自行组织学校审计等。

第三节 英国中小学管理中的社会参与

一、社会参与学校管理的机制

学校管理的社会参与是指学生家长、社会公众和社团组织,为了改进学校的管理工作、提高学校的服务效能,通过一定的途径和方式介入学校的计划、组织、控制等活动。社会力量可以通过两种方式参与学校管理或董事会:一是个别化的方式,即以单独的个人或机构的名义参与学校管理;二是组织化的方式,即参与者组成一个整体,以组织的形式与校方发生关系。[1] 英国中小学校管理过

[1] 郭继东.国外学校管理中的社会参与[J].上海教育,2000(10):62-64.

程中既存在个别化的参与方式也存在组织化的参与方式,并通过政策保障等手段形成了社会参与学校管理的有效机制。

从20世纪80年代开始,英国开始尝试赋予家长择校的权利[1],这可以看作是家长间接参与学校管理的制度化开端。《1988年教育改革法》刷新了对学校董事会构成和职责的规定,增加了家长和地方商业利益集团的代表。同时,相关法律还鼓励学校董事会的核心成员吸纳来自社区、可能对学校有贡献的人士进入董事会,直接参与中小学的管理。进入新世纪后,学校管理专业化水平不断提高,英国政府尤其重视吸收具备专业技能的学校董事,以提高学校管理的效用和效率。90年代末期以来,英国先后多次调整学校管理的相关法律法规,例如《1998年学校标准和框架法》《2003年学校管理条例》及2007年、2012年修订版等。1998年的《学校标准与框架法》要求所有公立中小学的董事会必须设有家长董事和社区董事的席位,并进一步要求地方教育当局的教育委员会中也必须设有家长委员的席位。例如,《1998年教育条例》规定600人以上的中学董事会中,必须包括家长董事6人、社区董事5人。2003年的管理条例在此基础上淡化了对学校规模的要求,同时放宽了对学校董事会各类董事的人数限制;2012年条例则进一步淡化了对学校类型的限制。这一系列的放权表明英国政府对学校内部具体运营管理的干预在不断减弱,而且对学校管理的专业化提出更多要求。

在英国,社会参与学校管理具体方式和形式较为多样,参与的主体既有独立的个体,例如家长、社区专业人士等;也有组织,例如基金会、家长委员会、慈善机构等。总的来看,社会参与学校管理的方式大致可以划分为三种:第一,进入学校董事会,直接管理学校,影响学校发展的方向以及重大决策等;第二,组织家长委员会等第三方机构和组织,通过对学校管理提出相关要求或者为学校发展贡献力量等,间接参与学校管理;第三,社会团体等以慈善机构捐资助学等方式,给学校提出一些要求,间接参与学校管理,例如基金会学校、自愿受助学校等。

---

[1] 《1980年教育法》提出了家长择校的各种措施,其中资助学额计划(Assisted Places Scheme)使得家长可以通过政府分配给家长的教育经费选择学校,间接改变了学校管理的方式。

无论以上述何种形式参与到学校管理中，所能参与的领域和程度都有一定的限制。总的来看，社会参与呈现从外围领域向学校核心领域渗透的趋势。通过进入到学校董事会，家长和社区人员等可以影响学校的课程设置、经费支出、各类制度建设等。通过捐资助学等方式，基金会和慈善机构可以要求学校提供关于特定宗教的课程和活动。另外，伴随英国政府中小学管理的放权，对学校自身的管理能力要求也日趋加强，企业界的一些管理手法和思维被借鉴到学校管理中。同时，学校董事会根据发展需求所设立的一些专业委员会（例如学校财务管理专业委员会等）会吸收社会上的专业管理人员，参与学校某一方面的管理。按照法律规定，英国的家长也有权干涉子女在校所接受的课程，例如《1993 年教育法》规定家长具有一定的课程选择权，如果家长认为学校开设的课程不利于其子女成长，可以向学校提出免修，但不会影响子女的学业成绩。[1]

二、新型学校的创办

除上述通过组织或个人直接或间接参与学校内部管理外，社会参与也会对学校的存在方式产生影响，主要转变为新型学校的创办。《1988 年教育改革法》允许现存公立学校在家长无记名投票后选择脱离地方教育当局，成为由中央政府直接资助的拨款公立学校（Grant-maintained School）。《1993 年教育法》又进一步允许私立学校转变为拨款公立学校。这类学校由董事会自主管理，可以设定自己的招生标准，同时独立与地方教育当局，直接受中央政府管理。从学校发展的角度来看，拨款公立学校这种方式更有助于学校提升的效能，以及对地方社区教育需求的回应。因此，拨款公立学校大受欢迎，1998 年时达到 1 196 所，在各个学段中的比重分别为公立小学的 3%，公立中学的 19%，公立特殊学校的 2%。[2]

然而，好景不长，拨款公立学校的兴盛使得地方教育当局被架空，对地方教育管理的权力大大缩减，因此两者之间的矛盾不断激化。《1998 年教育标准与

---

〔1〕 郭继东．国外学校管理中的社会参与[J]．上海教育，2000(10)：62-64.

〔2〕 [2014-04-16]. Grant Maintained Schools Database: Dataset Documentation. The National Digital Archive of Datasets. The National Archives. 1999.

框架法》取消了拨款公立学校。已经存在的拨款公立学校或自愿受控、社区学校,或转变为自愿受助学校、基金会学校,后者或多或少地保留了一定的自主空间。

联合政府上台后,以新的形式开展学校教育管理改革,重新赋予学校自主管理的身份和权限。2010 年出台了《2010 年学院式学校法》(*the Academies Act* 2010),扩大了公立学校转变为学院式学校的可能性。这一举措被认为是拨款公立学校的再造,而不是其延续。在该法所确定的框架下,学院式学校是由中央政府(尤其是教育部)直接资助的公立学校,独立于地方教育当局的直接管理,属于非营利慈善信托基金(non-profit charitable trusts),可以接受个人或企业赞助者的支持。除了被称为 Academy 的学院式学校外,英国目前还存在自主学校、作坊学校(Studio School)等学院式学校类型。与拨款公立学校类似,学院式学校由学校董事会自主管理,但治理结构要相对复杂,包括两层结构:一层是信托基金成员(the member of the trust),类似于股东,对信托基金负有有限财务责任,有权任免受托人(trustees);另一层是受托人,具体负责学校的运营管理,发挥公立学校董事会在学校管理中的三大核心功能。学院式学校十分注意避免受到地方当局的影响,因此会严格控制受托人。

不难看出,通过创建新型学校的方式来影响学校管理是一种更为彻底的方式,对于教育改革的推动作用也可能更大。同时,也必须要看到,新型学校的出现同样会引起地方教育当局、中央和学校等多个相关利益者之间的矛盾和摩擦,如何理顺这些问题,切实促进学生发展是未来学院式学校不可避免的问题。

三、社会参与学校管理的影响

家长和社区人员等在参与学校管理的过程中,对于学校发展作出了多方面的贡献,主要体现在有助于改善学校办学条件、有助于提高学校管理的专业化程度、有助于构建良好的教育环境等几个方面。另一方面,社会参与实际上对学校管理的影响也是有限的,在推进的过程中也存在一定困难。

传统上,英国中小学的办学经费主要是来源于地方教育当局。通过与社会慈善机构和个人、中央政府等建立联系,中小学校可以争取家长和社会各界的出资、捐赠等,拓宽学校办学经费的来源,改善办学条件。除了看得见摸得着的影响外,通过直接介入学校董事会,社会参与对于提高学校重大决策的科学性和民主性具有重要意义。学校董事会及校内的各类专业委员会,通过吸收具有专业技能的人员,能够为决策提供更为专业的建议。此外,中小学通过与家长、社区、企业、慈善机构等的合作,在拓宽学校办学经费来源的同时,也可以构建有助于学生成长的教育环境,扩展学校教育资源。

尽管社会参与学校管理会带来多方面的有益影响,但仍面临一些困难和问题。首先是家长、社会各界参与学校管理的积极性和意识问题。在英国,学校董事是类似于志愿者活动的工作,耗费的时间和精力相对较大;同时,学校教职员在面临家长时习惯性地产生回避情绪,家长与教职员之间对于家长参与学校管理的认识有待进一步提升。其次,社会参与主体所具备的专业知识和技能是否能够满足学校管理的需要,也是一个疑问。

1988年教育改革的实施对英国中小学校的管理体制产生根本性的影响。中小学管理方面最突出的变化表现在中央政府和地方教育当局管理权限的重新分配、学校管理团队与校长管理权力的重新分配。地方教育当局对公立学校的管理权限不断缩小,校长在学校管理上的权限增大。经过几十年的改革,当前校长已经成为中小学管理中的核心人物,拥有决策权,向学校董事会和地方教育当局负责,在学校管理中发挥着举足轻重的作用。具体到学校内部的管理,英国已经形成了学校董事会领导下的校长负责制,体现出法制性、自主性、开放性、民主性等特点。不同类型的中小学校,董事会的构成和权限有所不同。鉴于校长对于学校发展的重要性,英国政府专门制订了校长国家标准,明确校长的定位、角色、职责,并建立起中小学校领导干部培训制度,保证和提升校长专业化水平。英国中小学内部管理从内容上来看主要涉及对教师、学生、课程、财务等几方面的管理。20世纪80年代以来,英国社会和家长参与学校管理逐步走向制度化。不仅可以成为学校董事会的成员,为学校发展出谋划策,也可以通过投票决定学校是否脱离地方教育当局,联合政府上台后更是能够决定新型学校的设立。

第七章

英国中小学的品格教育

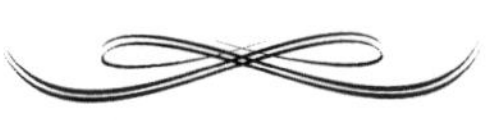

第一节 品格教育的发展历程

一、品格教育的初步发展

品格教育的形成源于社会统治和工业发展的需要。统治阶层为了巩固自身的权威,试图通过宗教教育进行道德与宗教训练,培养对富人的责任和尊重。18世纪,正值英国工业大革命,对产业工人在纪律、道德等方面的要求大大增强,促使各级各类学校快速发展,尤其是初等教育学校。当时,大部分的初等教育学校是面向产业工人子弟的,主要进行严格的纪律训练、惩戒和机械的学习,通过宗教教育培养儿童顺从和驯服的精神。

进入19世纪后,国家开始干预教育事业,教育的世俗化程度不断提高。品格教育是作为对穷人的社会控制手段,而非真正意义上的促进品格发展。尤其是在维多利亚时代,品格教育得到重视,但对于品格的理解五花八门,并非完全适用于面向贵族的学校教育。综合来看,这个阶段的品格教育更多的是关于意志力,即正确行事的能力。

在这个阶段,一些学者、社会人士尝试进行品格教育。例如,罗伯特·欧文(Robert Owen)所进行的品格教育实验。他按照品格形成的理想理论,试图通过品格与社会的结合来重塑品格。于是,他在1816年开办了一所专注于品格教育的学校——品格形成学院(Institution for the Formation of Character)。虽然这所"学校"很快就淡出了人们的视野,但它揭示了当时品格教育的一个重要理念,即品格等同于礼貌和特定社会行为模式的社会化。

19世纪20年代,英国兴起了面向中产阶层儿童的品格教育,试图将宗教与道德重新结合,培养贵族品格或者说基督教精神,同时也培养学生的良好礼仪。从这个角度来看,品格是社会和道德资本的一种,学校构成了中产阶层儿童品格教育的环境。同时，体育活动成为学校道德课程的重要内容。

1870 年英国政府开始直接提供初等教育后，第一次明确了国家教育的目标和内容，即公立初等学校的目的是形成和加强学生品格，并列举了一些需要培养的美德，包括行业习惯(habit of industry)、自控、责任、尊重、礼貌、公平竞争、忠诚等。从此，英国政府开始直接鼓励公立学校开展品格教育，并在 20 世纪上半叶的教育政策文件中始终将其作为重要内容。

二、品格教育的转向

第二次世界大战对英国品格教育的发展产生了不可忽视的影响。二战后，英国不仅面临经济上的重建，文化、宗教、政治等多个方面也同样面临新形势。1944 年英国政府颁布了《巴特勒教育法》，构建了新的公共教育体系，为战后英国教育发展奠定了基础。尽管早在 19 世纪的教育法案中已经提出接受公共财政拨款的学校不得进行宗教教育，但是传统宗教教育的影响并没有完全被消除，依然在 1944 年教育法中占有一席之地。该法规定全国郡立学校、私立学校和接受政府津贴的学校应当进行统一的宗教教育，同时也准许家长拥有不让孩子参加集体礼拜和宗教教育的自由。

1949 年英国教育部出台了一份名为《公民的成长：家庭、学校和放学后》(*Citizens Growing up*：*At Home*，*At School and After*)的文件，认为好的公民必须首先是好人。该文件提及了品格教育问题，简短说明为什么要提高品格以及如何提高的问题，同时还呼吁塑造公共美德(public virtues)、建设形成学校更好的道德氛围。可以看到，英国中小学中实施的品格教育开始转向道德教育。品格一词在此后半个世纪的教育政策文本中几乎未曾出现。

尽管学校更加强调道德教育，学校之外的学者和研究机构等却在尝试继续推进品格教育。例如，伦敦大学教育学院在其编纂的教育年鉴中试图探寻学校对于学生道德品格、情绪、态度、理想和道德标准形成中的作用。此外，校外活动也是品格教育的重要途径。20 世纪 50 年到 70 年代之间，英国掀起了一场“走向户外运动”(the Outward Bound Movement)，被学者称为一场没有冠以品格二字的品格训练运动。

在品格教育发展过程中，之所以会出现向道德教育转向，主要是受到当时英国社会所面临的种种情况的影响。20 世纪 50 年代以来，英国犯罪率明显上升，其中青少年和年轻人的比重很大。暴力、吸毒、离婚等危害社会治安的问题逐渐增加，社会将这些问题归咎于青少年道德的沦陷。此外，英国社会和文化变得越来越多元化，依靠某个特定价值观的品格教育总是会产生问题，且认知心理学的发展与英国社会状况找到了契合点——通过认知的手法开展品格教育与强调批判性思维的自由主义传统更加相容。于是，对在学校中开展道德教育的呼声日益高涨，一些大学组建起专门性的道德教育研究机构，例如牛津大学的“法明顿信托研究组”、莱斯特大学的“社会道德教育中心”等。可以看到，学校教育体系更加关注品格教育中关于道德的部分。例如，1977 年教育与科学部咨询报告《学校中的教育》(*Education in Schools*)指出，教育的目的是要逐步培养学生对道德价值、对他人和自己的尊重、对其他种族、宗教和生活方式的宽容。

20 世纪六七十年代是“价值澄清”受到重视的时代，亦是道德相对主义盛行的年代。价值观教育又开始逐渐占据主流话语，在一定情况下也包括品格教育的目标。另外，对个人权利和儿童中心学习的强调，间接推动英国道德教育重视儿童行为。这为新世纪品格教育的回归埋下了伏笔。

三、品格教育的回归

品格教育教育回归英国教育政策经历了一个漫长的过程。从 20 世纪八九十年代起，英国学者开始关注品格教育，但此时的关注是将品格教育作为道德教育补充的角度切入的。例如，英国学者理查德・彼得斯(Richard Peters)认为，道德教育是关于激励他人遵从传统以及修正和应用这些传统的程序，这些最终会成为思维习惯；儿童在学习的过程中未必能够认识得如此深刻，而是从行为开始道德学习，因此首先需要规范儿童自身。约翰・怀特(John White)进一步倡议品格教育回归学校。[1]

[1] 怀特在其著作《教育与美好生活：超越国家课程》(*Education and the good life beyond the national curriculum*)(1990 年)对此进行了论述。

1988 年英国政府开始实施国家统一课程,将中小学课程设置和管理的主要权限从教师和地方教育当局手中集中到中央层面,要求学校要促进学生的精神、道德、社会和文化发展。这些显然与学生发展学生的品格存在密切的联系。此外,保守党政府在 1996 年允许学校课程与评价机构(SCAA)发起关于道德的公开辩论,探讨是否存在共同的社会价值观。这些讨论并不旨在增加学生的道德知识,而是改善其行为。在 SCAA 发起的全国教育与社区中的价值观论坛中,来自社会各界的人士讨论并描绘了一些社会核心价值和发展美德行为的原则,一致认为多元化社会中不存在共同价值观(shared values)的观点存在问题。经过讨论和调研,论坛提出了一套可以不受性别、种族、阶层、宗教信仰等干扰的核心价值观,包括友谊、正义、真理、自尊、自由以及尊重环境等。

1997 年工党上台后,关于道德的讨论并没有中断,相反,布莱尔首相建议增加关于责任的教育。1998 年新工党组建的学校中公民和民主教学咨询委员会(Advisory Group on the Teaching of Citizenship and Democracy in schools),发布了一份关于公民教育的报告,即《克里克报告》(*the Crick Report*),提出了英格兰公民教育的愿景和长期目标,建议将公民教育列为中小学生的必修课,并列出了义务教育阶段学生应当发展的技能、理解、态度、价值观和倾向(disposition)等。1999 年的《公民通则》(*Citizenship Order*)也提及了类似的内容。

报告所提出的建议得到工党政府的认同和采纳,在新工党的第一份教育白皮书《卓越学校》(*Excellence in Schools*)中提出学校和家庭应当负起责任,让儿童能够辨别和理解市民社会的道德准则,并发展品格和态度以应对生活和工作。尽管没有对道德准则进行明确的界定,但可以看到品格教育的内容是从对特定价值观的认同得来,而不是由教育或社会哲学推理而来。

1999 年英国资格与课程局(QCA)在《英格兰国家课程复审意见》中提出了公民教育的基本框架,并在次年出台的新国家课程中有所反映,成为英国中小学的必修课。在公民教育不断推进的同时,品格教育也得到关注。在 2001 年的白皮书《学校:获取成功》(*Schools: Achieving success*)中提出"注重品格的教育"(education with character),清楚地说明品格与公民教育紧密相连,目的似乎是发展特定的美德,并使之成为指导学生在民主社会中行为和决策的内在原则。[1]至此,品格教育以公民教育的形式重新回到的政府和社会的视野。

第二节 品格教育的目标

在英国,许多教师和学术界都试图构建一个品格教育的原则,使其独立于任何价值体系或基于内容的道德教育(moral education),因为他们认为在这个多元化的时代,植根于任何价值观念都会出现问题。在教育领域,品格教育最初是以"道德教育"的形式进入人们的视野,最近又出现"价值观教育"(value education)的说法。实际上,品格教育可以理解为道德教育或价值观教育的具体手段。进入新世纪后,公民教育(citizenship education)受到政府的重视,并明确说明其与品格教育之间紧密相连,进入了一个新的发展阶段。

品格教育在英国已经有几百年的历史,其目的伴随英国社会的变迁而不断调整。总的来看,品格教育所指向的培养目标大致可以概括为从教徒到绅士再到公民,为达到不同的培养目的,品格教育的内容也有所不同。培养教徒的品格教育是服务于社会统治的需要,面向贫困的被统治阶层儿童,通过简单、机械的方式培养其对权威的顺从、对已有规则和纪律的遵从,主要是发挥社会控制的功能。培养绅士的品格教育则是面向中产阶层儿童,培养"贵族品格"。培养公民的品格教育则是面向所有儿童,培养积极公民所应具有的品质,包括社会和道德责任、社区参与和政治素养等。

英国在21世纪之初对1988年颁布实施的国家课程进行了较大的改革,首次将包含品格教育在内的德育内容纳入课程目标。2000年国家课程目标是:①

[1] 詹姆斯·阿瑟.品格教育在英国教育政策中的重视[J].中国德育,2006(10):33-37.

促进精神、道德、社会和文化发展;②推动个人、社会和健康教育、公民教育;③发展技能。可以看到,英国将通过课程的实施来促进学生精神、道德等的发展作为学校开展德育的重要手段和途径。

21 世纪初明确开始实施公民教育以来,英国政府致力于保证所有儿童和年轻人发展成为有责任感的公民,并在社会生活中发挥积极作用。其中,对议会民主的历史和治理体系的学习是重要的内容。2010 年联合政府上台后,对国家课程进行修订,新国家课程将回归原点,即仅就学生需要掌握的关键学科基础知识、概念和过程作出规定。从而,在规划和设置学校课程方面,给学校更大的自由,进而更好地满足学生的需求。同时,给与教师更多的时间和空间,以便发挥其专业技能,更好地促进学生的发展。[1]

案例:朱俾利研究中心《学校品格教育框架》介绍[2]

朱俾利研究中心(the Jubilee Centre for Character and Virtues)2012 年成立,附设于伯明翰大学教育学院。中心成立不久便发布了《学校品格教育框架》(*A Framework for Character Education in Schools*),提出品格教育的原则、界定、主要内容等。该框架认为,好的品格是改进成就、人类繁荣的基石,品格教育的终极目标在于发展理智和实践智慧,即进行明智选择的能力;学校有责任培养学生的美德、界定并列出在教学中需要优先重视的内容。

(1) 良好品格所应包含的基本美德:勇气、正义、诚实、同情心、自律、感恩、谦逊。

(2) 品格教育的原则:①品格是可教的,其进步情况可以从整体上测量,不仅通过自我报告,也通过更加客观的研究方法。②品格很重要,有益于人类和社会繁荣。③品格基本上是通过行为榜样和情绪感染受到影响,因此,学校文化理念至关重要。④品格也应当教授,即通过直接的品格教学为学生在校内外生活中发展品格提供原则、语言和工具。⑤品格是改进成就、改善行为和提高就业能

---

〔1〕 Citizenship(and human rights)in the curriculum. [EB/OL]. [2011-05-26]. https://www.gov.uk/government/publications/citizenship-and-human-rights-in-the-curriculum/citizenship-and-human-rights-in-the-curriculum. [2014-07-25].

〔2〕《学校品格教育框架》(*A Framework for Character Education in Schools*)。

力的基础。⑥品格的发展应当与家长、雇佣者和其他社区组织合作进行。⑦品格能够促进学生学术上的成长,取得更高的分数。⑧品格教育是关于公正的教育,每个儿童都有发展品格的权利。⑨品格具有解放性,能赋权于学生。⑩品格能够证明是否准备好向他人学习。⑪品格促进民主公民的成长。

(3)品格教育的整体架构如图7-1所示:

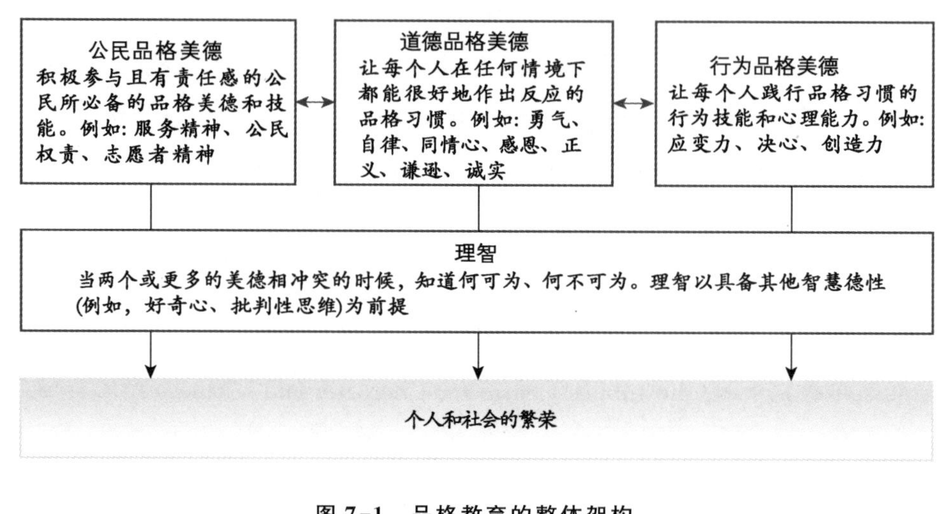

图7-1 品格教育的整体架构

第三节 品格教育的主要内容

品格教育所包含的内容十分广泛,既包括道德方面的内容,也包括公民、礼貌、行为、健康、社会认知等多个方面的内容。在英国品格教育发展历程中,曾经历宗教教育为主、道德教育为主的发展阶段,教育内容上各有侧重,前者注重宗教教义及相应行为模式的训练,后者则注重道德推理。当前,英国所开展的品格教育整合在多个领域和学科之中,既有校内课程教学,也有校外的各种活动。

一、学校课程

2014年开始实施的新国家课程调整了课程目标,“国家课程为学生提供成为有教养公民所需的基本知识,为学生介绍精华内容,辅助学生了解人类的创造和成就”。基于该目标,新课程在公民教育课、宗教教育课和PSHE教育三个方面涉及了品格教育的内容。

1. 公民教育课程

2000年颁布的国家统一课程将公民课程正式列入英国中小学基础学科,要求5—16岁学生发展调查和批判性思维、讨论与辩论、商谈与调解、参与学校和社区活动等技能。2014年新修订的国家课程放松了要求,仅将其列为关键学段3和关键学段4的必修课程,对关键学段1和关键学段2的学生不做要求。英国教育部将公民教育的总体目标确立为教会学生知识、技能和理解能力、为其在社会生活中充分和积极发挥公民作用做准备。公民教育应该着重强调培养学生对民主、政府和法律的敏锐意识和理解能力。与此相应,教学则应该赋予学生批判性探索政治和社会问题的技能和知识,权衡证据、辩论并作出合理论断的技能和知识。公民教育还应该使学生在社会生活中成为有责任的公民,能够管理好自己的财务。

按照公民教育的总体目标,2014年新修订的国家课程从四个方面提出了公民课程的目标,即①使所有学生掌握良好的知识和理解能力——关于英国是如何治理的,英国的政治体系以及公民如何积极参与到民主的治理体系中;②使所有学生发展良好的知识和理解能力——关于英国社会中法律的角色和正义体系,以及法律是如何形成和实施的;③发展学生的兴趣、使其承担义务并参与志愿者活动,以及其他形式承担责任的活动;④使所有学生掌握下列技能——批判性思考政治问题并进行辩论,能够管理个人日常财务、规划未来财务需求。

为实现上述课程目标,英国教育部还对具体的教学内容分学段进行规定,两个学段的学习内容是相互衔接的。

关键学段3的法定教学内容如下:

(1) 英国民主政府政制体系的发展,包括公民、议会和君主的角色;

(2) 议会的运行机制和政党的作用,包括投票和选举;

(3) 英国公民所拥有的宝贵的自由;

(4) 规则与法律的本质和正义体系,包括警察的角色、法院和法庭的运行机制;

(5) 社会公共机构和志愿者组织的角色,以及公民集体改善其社区的途径,包括参加基于学校的各类活动的机会;

(6) 钱的功能与使用,预算的重要性及其实践,风险管理。

关键学段 4 的法定教学内容如下:

(1) 议会民主和英国宪法的关键要素,包括政府的权力、公民和议会在监督其权力过程中的角色,执法、立法和司法的不同角色,以及言论自由;

(2) 在英国内外所使用的不同的选举体系,公民在民主选举过程中所能采取的、能够影响地方、国家甚至更广范围决策的行动;

(3) 英国之外其他类型的政府体系和形式,包括民主和非民主的政府;

(4) 地方、地区和国际治理,英国与欧洲其他国家、英联邦、美国和世界的关系;

(5) 人权与国际法;

(6) 英国法律体系,法律的不同来源以及法律如何帮助社会处理复杂问题;

(7) 存在于英国的多样化国家、地区、宗教和民族身分,以及相互尊重和理解的需要;

(8) 公民为其社区改善贡献力量的各种途径,包括积极参与社区志愿者活动的机会以及其他形式的活动;

(9) 收入与支出,信用与债务,保险,存款与养老金,金融产品与养老金,以及公共财政如何收集和支出。

案例:莫斯本社区学院(Mossbourne Community Academy)的公民教育[1]

莫斯本社区学院是位于伦敦东部哈尼克的一所中学,服务于 11—18 岁青少年。该校 2004 年建立,属于中等规模的内城学校。在校学生男生比例偏高,少

[1] 英国教育标准局、莫斯本社区学院主页。http://www.mossbourne.hackney.sch.uk/。

数民族学生比例较高，因而相应地享受国家免费校餐学生的比例也较高。从2010年Ofsted的督导报告看，学校连续两次被评为优秀(outstanding)，出现了多名学生被剑桥大学等名校录取的案例，推动这所曾经被关闭的学校重整旗鼓。

2011年Ofsted对该校进行了公民教育学科督导(subject inspection in citizenship)，发现面向全校的“公民学习课程日”特点十分突出。之所以要开展公民学习课程日，主要是希望通过这样的活动给学生提供反思、表达观点以及下决心去仔细讨论一些事实及其启示的机会。公民课程活动日采取“问题，行动，改变”程序，由经验丰富的教师带领学生开展一系列的活动。学生要从理论和背景学习转移到对问题和行动的反思，以改变现状，所聚焦的内容主要是积极公民的义务和责任，赋权学生去承担责任，成为激发地方、国家或国际层面改变的中介。此外，课程日的主题还包括学生生活、结合国内外事件开展学习。例如，2011年夏季当地曾出现骚乱，针对这一问题该校七年级学生思考了多种多样的问题，并讨论如何能让他们的社区更加安全，在讨论的过程中学生们分析了改变社区环境的影响因素和促进者。

除了上述Ofsted指出的公民学习课程日之外，学校的公民教育成果也比较突出。2011—2012年度的督导报告指出该校公民教育成果优异，学校理念与精心设计的课程有力结合，学生的行为以及对学习的态度堪称模范，而且学生有广泛的机会参与各类公民活动。此外，公民教育的教学质量、课程质量、公民教育的有效管理也比较突出。

---

2. 宗教教育课程

宗教教育一直是英国实施品格教育的重要途径，是英国社会统治的工具，也是英国人安身立命的精神基础。宗教教育在英国具有悠久的历史，受到二战的影响，由教会主导的学校大幅减少，但宗教教育在英国国家课程中仍占有重要地位。无论是1988年的国家课程还是其后修订的各个版本的国家课程，都保留了宗教教育的内容，且是所有5—18岁学生的基础课程。

英国教育部认为宗教和信仰影响人的价值观，体现在人的日常言行之中，因此宗教教育对于丰富人的宗教信仰知识、发展宗教理解能力十分重要。它还可以促进人的精神、道德、社会和文化发展，有助于促进个人发展和健康，也有助于提升社区凝聚力。

按照《1998 年学校标准和框架法》第 19 条的规定，所有登记在册的学生都要接受宗教教育，但家长可以要求子女不接受特定的宗教教育。地方协定大纲(the locally agreed syllabus)是决定宗教教育教学的主要文件。学校、地方教育当局等在宗教教育中承担不同的角色。按照相关法律规定，地方教育当局必须建立一个常设机构——宗教教育常设咨询委员会(Standing Advisory Council on Religious Education, SACRE)；建立一个临时机构——协定大纲大会(Agreed Syllabus Conference, ASC)，对地方教育当局所采用的协定大纲进行审议；每五年对地方协定大纲进行检视；委任 ASC 委员会成员；委任委员会成员时确保每个环节都可靠。

学校则要确保宗教教育的顺利、有效地实施，不同类型的学校所需要遵守的指南存在一定差异。在社区学校、基金会学校、自愿受助学校或自愿受控学校(无宗教属性)，宗教教育必须要按照地方教育当局所采用的地方协定大纲展开；在具有宗教属性的基金会学校和自愿受控学校里，宗教教育需要遵循地方协定大纲，但如果学生家长要求为其子女提供其他宗教教育的内容，那么学校则必须确保家长所要求的宗教教育需求得到满足；在有宗教属性的自愿受助学校里，宗教教育主要是由学校来决定，但如果家长希望子女接受地方协定大纲的内容，学校董事会则必须予以回应，在确实无法满足家长需求的情况下地方教育当局要采取相应措施。

虽然国家课程要求学校实施宗教教育，但并没有明确规定课时数或课程组织等相关问题。学校具体在确保学生接受高质量宗教教育的同时，需充分考虑《每个孩子都重要》(*Every Child Matters*)报告中所要求的发展目标，即为学生提供关于信仰、实践和价值影响的信息及见解；让学生探索安全的价值；激励学生学习，并享受学习的乐趣；形成自我意识、归属感和在学校和社区生活中的身份认同等。为了促进学生发展、确保高质量的宗教教育，英国中小学校的董事和校长除了完成本职工作外，还要确保所有学生在完成宗教教育课程学习目标的同时有所发展，该门学科得到有效领导和管理，相关教师拥有资格胜任并得到有效培训等。

另外，宗教教育委员会(the Religious Education Council of England and Wales)也会根据国家课程的相关要求以及宗教利益相关者的建议制定宗教课程框架，指导地方教育当局和学校等制定当地的协定大纲。该课程框架中规定了宗教教育的目的和目标、不同学段的课程内容等。宗教教育课程要实现三个主要目标，即让所有学生了解和理解宗教和世界观、让所有学生能够对宗教和世界观的本质、意义和影响发表观点和见解、让所有学生能够获得和掌握参与宗教和世界观领域的技能等。

案例：Kirklees and Calderdale 宗教教育地方协定大纲(2014—2019 年)内容简介〔1〕

Kirklees and Calderdale 是西约克郡(West Yorkshire)下辖的两个区。2014 年两区联合发布了地方协定大纲，规定两地区内公立学校所需遵守的宗教教育法定课程。该大纲依照 2013 年宗教教育委员会公布的英格兰宗教教育课程框架制定，反映了地方教育需求的变化。主要内容如下：

宗教教育的目的：让所有学生了解和理解宗教和世界观、让所有学生能够对宗教和世界观的本质、意义和影响发表观点和见解、让所有学生能够获得和掌握参与宗教和世界观领域的技能等。

大纲内容要求：

(1) 关键学段 1——按照宗教教育的目的要求，学生对宗教、信仰和价值的知识和理解，以及通过宗教(基督教、伊斯兰教等)和非宗教的视角理解地方、国家和国际状况。教学和学习要围绕基督教和伊斯兰教展开，同时兼顾对非宗教生活方式的理解。

(2) 关键学段 2——应拓展学生对宗教的知识和理解，除了基督教和伊斯兰教外，要学习锡克教和犹太教的相关内容。

---

〔1〕 The Local Agreed Syllabus for Religious Education in Kirklees and Calderdale 2014-2019. [EB/OL]. [2014-07-29]. https://learning.calderdale.gov.uk/cmbc/services/school-management/sacre/Documents/Reports%20and%20Brochures/syllabus%202014.pdf.

(3) 关键学段3——应拓展和深化学生的宗教知识和理解,在此前学习内容的基础上增加佛教、印度教和世界其他主要信仰的比较学习。能够灵活正确地运用已学过的语言和宗教概念。

(4) 关键学段4——进一步拓展和深化学生的宗教知识和理解,基于已有学习能够辨别和评价不同宗教的本质。

(5) 第六级教育——宗教教育尤其关注文化素养的发展以及对当代问题的批判性思考,培养基础技能、提高个人发展以及其他学科的学术能力。

3. PSHE 教育课程

PSHE 课程虽然在 20 世纪 80 年代时已经在英国兴起,但形成之初未能建立独立而完善的课程体系,因而使得其在此后的实施过程中学科地位相对较低。为支持教师自主开发和组织本校的 PHSE 课程,英国政府 2006 年出资建立了 PSHE 联盟(the PSHE Association),为该门课程的实践者提供支持,提高该门课程的质量并提高其学科地位。

1988 年纳入国家课程时,该门课程叫做 PSE 课程,即个人与社会教育课程,并针对该课程制定课程指导、确立 PSE 教育的详细目标。2000 年修订的国家课程进一步丰富该门课程的内容,增加了健康教育内容,改称为个人、社会和健康教育(PSHE),并根据学生的年龄分段提出了不同的教学要求。2008 年前后英国教育部在 2000 年课程的基础上将经济教育相关内容纳入其中,形成了新的 PSHE 教育。

PSHE 教育全称为个人、社会、健康与经济教育(personal, social, health and economic education),是较为综合的一门学科。英国教育部虽然将其列为中小学生需要修习的课程之一,但对这门课程的具体内容并不做标准化的法定要求,赋予教师根据本校学生情况灵活具体规划该课程的权力。

另一方面,尽管英国教育部认为最好是由学校具体规划 PSHE 课程,以满足本校学生需求,但在课程目标和课程内容方面仍提出了一些方向性的要求。在课程目标方面,英国教育部希望学校能够通过这门课程培养学生对风险的良好理解,具备进行安全而明智决策的知识与技能。在课程内容方面,英国教育部要求学校实施的 PSHE 教育要囊括毒品教育、理财教育、性教育、体育活动的重要性、健康生活方式等内容。

案例：优秀 PSHE 教育的主要特征[1]

2012 年度所督导的学校中约有 24%的学校的 PSHE 教育被评定为优秀。总结这些学校的做法，发现以下共同特征：

- 学生表现出优秀的个人和社会技能
- 所有的学生对于他们在学校中所做出的贡献都有自豪感
- 学生能够完整而积极地描述出在 PSHE 教育中所学习的内容
- 学生是独立的学习者并富有责任心
- 教师具备优秀的相关学科知识和技能
- 教学活动能够满足不同组别和个体学生的需求
- 教师能够技巧性地教授敏感和有争议的话题
- 教师能有效运用质疑
- 教师严格评价学生的学习情况
- 课程具有创新性和创造性
- 定期检视和修订课程
- 课程设计能够满足特殊教育学生以及处境艰难的学生的需求
- 高质量、丰富的活动对 PSHE 教育技能的发展的贡献突出
- 学校领导支持 PSHE 教育
- 学校领导者和管理者严格监控教学质量

二、课外活动

英国学者阿瑟(James Arthur)认为，大众传媒、宗教社群、青年文化、同伴团体、自发组织以及父母、姐妹等对儿童品格的形成都有重要影响。[2] 在英国，除

〔1〕 英国 Ofsted 报告《精益求精：学校个人、社会、健康与理财教育状况》(*Not Good Enough: personal, social, health and economic education in schools*)，2013-05。

〔2〕 James, Arthur. The Re-Emergence of Character Education in British Education Policy. British Journal of Educational Studies, 2005, Vol. 53, No. 3, pp. 239-254.

了在中小学课程中所开展的品格教育外，宗教、体育等课外活动也是潜移默化影响学生品格发展的重要手段，例如各种集会、教会活动、各种俱乐部活动、学生会活动等。

课外宗教活动主要包括参与宗教信仰团体、促进学生精神、社会、道德和文化发展的体验活动、参观宗教性和非宗教性的礼拜地点、促进年轻人反思或提出人生大问题的体验活动等。为促进这些活动的顺利开展，宗教教育协会 2006 年出台了《课外学习宣言》(*Learning Outside the Classroom Manifesto*)，提供指导意见。该宣言认为作为促进个人发展和学习的重要部分，每个年轻人都应该走出课堂去体验世界，并列举地方社区的教堂、影院等公共设施、农村体验、户外探险中心等。

另外，体育活动在英国的品格教育中也十分重要。课外体育活动的内容和形式比较丰富多样，其所包含的精神价值被认为是青少年所必需的，例如勇气、正义、诚实、自律、谦虚等。将体育活动作为品格培养重要手段的做法在英国公学中最为突出，也具有较长的历史。公学中所开展的体育活动主要不是为了培养专门的运动员，而是要培养学生的体育精神。

第四节 品格教育面临的问题与挑战

尽管品格教育重新回到英国教育政策视野之中，研究者(例如，英国伯明翰大学朱伸利品格与美德研究中心，the Jubilee Centre for Character and Virtues)围绕品格教育开展了大量研究[1]，但在实际的教育教学过程当中品格教育仍然

---

〔1〕 朱伸利研究中心成立于 2012 年 5 月，由约翰·邓普莱登基金(the John Templeton Foundation)出资资助，附设于伯明翰大学教育学院，拥有近 20 名全职研究人员以及数名兼职和外部研究人员，研究队伍实力雄厚。该中心旨在提升英国社会的品格和美德，专门开展品格教育研究，除了对品格教育概念进行澄清之外，还从认知、政治等多个角度考察品格教育，已经组织出台了名为《学校品格教育框架》(*A Framework for Character Education in Schools*)的指导性文件，为对品格教育感兴趣的学校提供实施品格教育的原则和实践指南。

面临着重重困难和挑战。

首先,教师作为品格教育的首要实施者尚未完全接纳品格教育的概念。朱俾利研究中心的一项调查研究结果显示,在英国中小学教师的观念里,学生品格的形成是教师专业职责;在培养学生的过程中,教师应该充当角色模范,即教师要成为良好品格的典范和核心价值观的巩固者;在实施课程教学的同时抓住机会检查品格和道德问题。然而,尽管良好的师生关系有助于学生品格的形成,学生品格的形成并非是教师一人可以完成的工作。在具体的教育教学过程中,教师应当为学生创造空间,不仅学习"思考"和"做"还要学习"存在"(being),同时为学生组织丰富多样的课外活动,这些都需要教师大量的精力投入和高质量的教师队伍,为学校和师资队伍建设提出挑战。

其次,品格教育在概念上还存在较大的模糊性,容易引起理解上的混乱。英国伯明翰大学教授 Kristján Kristjánsson 在英国教育哲学学会年会上专门就品格教育问题作出论述,指出人们对品格与美德内涵的认识是不清楚、过时的、宗教性的、家长式的;品格与美德的教育是反民主、反知识的;强调品格与美德是保守的,等等。由此可以看到,人们对于品格和品格教育的认识五花八门,到底该遵从哪个观点成为具体开展品格教育时不可回避的问题。品格教育之所以会面临这样的问题,说到底还是缘于其跨学科的属性,即品格教育的实施可以有多种渠道,例如道德、心理、政治、健康、宗教等,同时也催生出基于不同学科理论的概念理解。

第三,市场化学校改革挤压品格教育的空间。20 世纪 80 年代中期以来,英国教育的市场化改革在撒切尔夫人上台后愈演愈烈。市场竞争机制引入到基础教育领域后,家长的择校权力不断扩大。学校为了维持生存必须要参与到竞争之中,不断采取改革措施提升学校的排名。另一方面,国家课程的颁布和实施在统一公立学校大部分课程内容的同时,也大大削弱了学校和教师的课程自主权。国家课程中虽然逐渐加入了公民教育、PSHE 教育等相关课程,但对于专门的品格教育并未提及。国家课程的实施与学校间竞争加剧的双重作用下,无论是在课程上、教师工作热情上,对品格教育的顾及都相对较小,使得其具体实施的难度进一步增加。

历史上所有的普通教育的最终目的就是塑造品格，培养合格公民，说到底是关于“我们是谁”“我们将变成谁，变好还是变坏”的问题。品格教育在英国具有较为深远的历史，最初是面向穷人的初等教育学校，旨在培养合格产业工人，满足社会经济发展对人的要求。这种品格教育在维多利亚时代达到鼎盛，但从20世纪50年代起，英国政府教育政策相关文件一直忽视“品格教育”或“品格构建”，直到20世纪八九十年代政治和学术领域重新开始关注品格教育。当前，英国中小学所实施的品格教育整合和渗透在学校课程和课外活动之中，具体的展开形式也多种多样，公民教育、宗教教育、PSHE教育等都在一定程度上涉及品格教育的内容。然而，品格教育也面临诸多挑战。首先，到底什么是品格教育，尚未形成较为统一的定义，且如何在学校中实施也存在许多不确定性，尤其是教师群体对品格教育仍然存疑。其次，市场化学校改革挤压了品格教育的空间。因此，尽管品格教育重新回归英国教育政策，但其具体实施仍然呈现分散、多样、边缘化的状态。

第八章

英国基础教育的亮点

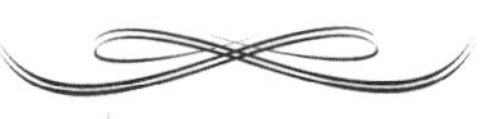

第一节 严格而灵活的升学考试制度

一、“小升初”考试

尽管《1988 年教育改革法》将招生权由地方教育当局转移到学校,并开始实施“开放入学”(open enrolment)政策,义务教育阶段不同学级之间的衔接仍然存在考试,只是现行的“小升初”考试已经失去了其选拔性功能,更多的是一种课程实施状况以及学生达到程度的检测工作。但在历史上,英国的小升初考试,即 11 岁考试曾经发挥了不可忽视的选拔作用。

《1944 年教育法》规定了战后英国中等教育的三种类型,建立起与初等教育相衔接的中等教育以及衔接制度——“11 岁考试”。儿童经过“11 岁考试”的选拔进行分流,或进入文法学校,或进入现代中学,或进入技术中学。在这样的框架下,英国基础教育领域中以教育性向和可测量的“智力”为依据的选拔性得以合法化。

然而,伴随中等教育“三轨制”和“11 岁考试”的实施,其所造成的负面影响也逐渐显现出来,不仅引发了过度竞争等教育内部的问题,也使得英国人才选拔效果不佳、社会分层固化,引发教育公平问题。能够进入重视学术性教育、以升学为目的的文法学校的儿童,大多数来自中上层家庭。于是,为了矫正“11 岁考试”的负面影响,英国政府 20 世纪 60 年代中期开始实行综合中学制度,取消了“11 岁考试”。1965 年的《“65.11”号通告》要求地方教育当局制定综合学校改组计划,“结束 11 岁选拔,取消中等教育分轨制”。[1]

20 世纪 80 年代末的教育改革中,英国政府为了配合国家课程的实施,颁布

〔1〕 王璐.从选拔性教育到选择性教育:英国基础教育的价值取向[J].教育研究,2008(3):100-106.

实施了英国历史上首次全国统一的评估手段，规定英国中小学生在每个关键学段结束时都要参加全国统一的SATs考试，主要目的在于监测国家课程的实施效果。在这个框架下，11岁考试重新回到了中小学考试制度中，但其选拔功能大大弱化。然而，2010年联合政府上台后便开始对国家课程进行修订，取消了原有课程中所规定的学生需要达到的级别，SATs也受到质疑。

二、初中升高中考试

就学制来说，英国没有明确的初中和高中的划分。英国中小学生在11岁前后完成初等教育后，进入各种类型的中学继续接受义务教育直到16岁，之后的两年，学生可以选择继续在学校或者作为学徒等其他形式的教育与培训，以完成到18岁的义务教育。16岁是英国中学生结束学校中义务教育的关键一年，按照要求必须要完成中等普通证书考试，即GCSE证书考试。

GCSE考试从1988年开始实施，但此前类似的考试制度早已存在。早在1917年，英国就规定离校学生要参加“学校证书”(School Certificate)考试，需要同时通过5门基础学科的考试，才能获得证书。[1] 1951年开始，英国政府开始实行普通教育证书(GCE)考试，取代“学校证书”考试，分为普通水平和高级水平两种。20世纪60年代中期伴随中等教育综合化改革，在保留GCE考试的同时增设中等教育证书(CSE)考试。1988年之前，GCE和CSE两种考试一直处于并存状况，学生到底该参加哪种考试主要是由教师推荐决定的。

目前，GCSE考试由英国教育部下设的资格与考试管理局(Ofqual)管理，由全国的5个考试委员会具体提供考试，包括AQA、OCR、Edexcel、WJEC和CCEA，各考试委员会所能提供的考试科目有一定的差别。根据学校所在地区和学生意愿，学校可以选择使用任何一个考试委员会所提供的GCSE考试科目。GCSE考试主要是考查学生义务教育阶段的学业成就和学校教学水平，其主要覆盖国家课程的内容，包括英语与英语文学、数学、古代语言、地理、历史、现代外语、综合科学、单科科学等，核心学科是必考科目。在这些科目中，英语和数学极

〔1〕 吕达.英国义务教育阶段考试制度的改革[J].课程·教材·教法，1989(6)：16-20.

为重要，不仅关系到日后 A-Level 考试，甚至还关系到大学录取问题，因为大多数大学会要求申请者在英语和数学这两科具有 GCSE 考试 C 以上的成绩。英国教育部制定了 39 个考试科目[1]的学科标准(subject criteria)，指导各委员会具体制定考试要求。

按照 2014 年最新修订的《GCSE 资格标准》的规定，GCSE 考试成绩评定实行等级评定的方式，由高到低分为 A*、A、B、C、D、E、F、G 八个合格等级和一个 U 级(不合格)。如果学生在某个科目上得到 U 级，则意味着在本科目上得不到任何学分。从 A* 到 G 八个等级又可以进一步划分为两个层级，即 D—G 为层级 1，A*—C 为层级 2，与国家资格框架相衔接，构成国家资格框架体系中较为基础的两个层级(详见图 4-1)。另外，GCSE 考试还设有双重授予(double-award)的科目[2]，其评分方式表现为 A*A*、A*A、AA、AB、BB、BC、CC、CD、DD、DE、EE、EF、FF、FG、GG。从英国学生实际考试成绩看，近七成左右的学生能够拿到 A*—C 的成绩，6.8%的学生能够拿到 A* 的成绩(2013 年)。[3]

一般英国中学生会选择 8～10 门考试科目，其中英语、数学为必考科目；升入大学预科阶段即第六学级，需要提供 5 门 GCSE 科目的考试成绩，除英语、数学和科学外学生可以根据自身情况选择其他考试科目。除了对考试科目数量的要求，一般这些学科的成绩要达到 C 以上才能进一步进入第六学级学习。

三、大学入学考试

与中国一考定终身的高考制度不同，英国的大学入学考试是一个学习的过程，而不仅仅只是几门科目的考试。目前，英国中学生在进入大学之前要先进行

---

[1] 这些考试科目(2011 年)包括统计学、社会学、科学、宗教研究、心理学、物理、体育、音乐、现代外语、媒体研究、数学、手工制造、休闲与旅游、法律、ICT、人文科学、护理、家政、历史、健康与社会关怀、地理、表现艺术、英语文学、英语语言、工程学、经济学、戏剧、设计与技术、舞蹈、建筑工程与环境、公民研究、化学、传统科目、商科、生物、艺术与设计、附加应用科学等。

[2] 所谓双重授予是指在一个课程下学习多个学科的内容，参加 GCSE 考试中的 2 个科目内容的考试。例如在双重授予的科学课里，学生要学习化学、物理和生物三门科目的内容，但在选择考试时只需选择其中 2 个科目内容即可。

[3] Joint Council for General Qualifications. http://www.bstubbs.co.uk/gcse.htm.

两年的大学预科学习，一般是进入第六学级的各类学校，到 18 岁完成 A-Level 所要求的科目考试。另外，在英国新资格证书框架下，相当于 A-Level 考试水平的文凭(diploma)、职业资格证书等在一定条件下也可申请大学。[1]

A-Level 考试的发展经历了几个阶段。1951 年之前大学预科毕业的必须要参加高级学校证书考试(Higher School Certificate Examination, HSCE)，该资格考试指定学生参加几门科目的考试，但对于偏科学生来说十分不利。1953 年开始 A-Level 考试正式取代 HSCE 考试，最初的 A-Level 成绩评定只区分合格与不合格，20 世纪 60 年代中期前后改为常模参照评分体系，80 年代末又进一步改为标准参照评分体系。2000 年的课程改革中，英国政府在原有 A-Level 的基础上引入了 AS-level 考试，从而使得 A-Level 课程从课程结束时参加考试的 2 年课程转变为模块化课程。2008—2013 年之间，AS 和 A2 两个阶段的模块是相互独立的，第一年学生要完成至少 2 门学科的学习和考试，在 A2 阶段再完成 2 门，AS 和 A2 的比重各半。

与 GCSE 考试的管理方式类似，A-Level 考试也是由 Ofqual 统一管理、由五个考试委员会提供考试科目，每个考试委员所能提供的考试科目各有侧重。从表 8-1 可以看到，AQA 和 OCR 所开设科目相对较全，而 Edexcel 的现代外语科目较为突出，WJEC 和 CCEA 所提供的考试科目以国家课程科目为主。

表 8-1　五个考试委员会提供的 A-Level 考试主要科目[2]

科　　目	AQA	OCR	Edexcel	WJEC	CCEA
会计学	√	√			
人类学	√				
阿拉伯语			√		
考古学	√				
艺术与设计	√	√	√	√	√
孟加拉语	√				

〔1〕 在英国，学生可以通过 UCAS 提供的学分转换机制(the UCAS Tariff)，将部分 A-Level 及其他资格证书考试等(16 岁之后)转化为统一单位的分数，用于申请高等教育机构。

〔2〕 根据各委员会网站信息整理。

续表

生物	√	√	√	√	√
商业研究	√	√	√	√	√
化学	√	√	√	√	√
中文(普通话)			√		
公民	√				
经典文明	√	√			
计算机	√	√		√	
创意写作	√				
批判性思维	√	√			
舞蹈	√				
戏剧	√		√	√	
设计与技术	√	√	√	√	√
D&T:食品工程	√		√		
D&T:产品设计	√	√	√		
D&T:纺织	√				
荷兰语			√		
经济学	√	√	√	√	
电子学	√	√		√	
英语语言	√	√	√	√	
英语文学	√	√	√	√	√
环境研究/技术	√				√
电影研究		√		√	
法语	√	√	√	√	√
通识研究	√	√	√		
地理	√	√	√	√	√
地质学		√		√	
德语	√	√	√	√	√
政府与政治	√	√	√	√	√
希腊语		√	√		
古吉拉特语		√			
健康与社会关怀	√	√		√	√
希伯来语(现代/圣经)	√	√			

续表

历史	√	√	√	√	√
艺术史	√				√
ICT	√	√	√	√	√
爱尔兰语					√
意大利语			√		
日语			√		
拉丁语		√			
法律	√	√		√	
数学	√	√	√	√	√
媒体研究	√	√		√	
音乐	√	√	√	√	√
音乐技术			√		
旁遮普语	√				
波斯语		√			
哲学	√				
体育	√	√	√	√	
物理	√	√	√	√	√
波兰语	√				
葡萄牙语		√			
心理学	√	√	√	√	
宗教研究	√	√	√	√	√
俄语			√		
社会学	√	√		√	
西班牙语	√	√	√	√	√
体育科学					√
统计学	√	√			
土耳其语		√			
乌尔都语			√		
威尔士语				√	
世界发展				√	

英国多数大学在招生时都会根据各个专业设定招收学生的资格证书、学科

以及成绩的相关要求，一般需要提供3门或4门A-Level课程的成绩，越好的大学要求越高。与GCSE考试类似，A-Level考试也采用等级评价，从A*到E由高到低5个等级，外加一个U级（不合格）。以牛津大学本科生招生为例，它要求学生所提供的3个科目的成绩要在A* A* A到AAA之间，在此基础之上不同专业还对学生入学前所学科目提出不同的要求，例如，地球科学专业要求学生必须学过数学和另外一门理科课程（化学或物理任选其一），同时强烈建议学生学习过化学或物理，如果学过生物、地理、高等数学则更有利于录取。[1]

在英国，大学的申请几乎都要通过大学录取服务机构（the Universities and Colleges Admissions，UCAS）进行。UCAS是一个申请录取服务平台，通过这个平台，学生提交大学入学申请材料，大学等根据申请材料进行选择。学生最多可以申请5门课程，但对于申请医学专业和艺术设计专业的学生来说，可申请的课程门类分别为4门和3门。大学录取结果分为无条件录取（UF）和有条件录取（CF）两类，所谓有条件录取是指学生通过了之后的考试（形式多样，包括入学考试、面试甚至体检）才能得到正式录取。一般入学考试在学年伊始进行，学生需要在申请前提早注册参加考试。比较常见的入学考试通常在法律、数学、医学等学科领域开展，由牛津、剑桥等名校进行（表8-2）。统计数据显示，2010年英国全日制本科申请人数为69.7万人，总录取率达到70%，其中英国本土学生的录取率达到72%。[2]

表8-2 常见的大学入学考试[3]

学科领域或大学	考试名称
法律	剑桥法律测试、LNAT
数学	MAT、STEP
医学	BMAT、GAMSAT、HPAT、英国临床倾向测试（UKCAT）

[1] Table of entrance requirements. [EB/OL]. [2014-08-06]. http://www.ox.ac.uk/admissions/undergraduate/courses/entrance-requirements/table-entrance-requirements.

[2] Universities UK. Higher education in facts and figures. [EB/OL]. [2014-08-06]. http://www.universitiesuk.ac.uk/highereducation/Documents/2011/HigherEducationInFactsAndFigures.pdf.

[3] UCAS. [EB/OL]. [2014-08-06]. http://www.ucas.com/how-it-all-works/explore-your-options/entry-requirements/admissions-tests.

续表

思维技能	剑桥 TSA 测试、牛津 TSA 测试、伦敦大学学院(UCL)TSA 测试
剑桥大学	BMAT、MML、STEP、剑桥 TSA 测试、剑桥法律测试
牛津大学	BMAT、CAT、ELAT、HAT、LNAT、MAT、MLAT、OLAT、PAT、牛津 TSA 测试

可以看到,升学考试制度在英国中小学并不陌生,它贯穿整个教育体系的各个层级,是衡量教育教学质量和学生学业成就状况的重要手段,在英国各教育阶段的升学中发挥比较重要的作用。伴随英国社会日趋多元化,升学考试制度也不断调整,在保证基础教育质量的同时,给与不同类型学生进入高等教育机构的渠道和机会,满足社会多元化的教育需求,形成了当今严格而灵活的升学考试制度。从不同教育阶段之间的衔接来看,升学考试制度主要涉及小升初、初中升高中以及高中升大学几个阶段。就英国中小学学制来看,小学阶段包括 2 个关键学段、覆盖 6 个年级,儿童在 11 岁时面临升学问题;中学阶段包括 2 个关键学段和第六学级,学生通常要在 16 岁、18 岁面临中等教育升学考试,即 GCSE 和 A-Level 两个考试,分别影响学生在各个学段结束后的升学去向。

第二节 培育精英的公学教育

一、公学的历史演变

公学的英语表述为 public school。Public 一词的含义并不是我们通常所理解的“公共”或“公立”,而是针对学校所提供教育的属性而言,是面向全国招收贫苦儿童、培养公职人员的学校。在公学兴起的时代,教育被认为是一种私人物品而非公共物品,而初期的公学具有很强的慈善性质,对学生免收学费并提供免费住宿。因此得名“公学”。

英国第一所公学是建立于1382年的温彻斯特学校(Winchester College),主要是招收贫苦且优秀的男童,免费教授拉丁语,服务于上层阶级的宗教事务。到17世纪初英国已经建立起9所著名公学,分别是伊顿公学(Eton College, 1440年)(图8-1)、圣保罗公学(St. Paul's College, 1509年)、什鲁伯公学(Shrewsbury School, 1551年)、威斯特敏斯特公学(Westminster School, 1560年)、泰勒公学(Taylor's College, 1561年)、拉格比公学(Rugby School, 1567年)、哈罗公学(Harrow School, 1572年)、查特豪斯公学(Charterhouse School, 1611年)。这些早期公学的建立初步形成了公学体系,以拉丁语、希腊语等古典科目为主,通常规模较小,学生以贫苦儿童为主,兼收贵族和中上阶层的自费学生。

图8-1 伊顿公学鸟瞰图(作者:David Loggan,刊登在Cantabrigia Illustrata of 1690)[1]

17世纪初到19世纪初,英国经历了社会经济发展的大转型,封建势力式微而资产阶级登上政治舞台。在这样的大起大落之间,公学的发展也发生了较大的转型。18世纪之前,公学因其教育质量和傲人的成绩,受到贵族和中上阶层的追捧,学校规模不断扩大。例如,伊顿公学在1678年时有学生207人,1728年增加到378

〔1〕 http://en.wikipedia.org/wiki/Public_school_(United_Kingdom)#/media/File:Eton_College_by_Loggan_1690_-_R_-_slpl_ste02048_merge.jpeg.

人,1765 年进一步增加到 522 人。[1] 然而,进入 18 世纪以后贫苦家庭子弟越来越难进入公学,公学的贵族学校属性日渐突出。另一方面,公学的课程、教学等仍然以古典学科为主,落后于时代发展的步伐,导致公学的发展进入困难时期,教学秩序混乱、师生关系僵化等问题突出,无法满足新兴中产阶级的教育需求,公学规模大幅缩减。

1868 年出台的《公学法案》(*the Public School Act*)成为公学改革的转折点。该法案旨在进一步为新政府提供更好的教育、扩展英格兰公学的规模,而不是对现有公学进行界定和管理。除圣保罗公学和泰勒公学外,其他 7 所公学也被纳入该法案管辖之下,于是这 7 所公学不再附属于皇权、教会或政府,有权自主管理学校并开发学校独特的课程。这一重大变化为公学的发展注入了新的活力,公学的数量有所增加,到 1889 年时达到 30 多所。[2]

进入 20 世纪后,自成体系的公学虽然多受质疑,尤其是"人人受中等教育"的口号提出之后,教育民主化改革的进程不断推进,甚至出现了要求取消公学的意见。尽管如此,公学作为社会精英培养机构,其地位并没有被根本性触动。1944 年的《弗莱明报告》(*the Fleming Report*)尽管提出公学改革的建议,但在战后教育改革中碍于教育经费等问题并没有得到切实的落实。直到 20 世纪六七十年代,在教育公平思想广泛传播以及教育民主化改革的深入,公学改革才得到实质性的推进。很多公学开始招收并扩大女学生数量、调整公学的态度和做法等,被誉为公学历史上最大的一次改革。80 年代以后,英国教育改革不再强调对私立学校(independent schools)的排斥,而是试图通过在教育领域引入市场机制来刺激公立学校教育质量的提升。对于公学来说,这无疑是利好的生存环境,也促使公学发展与时俱进。[3]

---

[1] 伍振鷟. 英国的公学[M]. 台北:五南图书出版公司,1998:29.

[2] Honey, John Raymond de Symons. Tom Brown's universe: the development of the Victorian public school. Quadrangle/New York Times Book Co., 1977:250.

[3] 例如,保守党执政期间出台的"公助学额计划"(Assisted Places Scheme)为选择进入私立学校的优秀贫困学生提供一定的财政经费资助。1981—1997 年间,英国保守党政府约为 8 万名学生提供了资助。

二、公学的发展现状

经过6个世纪的发展，公学既保留了英国贵族教育文化传统，又在新的时代下不断探索与社会对接的方法和途径。作为私立学校的一种，公学较早开始就享有较大的自主权。

按照惯例，校长成为"校长会议"(the Headmasters' and Headmistresses' Conference, HMC)成员是学校成为公学的前提条件。[1] 截至2014年，HMC共有253名本土成员(包括爱尔兰共和国在内)，另有63名国际成员和13名附加成员(additional members)。据此推算，英国公学只是英国教育体系中较少的一部分，约占英国中小学校总数的1%、私立学校的10%左右。这些公学大致可以划分为两类，一类是16、17世纪宗教改革时代所建的公学，另一类是19世纪教育大发展时代之后建立起来的公学。前一类是英国公学中的精华，在世界上具有较高的知名度。

公学一般招收13—18岁青少年，学制5年，前三年为基础阶段，后两年属于第六学级，专门服务于升学。公学在最初的发展阶段实行完全的寄宿制，只招收男生。20世纪六七十年代的改革中开始兼收女生，同时也出现了专门招收女生的公学。尽管公学入学年龄规定为13岁，但大多数有意让孩子进入公学的家长在孩子8岁时就已开始做入学准备。公学招生的竞争性很强，需要通过普通入学考试(common entrance examination，又称为公学入学考试)择优录取。入学考试每年举行3次，满13岁而未满14周岁的考生可以在第一次考试失利后参加第二次考试。入学考试内容学术性较强，包括英语、数学、自然科学、法语、拉丁语、历史、地理、宗教等基础科目，还可选考德语、西班牙语等其他科目。[2]

作为社会精英的摇篮，公学不仅提供高水准的教育，其学生的学业表现也十分傲人。从统计数据来看，HMC成员校的生师比平均为9∶1，远低于公立学校的22∶1；82.4%的成员校在第六学级实行男女同校[3]；36%的学生接受学费资助，2013学

---

〔1〕 校长会议起源于1869年，第一次会议仅有13所学校参加，从此形成公学自己的组织。校长会议旨在为成员校提供支持和服务，具体表现在帮助成员校成长和发展、促进和保护成员校的独立性、鼓励和分享教育创新、讨论国内外教育问题、影响私立教育领域的政策和民意。

〔2〕 原青林."教育活化石"的考释——英国公学研究[D].南京：南京师范大学，2005.

〔3〕 公学在20世纪六七十年代才向女生开启大门，到1992年时29%的公学为男子学校，25%的公学实行部分学段男女同校，46%的学校实行男女同校，但是伊顿公学、哈罗公学等仍是男子学校。

年度学生资助总额达到1.22亿英镑；60%的HMC成员校实行寄宿制；英国最好的10所大学的学生中，有五分之一来自253所HMC成员校；92%的成员校学生选择继续接受高等教育；而且还吸引了近1.3万的外国留学生就读于HMC成员校。[1]

公学的管理享有较高的自主性。公学的内部管理机构是学校董事会，它与公立学校的学校董事会有相通之处，但具有更大的自主权，也需要相应承担更多的责任。学校董事会主要负责校长的任免、资金的募集与分配等重大事宜，而学校教育专业领域的相关问题则主要由校长和教职员负责。董事会一般由10～20人组成，其中4～6名成员由董事会任命，其余分别由牛津大学、剑桥大学、伦敦大学、皇家学会、首席大法官、当地郡长等推举任命。

案例：伊顿公学的学校管理[2]

在伊顿公学，负责战略决策的学校董事会通常称为“教务委员会”（the Provost and Fellows）。教务委员会通常由1名教务长、1名副教务长、10名教务委员构成。按照2008年最新修订的《伊顿公学章程》规定，教务委员中要包括剑桥国王学院院长、牛津大学委员会选举产生的1名委员、剑桥大学董事会选举产生的1名委员、皇家学会委员会选举产生的1名委员、英格兰首席大法官任命的1名委员、校长、副校长以及助理校长选举出来的1名委员，其余4名委员由教务长和被选举出来的其他教务委员选举产生。

教务委员会通常每个学期召开两次会议，在会议召开之前，教务委员通常会采取多种形式了解学校当前面临的重要问题。教务长和副教务长通常住在学校，以便更真切地了解学校的情况、更好地支持校长的工作。

校长由教务委员会任命，在学校管理方面向教务委员会负责；由教务委员会任命的财务主管负责学校的财产和非教育管理方面的事务，具体处理学校的收支、投资以及贸易活动等。财务主管在学校活动领域向校长负责，在投资活动和贸易活动方面则向教务委员会负责。校长和财务主管有权出席教务委员会会议、提交书面建议等。

〔1〕 Top 10 Facts about HMC. [EB/OL]. [2014-08-08]. http://www.hmc.org.uk/facts-figures/top-10-facts/.

〔2〕 伊顿公学主页 http://www.etoncollege.com.

此外，教务委员会还另外组建了6个咨询委员会，包括常设委员会、审计和风险委员会、投资委员会、遗存委员会、提名委员会、高级薪酬委员会，以及教职员薪酬小组，这几个委员会分工合作，在不同的专业领域帮助教务委员会。例如，常设委员会由教务长任主席，主要监管学校在战略和政策框架方面的管理等；遗存委员会则主要监管伊顿历史建筑和环境的管理等。除上述这些委员会外，校长及其管理团队还可根据需要组建其他委员会，例如课程委员会等，这些委员会所提出的建议通过常设委员会反映给教务长，以影响学校发展的决策等。总的来看，伊顿公学的内部管理有两个突出特点，一是在学校决策过程中的中高层管理人员的参与，二是财务预算责任由实践一线人员联合代表。

三、公学教育的特色

发展至今，英国公学以其鲜明特色闻名于世。培养精英的教育理念贯穿始终，并伴随时代的改变不断调整，具体的教育教学实践也紧紧围绕培养精英设计，保持较高学术水准的同时强调体能和礼仪的训练，通过多样的课程丰富学生的体验、促进个性的全面发展。英国公学的特色有如下几点。

第一，秉承精英教育传统，形成鲜明的校园文化。以9所著名公学为代表的英国公学，与预备学校、大学等上下衔接，构成了私立教育体系中的重要组成部分。英国公学教育深受基督教精神的影响，在教育目的、内容以及学校管理等多个方面有所体现。例如，伊顿公学从5个方面规划办学目标，即注重养成学生独立思考和学习的习惯，追求卓越；通过精心设计的丰富多样的课程，挖掘学生潜能；尊重学生的个性和差异，重视团队协作精神，尤其是对学校和社区作出贡献的学生；注重学生身体健康、精神上的成熟以及情感上的丰富；锻炼学生拥有自信、热情、坚韧不拔、正直诚实等个性品质。在坚持精英教育传统的同时，英国公学也十分注重校园文化的传承和积累，形成了各自的校园建筑风格和学校文化标识等(表8-3)。例如，什鲁伯公学以皇家蓝和白色为代表色，温彻斯特公学则以蓝、棕红为代表色，伊顿公学则以独特的伊顿蓝为代表色(一种接近剑桥蓝的颜色，十六进制颜色编号为＃96C8A2)等。

表 8-3 英国 9 所著名公学的文化标识[1]

名称	校训	宗教	学生年龄	校徽
温彻斯特公学	Manners makyth man (manners make man)	基督教	12—19	
伊顿公学	Floreat Etona (Let Eton flourish)	英国国教	12—19	
圣保罗公学	Fide Et Literis (By Faith and By Learning)	英国国教	7—18	
什鲁伯公学	Intus Si Recte Ne Labora (If Right Within, Trouble Not)	—	12—18	
威斯特敏斯特公学	Dat Deus Incrementum (God grants the increase)	英国国教	12—19	
泰勒公学	Concordia parvae res crescunt (Small things grow in harmony)	英国国教	11—18	
拉格比公学	Orando Laborando (By praying, by working)	英国国教	11—19	
哈罗公学	Stet Fortuna Domus (Let the Fortune of the House Stand) Donorum Dei Dispensatio Fidelis (The Faithful Dispensation of the Gifts of God)	基督教	12—18	
查特豪斯公学	Deo Dante Dedi (God having given, I give)	英国国教	12—19	

第二,强调品格教育的寄宿制管理。寄宿制是英国公学开展教育的传统形式,至今 HMC 学校中仍有 60%的学校实行寄宿制,所提供的寄宿名额占英国私立学校的三分之二。[2] 在英国公学,寄宿制不仅仅是一种教育管理方式和办学模式,更是公学教育理念的体现。现代寄宿制学校多是模仿家庭氛围,培养学

[1] 根据各公学网站介绍整理。

[2] HMC. Boarding. [EB/OL]. [2014-08-11]. http://www.hmc.org.uk/hmc-schools/choosing-a-school/boarding/.

生的独立精神,受到学生和家长的欢迎。寄宿制形式也比较多样,包括完全寄宿制、周寄宿制、灵活寄宿制等[1],学校根据不同的形式有针对性地为学生提供精神引导和支持。一般公学将寄宿学生分配在不同的宿舍(houses),每个宿舍配有专门的舍监(housemaster/housemistress)。每个宿舍就像是一个家庭和社区,舍监类似于家长,要负责学生在校生活的各个方面,尤其要鼓励高年级学生担当起宿舍管理的责任。学校通过宿舍之间的竞争(通常是体育活动、辩论或艺术表演等),增强每个宿舍的凝聚力。例如,什鲁伯公学目前共有 11 个宿舍,包括 2 个第六学级女生宿舍,每个宿舍除了配备 1 名舍监外,还配有保姆和 4～5 名助教。宿舍内部一般实行级长制,即从高年级学生中选出年级长负责管理同宿舍低年级学生,有助于培养学生服从和服务的意识等。

第三,丰富多样的课程设置。课程是承载学校教育理念的核心所在。英国公学的课程设置追求促进学生的全面发展,同时也不失各类课程的灵活性。传统公学的课程以绅士教育和宗教教育为指针,多开设拉丁文、希腊文等古典学科。国家统一课程开始实施后,公学也及时对课程进行了调整,保留自身课程特色的同时整合国家课程以适应各类证书考试的科目要求。从总体上看,公学的课程设置大致分为两个阶段,一是 16 岁之前的学校义务教育阶段的课程,另一个第六学级的课程。前一阶段的课程设置多为基础性普通学科,例如英语、数学、法语、宗教、历史、地理、现代外语、理科等;后一阶段的课程设专业性强,强调学习的深度。

案例:哈罗公学的课程设置[2]

哈罗公学始建于 1572 年,是英国著名 9 大公学之一,曾培养出丘吉尔首相等杰出校友。在提供高水平教育的同时,哈罗公学也收取昂贵的学费,2014 年

---

[1] 完全寄宿制是指一周 7 天每天都在学校生活的学生,通常可以 24 小时使用校内设施,有助于培养学生自信、社会技能、独立、自我激励和文化意识;周寄宿制是指学生从周日晚上或周一早上开始住在学校,直到周五或周六,通常是为准备 GCSE 考试和第六学级学习的家庭选择这种形式;灵活寄宿制是指学生每周在学校住至多 3 天,既可以参与学校中的活动,也可以享受在家生活的一些益处。

[2] 哈罗公学主页 http://www.harrowschool.org.uk.

度哈罗公学的寄宿生学费高达 34 590 英镑。哈罗公学的课程内容融合了古典与现代元素，根据学生所在的年级差别化设置。

九年级课程：九年级是公学学习的基础年级，每个学生要学习广泛的学科。在部分学科学习中，学生从上课第一天就开始进入 GCSE 考试的学习，例如英语、数学和科学。其他学科则主要是提供介绍性课程，两个学期（英国学校每年有三个学期）过后开始 GCSE 考试的学习，包括艺术、生物、化学、设计技术、英语、历史、地理、IT、拉丁/古典文明、数学、音乐、宗教、物理以及另外 2 门外语（从古希腊语、法语、德语、意大利语、日语、普通话、俄语或西班牙语中选择）。

十年级和十一年级课程：这两个年级的学习更加刺激也更加重要，因为在十一年级结束时学生要参加所有科目的 GCSE 考试，同时也为 A-Level 的学习以及学位选择打基础。在这两年中，学生继续学习核心科目（英语、数学、生物、化学和物理），此外，还要继续学习至少一门现代外语（从法语、德语、西班牙语、意大利语、日语、汉语或俄语中选择）。然后，还要另外选择 4 门课程（从艺术、天文学、古典文明、古希腊语、设计技术、戏剧、地理、德语、历史、意大利语、日语、拉丁语、汉语、音乐、体育、宗教中选择）。

第六学级课程：在这个学习阶段要培养学生自我激励的习惯和实践管理的能力。哈罗公学认为 A-Level 课程有助于学生做好进入大学学习的准备，因此开设不少 A-Level 课程，同时也关注与 A-Level 课程类似的 IB 证书课程和大学先修课程（the Pre-U）。在第六学级的第一年，学生要选择 4 门 AS 考试学科，此外，学生还要在第一年的秋季学期和春季学期分别修学一门选择性课程（the Electives programme）。在第一年，哈罗公学提供的课程有古代史、艺术、生物、商业、化学、古希腊语、经济学、英语、法语、地理、德语、政府与政治、历史、艺术史、意大利语、拉丁语、数学（以及高等数学）、音乐、音乐技术、摄影、物理、宗教、俄语、西班牙语、统计学和戏剧研究。在第六学级第二年的上半年学生要完成 4 门以上的 A-Level 证书考试课程的学习，另外在秋季学期修学 1 门选择性课程，以为大学申请所用。同时，哈罗公学还提供一些专业课程和拓展型课程，例如美学、医学概览、古代哲学、大屠杀与种族屠杀研究等。

丰富多样的课外活动也是英国公学保持传统和优秀的重要途径，尤其是当它与寄宿制相结合的时候，课外活动的育人功能更加凸显出来。例如，哈罗公学认为参与丰富多样的课外活动可以让青少年更加具有成就感，更强的自律能力，变得更为自信。哈罗公学的每个学生每天都要参加不同的课外活动，培养学生终身受用的兴趣。课外活动一般包括体育、音乐、戏剧、视觉艺术等多个领域的活动，其中，体育运动是英国公学最为重要的课外活动。它既是强健体魄、锻炼运动技能和社交的机会，也是品格教育实施的重要途径。课外活动与学术课程学习互为补充，共同促进学生的发展。因此，在公学中参加课外活动是一种硬性要求，学校也为学生提供了丰富的资源。

公学是英国教育体系中的一大亮点，是培养社会精英的摇篮。英国教育家邓肯曾这样评价公学教育，认为公学深信教育的目的是品格训练，一切教育必须以宗教为基础；深信公学的职能是培养国民生活的领袖人才；深信这些品格在寄宿制学校的共同生活中最能发展；与古老大学联系紧密，维持学业的标准并倾向于人文学科；深信不受国家统治的学校最易达成这些目标。[1] 公学的这些特性在漫长的历史发展中很多被保留了下来，堪称“教育活化石”。

第三节　社会教育资源的渗透与补充

一、社会教育资源的类型

社会教育资源范畴广泛、内容繁多，所有具有教育意义的社会资源都可以成为社会教育资源，例如诸如博物馆、学习中心等各类公共机构，大学及独立的出版机构，宗教组织等。不同的社会资源以各自便利的形式和程度参与和介入学

---

〔1〕 邓特. 英国教育[M]. 王承绪，译. 北京：商务印书馆，1949.

校教育,归结起来社会教育资源大致可以分为三类,第一类是以提供课程辅助资源为主的社会机构和团体,例如 BBC School、剑桥大学出版社;第二类是以提供教育空间为主、具有教育功能的机构和团体,例如城市学习中心(city learning centre)、博物馆、美术馆等;第三类是以提供参与教育活动机会为主的机构和团体,例如舞蹈培训中心、电影协会等。

以提供课程辅助资源为主的机构或团体是基于现代信息技术,提供的在线电子资源,具有很强的开放性和个性化的特征。任何具备一定信息技术素养的教师、学生或家长都可以获取这些在线资源。这些资源的组织形式往往会考虑年级和学科这两个要素,与国家课程的要求以及相关教材形成资源互补,丰富学生的学习资源,让学生能在课后和校外随时随地获取适合自己能力水平的学习资源。例如,英国广播公司专门开辟的网上在线学习资源,根据收听对象分为针对成人学习、针对中小学校、家长、教师的学习资源板块;各大教科书出版商提供的在线教学于学习资源,例如,剑桥大学出版社提供的在线资源;社会组织和团体提供的教育资源,例如英格兰宗教教育协会提供的宗教教育资源、教师自发组织提供的在线资源等。

其次,博物馆、美术馆、天文馆、教堂、社区学习中心等在提供一定教学与学习资源的基础上,突破学校围墙的限制,将教学与学习的场所从学校延伸到校外,拓宽学习的空间。英国政府和民间团体等通过建立各种公共机构、提供活动场所等,参与到广大中小学生的各类校外活动和学习中。这一类的社会教育资源可以给学生提供更多的学习空间和场所,弥补学校教育难以触及的角落。例如,2008 年,在当时英国儿童、学校与家庭部(Department for Children, Schools and Families, DCSF)的支持下,成立了课外学习委员会(Council for Learning Outside the Classroom, CLOtC),从 2009 年开始通过提供信息、资源、认证的方式,正式介入中小学生课外学习领域,保证和促进中小学生课外活动的质量。CLOtC 所介入的课外活动十分广泛,不仅覆盖校内的课外活动,也包括校外多种场所的活动,例如,文化遗产、艺术创作、农场、户外探险活动、体育和文化活动、神圣场所(通常是宗教类活动)等。

此外,在提供各类学习资源和空间以外,英国社会还积极为中小学生提供各种学习的机会。这种学习的机会不是围绕学校课程展开，而是根据社会教育资源的特征以及学生的兴趣和需求展开，往往具有扶助弱势儿童的味道。例如，英国文化部(Department for Culture, Media and Sport, DCMS)和教育部2012年委托学者Darren Henley对英国文化教育的状况进行总结报告(《文化教育》(*Cultural Education*))并提出多条改革建议。校外的文化艺术类社会团体和组织往往与学校形成伙伴合作关系，合作推出多样的项目，例如音乐教育中心、博物馆-学校项目等，为中小学生提供多样的教育机会。

案例：社会团体提供教育机会案例之舞动东区(Dance East)[1]

舞动东区(Dance East)是英国文化委员会(ACE)管辖下的非营利组织之一，其主旨就是让英格兰东部地区的每个年轻人都有机会体验舞蹈的乐趣，在舞蹈中学习、受到启发。在舞动东区设在Jerwood的舞蹈房，青少年可以在这里体验丰富多样的课程。还有机会登上本地、地区甚至全国舞台，展示在这里学校的创造性和表演技能。那些有天赋且志于从事职业舞蹈生涯的孩子可以去舞动东区学院——英国9个全国性高级舞蹈培训中心之一——试演。

舞动东区创新舞蹈教学，通过舞蹈学习提高学生的学业成绩，例如舞蹈素养课，通过帮助学生发展艺术方面的才能支持学校课程的丰富。此外，舞动东区还帮助教师发展其技能和自信，与其他组织共同提供学习项目，例如皇家芭蕾舞蹈团的初级舞步项目等。在舞动东区的学习项目和课程中，青少年可以向不同的方向发展，拓宽其发展的深度和广度。

在促进上述各类社会教育资源有效利用的过程中，英国政府也发挥的十分积极的作用，不仅提供政策性的支持和引导，还提供财政支持。例如，英国文化部为加强英国博物馆和美术馆建设，使其保持世界领先水准，采取多项政策措施，包括专门拨款建设国家博物馆和美术馆，向公众免费开放常设展品，资助艺

---

〔1〕 DfE. Cultural Education. [EB/OL]. [2014-08-13]. https://www.gov.uk/government/uploads/system/uploads/attachment_data/file/226569/Cultural-Education.pdf.

术委员会(the Arts Council)以便间接支持私人场馆等。[1]

二、社会教育资源的作用

学校、家庭和社会是有效开展教育活动的三大场所,学校与社会、与家庭之间并不是割裂的,而是以各种形式相互联系、相互补充。存在于不同场域、具有教育意义的资源得到合理、有效的运用与整合,则会促进学校教育效果的提升。世界很多国家都比较重视开发和利用社会教育资源,以促进和补充学校教育。例如,俄罗斯从苏联时代就开始建设校外教育体系,形成了良好的校外教育环境的同时,俄罗斯政府也给与有力的财政支持。图 8-2 为英国 BBC 网站的学习资料。

在挖掘和利用社会教育资源方面,英国具有优良的传统,学校与企业、社会团体等建立合作关系,共同促进儿童的健康成长。作为社会教育资源丰富、也十分重视其利用的国家,英国的各类社会教育资源对于学校教育至少从三个方面发挥了积极作用,即丰富课程资源、扩大教育空间和拓宽教育途径。

第一,丰富课程资源。英国教师素来享有较高的课程自主权,这在另一方面也为社会课程资源的发展和丰富保留了较大的空间,英国广播公司所提供的在线课程资源就是很好的一例。BBC 的在线学习资源针对学校、教师、学生、家长等不同受体分类提供信息、视频等教育资源,尤其是针对学校和学生,进一步将教育资源与学校课程相衔接,提供相关学科和板块的补充性内容,例如历史学科中关于第一次世界大战的相关内容。

第二,扩大教育空间。教育不仅仅是学校内部的事情,更是整个社会和家庭的责任,英国社会正是如此。博物馆、美术馆、大自然等都是拓展教育空间的重要场所,这些场所不仅仅是物理空间的拓展,也是社会经验、人际关系等充分发展的空间。例如,英国大英博物馆专门用于青少年教育的场所能容纳 140～350

〔1〕 DCMS. Maintaining world-leading national museums and galleries, and supporting the museum sector. [EB/OL]. [2014-08-20]. https://www.gov.uk/government/policies/maintaining-world-leading-national-museums-and-galleries-and-supporting-the-museum-sector.

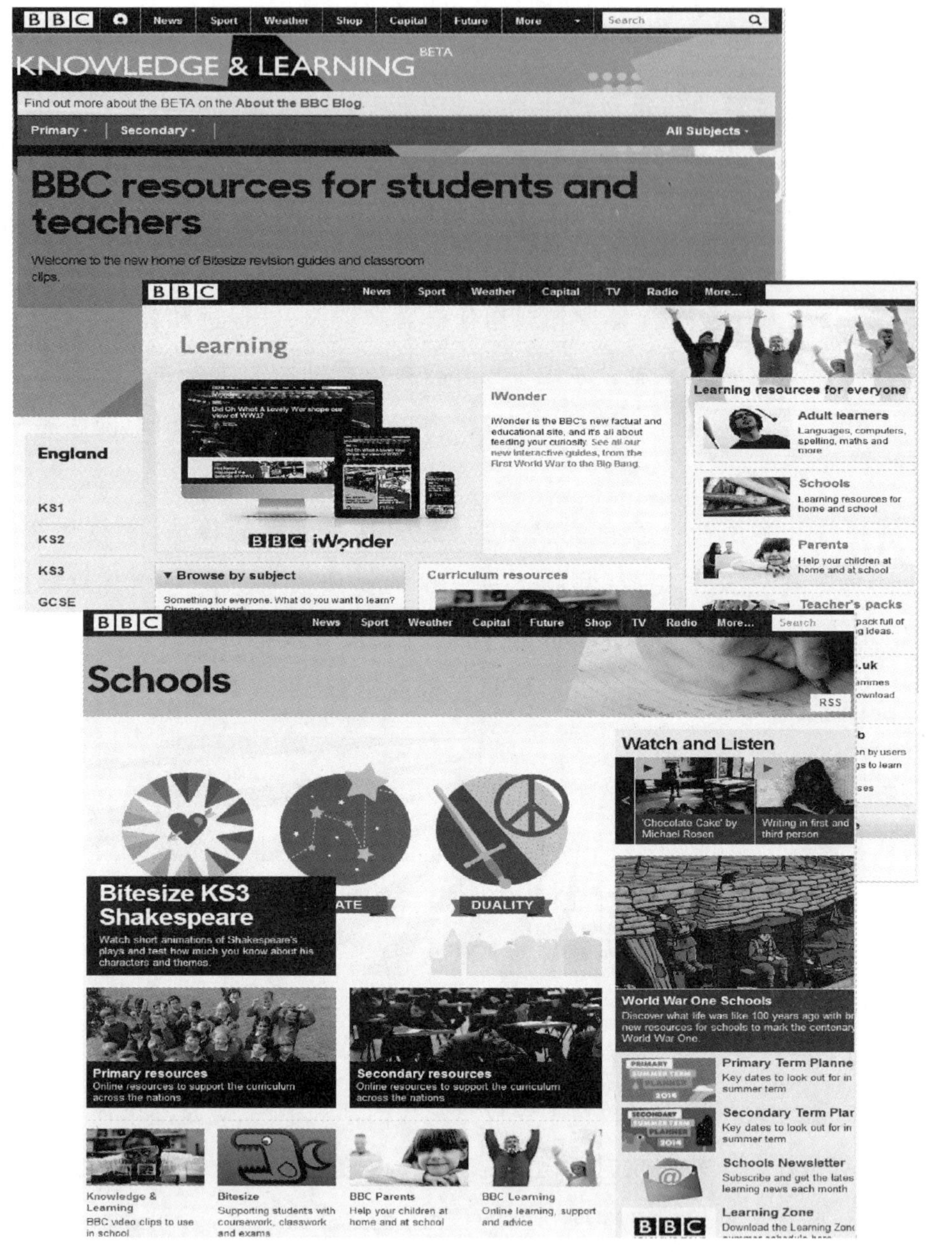

图 8-2 英国 BBC 网站的学习资源

人，由四个教室、两个礼堂、三星数字发现中心、接待站、衣柜和午餐室组成。这些场所为中小学生开展各类课外活动提供了不少便利。

第三,拓宽教育途径。影响中小学生发展的方式和途径不仅限于课堂教学、综合活动,各类参观活动、户外探险、远足、体育赛事、小组学习等都在潜移默化之中影响中小学生的发展,这些活动的开展都是基于广泛的社会教育资源。

案例:英国电影协会(British Film Institute,BFI)的教育贡献[1]

英国电影协会旨在保证每个人,尤其是每个年轻人,无论是住在哪里都能最广泛地学习和欣赏电影。BFI 希望电影成为英国每个年轻人教育的一部分。为此,BFI 投入大量资金,利用全国彩票基金约 7 百万英镑,启动了一个大胆而全新的电影教育行动计划,主要内容包括:

(1) 向全英国 5—19 岁儿童提供综合(包括观影、理解和制作)的教育:①在教室中,确保电影是青少年教育不可或缺的内容,并确保全英 27 600 所中小学都能获取信息和服务;②放学后,鼓励所有学校创造有趣且具有吸引力的课后社团活动来观看、理解和制作电影;③在校外,确保与电影院以及没有接受正规教育年轻人建立紧密的联系。

(2) 促进电影教育专职人员数量的增加,包括教师,从而使他们可以与年轻人形成紧密的关系,发展其对电影文化的批判性赏析和创造性才能。

(3) 促进电影院和其他展览者的数量,与教师、家长和监护人开展合作开展积极战略,将电影院作为学习和娱乐的空间。

(4) 构建 5—19 岁儿童电影教育的世界领先电子平台,包括面向学习者和教育者的"一站式商店",结合正规和非正规内容,面向全英所有能力水平的孩子。

作为世界上的主要发达国家,英国基础教育对于整个社会方方面面的发展都不同程度地发挥作用。从 16、17 世纪现代教育体系展现雏形开始到 21 世纪,英国教育的主导权从教会转移到国家,整个基础教育体系的价值取向经历了从

〔1〕 英国电影协会网站。http://www.bfi.org.uk/. DfE. Cultural Education. [EB/OL]. [2014-08-13]. https://www.gov.uk/government/uploads/system/uploads/attachment_data/file/226569/Cultural-Education.pdf.

选拔性教育到综合教育，再到选择性教育的发展历程[1]，学生和家长的教育权进一步得到彰显。当下的英国基础教育在继承和发展教育传统的基础上，力求公平、效率与质量相结合，满足广大学生、家长及其他利益相关者的教育诉求。在这个复杂的过程中，英国基础教育以升学考试制度、公学教育等让世界眼前一亮。

升学考试制度贯穿英国中小学教育，与国家统一程的实施相结合，在不同的学段强调考试的选拔性功能或教育性功能。英国儿童一般在11岁、16岁和18岁面临三次大考，其中后两次对其升学去向影响重大。GCSE和A-Level考试中学生都享有一定的自主权，可以根据自身情况选择参考的科目，这对于满足个体教育需求来说很有意义。

被誉为“教育活化石”的公学，从14世纪发展至今，自成体系，既注重传承英国贵族教育文化传统，又不断探索新时代下生存发展之道。培养社会精英是英国公学始终坚持的教育理念，其教育实践和课程也围绕这一理念进行设计和开展。公学比较强调品格教育，大多实行寄宿制管理，课外活动十分丰富。课程设置追求人的全面发展，兼顾古典学科与国家课程以及证书考试科目要求，更好地适应时代要求。

丰富多彩的社会教育资源是英国中小学教育的重要补充。在挖掘和利用社会教育资源方面，英国具有优良的传统，形成了以提供课程辅助资源为主、以提供教育空间为主、具有教育功能的和以提供参与教育活动机会为主的社会机构和团体，丰富了中小学可利用的课程资源，将教育空间从学校拓展的社会，让学生在各种校外活动中潜移默化地学习。社会教育资源的丰富性、可得性和开放性等为英国教育发展提供了良好基础。

---

[1] 王璐.从选拔性教育到选择性教育：英国基础教育的价值取向[J].教育研究，2008(3)：100-106.

附 录

一、英国学制图(英格兰)

英国学制图(英格兰)见附图1。

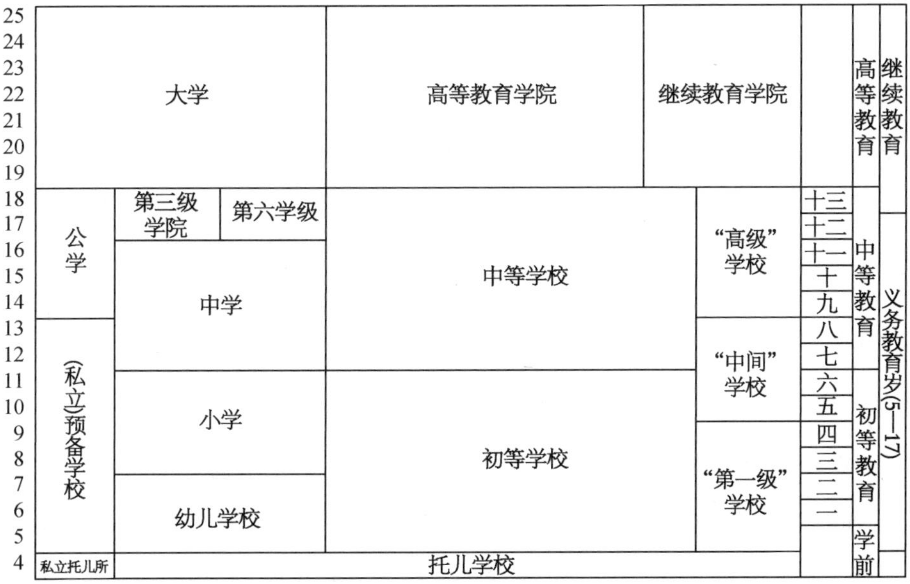

25
24
23
22
21
20
19
18
17
16
15
14
13
12
11
10
9
8
7
6
5
4

大学
高等教育学院
继续教育学院
高等教育
继续教育
公学
第三级学院
第六学级
中学
中等学校
“高级”学校
十三
十二
十一
十
九
八
七
六
五
四
三
二
一
中等教育
义务教育岁(5—17)
(私立)预备学校
小学
初等学校
“中间”学校
“第一级”学校
初等教育
幼儿学校
学前
私立托儿所
托儿学校

附图1

二、英国著名教育家选介

1. 约翰·洛克(John Locke, 1632—1704)

17世纪英国著名的哲学家、教育理论家,是英国经验主义的代表人物,被誉为西方自由主义的奠基者,主要著作有《宽容论》《政府论》《人类理解论》《教育漫话》《贫穷儿童劳动学校计划》等。洛克的一生与英国动荡起伏的时代息息相关。洛克出生于清教徒家庭,他的父亲是一名律师。洛克在其父亲友人的资助下,洛克得以到威斯特敏斯特公学(Westminster School)接受良好的教育,后又进入牛津大学基督教堂学院(Christ Church)深造。良好的教育背景为洛克此后的造诣奠定了良好基础。

在教育领域,洛克的思想反映了当时英国新型资产阶级的意志和愿望,提出了“绅士教育”“白板说”(theory of tabula rasa)等教育思想和理论,对英国后世的发展产生了重大影响。他在1693年出版的《教育漫话》(*Some Thoughts Concerning Education*)中系统阐述了绅士教育理论,包括培养目标、内容、途径和方法等。摒弃传统教会的原罪论,深信理性和教育的力量,认为人之所以有好有坏、有用或无用,十分之九由教育决定,教育的影响是终身的。与培养教士或学者的旧教育不同,主张将青年绅士培养成身体健康、精神健全、能以理性克制欲望、谙悉人情世故、娴于礼仪、能在生活中精明处理各种事务的能干的创业型、开拓型人才。该书首次系统阐述身体的保健和锻炼,论述世俗道德的理论、内容和培养方法,提出发展智力比灌输知识更重要的智育理论,将古典课程与现代实用课程相结合,成为17世纪中期英国文实中学(Academy)的“大宪章”。

洛克从经验主义认识论出发,提出了人类知识来源的白板说。“白板”一词源自拉丁文 tabula rasa,本意为“擦净的黑板”。洛克认为,人生来就如同一块洁净的、无任何痕迹的白板,上面没有知识、观念、原则,这些均是后天通过经验获得的,而经验是外界事物通过感官进入心灵的结果。白板说在教育理论上反对基督教传统的原罪论,深信教育在人的形成过程中的巨大作用及人接受教育的可能性,并为直观教学理论提供坚实的理论基础,论证发展感觉器官在教育中的重要意义。

> “我们想使儿童变成聪明、贤良、磊落的人,用鞭挞以及别种奴隶性体罚去管教他们是不合适的;只有万不得已的时候和到了极端的情形下,才能偶尔用用。反之,用儿童心爱的事物去奖励儿童,去讨取儿童的欢心,也应该同样小心地避免。”

> “导师的重大的工作在于养成学生的风度,形成学生的心理;在使学生养成良好的习惯、怀抱德行与智慧的原则;在逐渐将人世的真是情况显示给

学生，在使学生喜爱，并且模仿优良的与值得被人称誉的行为，在当学生正做这种行为的时候，给他力量、活泼和努力。他之所以要使学生去用功，目的只在练习他的能力，消磨他的时间，免得他去游手好闲，去偷懒，并且借此教他努力，习于吃苦，使他尝尝自己的努力所能完成的好处。”——洛克，《教育漫话》

2. 安德鲁·贝尔(Andrew Bell，1753—1832)和约瑟夫·兰卡斯特(Joseph Lancaster，1778—1838)

贝尔是英国国教会教徒，也是一名教育家，同英国公谊会教徒兰卡斯特因创立导生制而出名。贝尔1771年在印度开展了由年长学生帮助教师教育其他学生的教学实践，回国后出版了名为《一个教育实验》的小册子，介绍“马德拉斯制”的思想和方法。兰卡斯特19岁时在伦敦创办了一所招收平民儿童的学校，但随着学生数量的增多、经济能力有限，学校在扩大规模的过程中难以聘任更多的教师以便满足教育教学需求。为了解决这一难题，兰卡斯特从贝尔的小册子中汲取其观点，选择优秀儿童作为“导生”，来教其他儿童，从而减轻师资不足的压力。1803年兰卡斯特出版了《教育改进论》，宣传他的导生制，吸引了社会的注意。但是，导生制教学相对呆板、机械化，教学质量不高，1840年之后被正规的初等教育学校所替代。

3. 罗伯特·欧文(Robert Owen，1771—1858)

英国空想社会主义者、教育思想家和教育实验家。生于威尔士一个手工业者家庭，自学成才。著有《新社会观》(*A New View of Society*，1813)、《人类思想和实践中的革命》(*The Revolution in the Mind and Practice of the Human Race*，1849)、演说词《让更多的人获得幸福》(1817)等。

欧文是道德决定论的倡导者之一。他认为能够支配人类的只有两个本原，就是善和恶，社会制度只能依据其中一个本原。因此，欧文主张培养“一种人人赞许的从德、智、体、行的角度看来是善良的必要的性格”，将教育内容的要素概括为智、德、体、行几个方面。欧文1800年任新拉纳克(苏格兰)一家大纺织厂经理后，曾创办“新学园”，通过夜课制，对10—12岁男女少年进行与生产劳动(如纺织、缝纫)有关的普通文化和专门知识教育。他提出普及教育、按劳分配及教育与工厂制生产劳动相结合，培养全面发展新人的教育理想，举办了公共、免费和普及的幼儿教育和初等教育，在小学里开设了比当时英国小学更广泛的课程，如本族语、算术、地理、历史、自然等，取消宗教课。他十分重视劳动教育，把教育和生产劳动结合了起来，儿童根据年龄和体力要参加一些生产劳动，但禁止十岁以下儿童受雇做工，十岁以上儿童的劳动时间受严格限制。马克思认为欧文把教学与工厂中的生产劳动结合起来的实验有极大的意义，称之为“未来教育的幼芽”。

“9. 如果要消除这些祸害，并养成良好的习惯、培养有价值的知识和建立永久的幸福，那就必须把陷于贫困、邪恶、犯罪、苦难和不良习惯之中而又聚在一起的广大群众逐步加以隔离，分成若干可以管理的部分，分配到全国去。

10. 如果要改善低级阶层以至整个社会的状况，就绝对必须拟定办法使劳动阶级的子女受到良好的教育，以有利的方式雇用他们，并为他们提供一切生活必需品和有益的享用品。”

——欧文，《让更多的人获得幸福》

“教育人，就是要形成人的性格。”

——欧文，《人类思想和实践中的革命》

“必须拟定这些计划，使儿童从小的时候就养成各种良好的习惯(它们当然会防止他们养成说谎和骗人的习惯)。往后儿童必须受到合理的教育，他的劳动必须用在有益于社会的方面，这种习惯和教育将使他们深深地怀有积极热忱的愿望，要促使每一个人的幸福，不因教派、党派、国家或风土气候而有丝毫例外。”

——欧文，《新道德世界》

4. 约翰·亨利·纽曼(John Henry Newman，1801—1890)

19世纪英国著名的神学家、教育家，古典自由主义教育思想的代表，他的著作《大学的理想》(*The Ideal of University*)是世界高等教育史上一部经典著作，对大学教育的本质、目的、功能等进行了深刻阐释和论证。纽曼出生于伦敦一个银行家庭，7岁进入伊灵学校(Great Ealing School)学习，后进入牛津大学三一学院深造。纽曼是“牛津运动”(Oxford Movement)的主要领导者之一。他在1873

发表的演讲集《大学的理想》前九篇主要论述大学的教学，后十篇着重论述大学的学科，主张大学的主要任务在于培养智能，而非单纯传授知识。该书所提出的思想影响了牛津大学和剑桥大学的改革。纽曼认为，大学是一个传授普遍知识的场所，而所有知识构成一个整体，自由的知识或哲理是大学的教育目的。大学能够提供理想的学习环境，促进智力和社会格调的提升。

“大学是教授一般知识的场所。这意味着，它的目标，一方面是理性的，而非道德的；另一方面，是知识的扩散和蔓延，而非进步。如果它的目标是科学和哲学的发现，我不明白大学为什么拥有学生。如果它的目标是宗教训练，我不明白它如何能成为文化和科学的中心。”

“我们迫切需要的，不是绅士礼仪及习惯——这些可以而且正在通过其他的各种渠道习得，例如良好的社会环境、域外旅行、天主教思想固有的德行及尊严等等——**而是理智的力量、稳定性、综合性及多面性，是对自己能力的驾驭能力，是对出现在眼前的事情的恰如其分的本能判断力。”**

“当一大批具有青年所有的敏锐、心胸开阔、富有同情心、善于观察等特点的年轻人相聚在一起，自由地互相融合，毫无疑问，即使没有教师教他们，他们也肯定会互相取长补短、共同进步。每个人的谈话对其他人都是一系列的讲座，他们日复一日使自己具备全新的观点和看法，吸收新鲜的思想，养成判断事物和采取行动的种种不同准则。”

“虽然学生不可能攻读对他们开放的所有学科，但生活于代表整个知识领域的人中间，耳濡目染，受其熏陶，必将获益匪浅。我认为，这就是这个学习普遍知识的场所具有的优势。把这个场所当做是接受教育的殿堂，一大群学识渊博的人埋头于各自的学科，又互相竞争，通过熟悉的沟通渠道，为了达到理智上的和谐被召集起来，共同协调各自钻研的学科的要求和相互之间的关系。他们学会了互相尊重，互相磋商，互相帮助。这就造就了一种纯洁明净的思想氛围。学生也呼吸着这样的空气，尽管他本人只攻读众多学科中的少数几门。他得益于一种理智习惯，这种习惯不依赖于特定的教师，且能知道他选择学科并及时替他解释所选的学科。他领会知识的大框架，领会知识所基于的原理，领会知识各部分所涵盖的范围，其闪光之处和不为人注意的地方，以及它的重点和次要部分。要是换作另外的情况，他就无法领会这些。由此，**他所接受的教育被称为'自由教育'。一种以自由、公平、冷静、克制和智慧为特征的终生思维习惯得以形成。"**

——纽曼，《大学的理想》

5. 托马斯·亨利·赫胥黎(Thomas Henry Huxley，1825—1895)

英国博物学家、教育家，达尔文进化论的忠实捍卫者。出生于伦敦西部伊灵学校数学教师家庭，17岁时开始在查灵十字医院(Charing Cross Hospital)接受正规的医学教育，20岁时在伦敦大学通过了医学士考试。赫胥黎一生的著述颇多，在比较解剖学、海洋生物学、人类形态学和古生物学等方面贡献突出。同时，作为一位教育家，赫胥黎深刻影响了19世纪下半叶的英国教育改革。作为伦敦教育委员会的首届委员，推动了1870年初等教育法的通过，促进英国初等教育体制、公学、大学教育的改革。他批判传统的古典教育，认为它华而不实，极少考虑一个人的实际升学需要，也不能使一个人做好参与实际生活的准备。在此基础之上，赫胥黎积极提倡科学教育，赋予自由教育以新的思想内涵，培养在知、情、意和德、智、体等方面均有良好发展的人。赫胥黎提倡的自由教育是全面和谐的教育，内容广泛，既包括古典的人文教育，又包括科学教育和审美教育。关于学校教育，他指出自然科学的课程和人文学科要保持平衡，忽视任何方面都是狭隘、有害的。于是，赫胥黎提出小学教育的课程应分为体育、家政、德育、智育四大类。这一思想反映在其著作《科学与教育》(*Science and Education*)中。他还著有《人类在自然界的位置》(*Man's Place in Nature*)、《进化论和伦理学》(*Evolution and Ethics*，其中一部分被严复翻译为中文，集成《天演论》，使得"物竞天择，适者生存"为中华大地所知晓)等。

"我们通常所说的教育(因为在这种教育中有人进行干预，我就称它为人为的教育以示区别)的目的，就是弥补自然方法的不足；使得儿童有准备地去接受自然的教育，既不会无能又不会无知，也不会故意渎法；并且了解自然界惩罚的各种先兆，而不用等着挨打。总之，一切人为的教育都应当成为自然的教育所期待的那样。而**自由教育就是一种人为的教育，它不仅仅训练一个人去避免不服从自然法则而带来的巨大不幸，而且训练他去正确**

评价和占有所得到的各种奖赏；自然界用自由的手散布这些奖赏，就如同散布她的各种惩罚一样。”

“没有一种教育制度是固定不变的，但应当承认那个真理，即**教育具有两个重要的目的，其他一切都必须服从它们。其中一个目的是增长知识；另一个目的是养成热爱真理和憎恨谬误的习惯。”**

“我认为，教育的全部目的就是，首先用这样的一种方法去培养青年的各种能力，使这一代人具有得到幸福和利益的最好机会；其次给他们提供人类大量有价值的经验，即我们称之为各种知识中的那些最重要部分。我们是在尽可能广泛的意义上使用‘知识’这个术语的；问题在于选择什么科目进行训练，才能最好地达到我刚才所规定的那个目的。”

——赫胥黎，《科学与教育》

6. 赫伯特·斯宾塞（Herbert Spencer，1820—1903）

英国近代哲学家、社会学家、教育理论家。生于教师家庭，上过三年小学，后自学成材。著有《综合哲学体系》《科学的起源》《社会学研究》《教育论》等。《教育论》(*Education: Intellectual, Moral and Physical*)由《什么知识最有价值》、《智育》(*Intellectual education*)、《德育》(*Moral education*)和《体育》(*Physical education*)四篇文章集成。斯宾塞的教育思想以进化论为理论基础，他认为，生活的理想乃是个性化；同时，他还继承了英国激进主义和个人主义思想的传统，反映19世纪英国资产阶级的教育需求。斯宾塞对教育目的、任务、内容、原则和方法等均有论述。他认为，教育的宗旨在于为完满的生活作准备；人的心灵出生时一无所有，建设它的原料是作为经验产物的各种观念；教育的任务在于向学生提示反映外界事物的内容，以产生观念、充实心灵；应重视课程、教材的具体内容及其实用价值。他认为教育在本质上是个人的事情，政府的任何干预、控制有害无益。

“怎样生活？这是我们的主要问题。不只是单纯从物质意义上，而是从最广泛的意义上来看怎样生活。概括一切特殊问题的普遍问题，是在各方面、各种情况下正确地指导行为使之合乎准则。怎样对待身体，怎样培养心智，怎样处理我们的事务，怎样带好儿女，怎样做一个公民，怎样利用自然界所供给的资源增进人类幸福。总之,怎样运用我们的一切能力使对己对人最为有益。怎样去完满地生活?这既是我们需要学的大事,当然也就是教育中应当教的大事。为我们的完满生活作准备是教育应尽的职责;而评判一门教学科目的唯一合理办法就是看它对这个职责尽到什么程度。”

“只是去揣度这种那种知识在将来生活会有用,或是这种知识比那种知识更有实际价值一定还不够;我们必须找到某些办法来估计它们各自的价值,使我们尽可能明确地知道哪些最值得注意。”……“这个任务无疑是艰巨的,或许永远只能得到一个大概的成就。”……“我们的第一步显然应当是按照重要的程度把人类生活的几种主要活动加以分类。它们可以自然地排列成为:①直接保全自己的活动;②从获得生活必需品而间接保全自己的活动;③抚养教育子女的活动;④与维持正常社会政治关系有关的活动;⑤在生活中的闲暇时间满足爱好和感情的各种活动。”

——斯宾塞,《教育论》

7. 弗朗西斯·培根(Francis Bacon,1561—1626)

英国人文主义者、政治家、作家和唯物主义哲学家,被马克思称为“英国唯物主义和整个现代实验科学的真正始祖”。生于贵族家庭,毕业于剑桥大学,早年从政,晚年脱离政坛,专门从事科学和哲学研究,著有《新工具论》《新大西岛》《崇学论》《培根论说文集》等。他认为,知识是认识与驾驭自然、改革社会的力量,也是形成完善人格的重要工具,提出“知识就是力量”的口号。他提倡科学、推崇知识、提出科学归纳法,对近代教育产生深远影响。在教育教学方面,他主张“性善”在德性及精神的品格中最为伟大,培养善行是德育的主要任务;善的培养要与知识相结合,对知识的追求有助于培养人们高尚的道德品质。在教学方面,培根主张根据不同的教学内容调整讲授的方法,推崇启发式教学。

“读书足以怡情,足以傅彩,足以长才。其怡情也,最见于独处幽居之时;其傅彩也,最见于高谈阔论之中;其长才也,最见于处世判事之际。”

“读书使人充实,讨论使人机智,笔记使人准确。因此不常做笔记者须记忆力特强,不常讨论者须天生聪颖,不常读书者须欺世有术,始能无知而显有知。读史使人明智,读诗使人灵秀,数学使人周密,科学使人深刻,伦理学使人庄重,逻辑修辞之学使人善辩;凡有所学,皆成性格。”

——培根,《论读书》(王佐良译)

“如果我们要把知识当作一条线,传授给人让人继续纺线,那么顶好是按照发明时的方法,把知识传递出来。由归纳所得的知识,确系可以如此传授的。不过说到现在科学中哪些事先悬想的知识,人们对于自己所得的知识都是没名其妙从何得来的。不过人们或多或少,总可以反省出,追忆出自己知识同信仰的基础来;因此他可以把这种知识,按照在他心目中的生长方法,移植在别人心中。”

——培根,《崇学论》

8. 托马斯·沛西·能(Thomas Percy Nunn, 1870—1944)

英国教育家、哲学家和科学家,是英国进步主义教育运动的理论代表。生于教师家庭,一生从事教育工作,著有《教育原理》(*Education: Its Data and First Principles*)、《代数教学法》等。《教育原理》一书在综合前人教育理论和实践的基础上,提出了关于教育理论和实践的各方面进行的论述,例如教育目的、生活与个性、心理测量等。他既有教育实践的经验,又具备教育理论研究的能力,在担任伦敦大学教育学院首任院长之前,曾经是中学教师。在伦敦大学,他主讲教育原理和中学数理教学法等课程,提出教育生物学化的观点,主张教育是一个生物学过程,认为教育源于生物的冲动。他的教育思想对20世纪上半叶的英国教育理论和实践影响深刻。

“如果教育的目的要包括每一个生活理想的主张,那就不能有一个普遍的教育目的,因为有多少人就有多少个生活理想。教育上的一切努力,似乎必须限于为每个人获得使个性得以最圆满地发展的条件——换言之,限于使他对富于变化的整个人类生活,作出本性所许可的尽可能充分而又确具特色的创造性贡献;至于这种贡献所取的形式,则必须由各人自身中和通过生活自己去创造。”

“一个明显的结论是,要是教师之间缺乏共同的情感,没有一个学校集体的情况会是健康的。要有共同的情感,一个教师,必须在他成人的精神中,保持着对年轻人的爱好和热情的纯真的同情心。假装有同情心是不够的；因为没有一种弱点会比情感的不真诚更加会被发觉，并且没有一种东西会那样肯定地导致不信任和嫌恶。一个人无论他怎样忠心耿耿于教育事业，要是他发现自然不给他这种永远年轻的天才，就应该把他的劳动转移到葡萄园的另一个角落。”

——沛西·能，《教育原理》

9. 艾尔弗雷德·诺思·怀特海(Alfred North Whitehead，1861—1947)

英国数学家、教育家和哲学家，毕业于剑桥大学三一学院，曾在英国和美国的大学任教，著有《教育的目的》《科学与近代世界》《过程与实在》《数学原理》(与伯特兰·罗素合著)等。怀特海将教育目的划分为三个层次，即教育要教授人们去认识思想；教育要把知识和生活紧密联系起来；教育要培养一种审美的能力。他认为教育是一门教人们掌握如何运用知识的艺术，反对向学生灌输知识，提倡鼓励和指导学生独立发展；提出按照儿童智力发展的阶段性特点实施适当的教育。他提出“知识的真正价值不在于继承，而在于发展和创新”。

“教育所要传授的是对思想的力量、思想的美、思想的条理的一种深刻的认识，以及一种特殊的知识，这种知识与知识掌握者的生活有着特殊的关系。”“最后，应该培养所有精神活动特质中最朴素简约的特质，我指的是对风格的鉴赏。”

“教育需要解决的问题就是使学生通过树木看见森林。我极力主张的解决方法是，要根除各科目之间那种致命的分离状态，因为它扼杀了现代课程的生命力。教育只有一个主题，那就是五彩缤纷的生活。”

——怀特海，《教育的目的》

“教育中自由与纪律的对立，并不像我们对这两个词的意思进行逻辑分析时所看到的那么明显。儿童的大脑是一个不断发育的有机体。一方面，它并不是一个要被人无情地塞满各种陌生思想的匣子；另一方面，用有序的方式掌握的知识，对正在发育的大脑来说则是天然的食品。因此，一种设计完美的教育，其目的应该是使纪律成为自由选择的自发的结果，而自由则应该因为纪律而得到丰富的机会。”

——怀特海，《教育的目的》

“记住我刚刚说过的话，实际上，你们是在自己教育自己。你们不是一块块供聪明的教师捏成文化人的胶泥。你们自己的努力，只有你们自己的努力才是最最重要的。因此，说一千，道一万，对那些值得做和值得想的事情，你们还是要做到：一要培养兴趣，二要视为享受。你们的学习生活或者会苦不堪言，或者会其乐无穷，这就看你们怎样对待它了。”

——怀特海，《教育与自我教育》

10. 伯特兰・罗素(Bertrand Russell, 1872—1970)

英国20世纪哲学家、数学家和教育家。毕业于剑桥大学，先后在剑桥大学和美国芝加哥大学等学校任教，著作50余部，教育方面的有《教育与美好生活》《教育与社会秩序》《社会改造原理》《论教育：特别是有耳教育》等。罗素不但在数学和数理逻辑研究方面颇有建树，还在1950年获得了诺贝尔文学奖。在教育方面，罗素主张“自由教育”“爱的教育”和发展个人主义。他在《教育和美好生活》，强调教育应使学生的头脑充满可直接运用于实际的知识，使学生获得有益的精神财富；应培养优秀男女必备的共有品质——活力、勇气、敏感、智慧。为实践其教育主张，罗素开办了皮肯希尔学校(1927—1935)，但是由于过于强调自由，出现了放任自流的倾向。在批判传统教育弊端的基础上，罗素勾勒出理想品格和理想教育，认为理想品格应该包括活泼、勇敢、敏感和智慧，而教育的基本目的是发展人的品格，要以儿童为中心，尊重儿童本能和需要。

“必须进行足够的教学，但绝不能产生过度教育的弊端，这就要做三件事。首先，在获得知识时，必须尽可能不要情绪紧张，这就要求对考试和奖学金制度，以及处处都允许把比较聪明的学生进行分班的制度进行大的变革。……第二件事是大幅度排除毫无效果的教学。……第三件事是，所有大学的教学应以讲授探究的精神和技术为目的，而不以传授学问的正确答案为目的。”

——罗素，《教育上的竞争》

“教育在于培养本能，而不是压制本能。人的本能是异常模糊的，可以用很多方法予以满足。其中大部分为了获得满足，需要某种技能。”

“毫无疑问，‘智力’一词的本来意义与其说是指已经获得的知识，不如说是指求知的能力；但我并不认为这种能力只有通过练习才能获得，和一位钢琴家或一位杂技演员获取特殊能力的途径毫无区别。自然，仅传授知识而不训练智力是可能的；这不仅可能，而且是件既容易又时常在做的事情。但是，我不相信不传授知识或至少不获得知识而能训练智力是可能的。缺少智力，我们复杂的现代世界就将不复存在，进步更无从谈起。因此，我视智力培养为教育的主要目的之一。”

——罗素，《教育与美好生活》

三、英国教育法律体系简介

早期英国法律主要采取判例法的形式，在此基础之上逐渐发展成以英美两国为代表的英美法系。在这种法律体系框架下，在未有教育相关判例之前，教育立法问题实际上处于边缘地位。第二次世界大战后，在各国不断加紧教育改革的浪潮推动下，英国开始重视教育立法，因此影响了英国教育发展的总体走向。当前，英国不同地区存在多种法系，英格兰、威尔士和北爱尔兰地区的法律以普通法为基础，苏格兰的法律则是基于民法原则的多元体系。因此，此处主要以英格兰为例进行说明。

英国近现代教育法制建设大致经历三个阶段，即1899年之前以初等教育为立法重心的阶段、1899—1960年以中等教育为立法重心的阶段、1960年至今以高等教育为立法重心的阶段。教育法制在每个阶段的发展都与当时的教育发展相得益彰。

英国教育立法主要包含两个方面的内容，一是指国家立法机关颁布的教育法，以及作为教育法补充的政府教育通告、备忘录和教育主管部门制定的教育规章；二是指法院就如何具体适用教育法或受理教育诉讼案所作的具有先例拘束力的判决。英国颁布的教育法律法规可以归纳为八类：①关于各级教育行政机构的设置；②关于法定教育体制和义务教育制度的规定；③关于中央和地方政府资助教育的事项；④有关奖学金的规定；⑤有关成人教育和离校学生继续教育的规定；⑥对残疾儿童进行教育的规定；⑦有关教师的工作薪酬；⑧关于学校的牛奶、肉食等供应和学校设备安全的规定。[1]

---

〔1〕 徐静琳.英国教育立法初探[J].上海大学学报(社会科学版),1987(1):106-109.

英国现行的教育法律法规主要有《1944 年教育法》《1988 年教育改革法》《1992 年继续教育与高等教育法》《2006 年教育与督导法》《教育管理条例》等。下文将分两个层面进行简要介绍，一是英国全国通用的法律(1—4)，二是公布实施的法规和细则(5)。通常，教育法规和细则是与教育法令相配套。

《1944 年教育法》(*Education Act 1944*)：又称为《巴特勒法案》，是第二次世界大战后英国颁行的第一部教育法案，奠定了英国战后现代教育制度的基础，对英国现代教育的发展具有里程碑式的意义。该法由中央行政、法定教育体系、独立学校、总论及补充条款等五部分组成，共 122 条，主要涉及以下几个方面的内容。第一，该法对英国当时的教育管理系统进行了大刀阔斧的调整，重新划定了中央政府和地方教育当局的职权，在中央层面建立教育部和中央级咨询文委员会，改组地方教育当局使其教育管辖权有所增大。第二，变革教育体系，使中等教育、继续教育与初等教育相衔接，延长义务教育年龄至 15 岁，试行免费义务教育。第三，调整拨款公式，提高中央政府对教育的投入比重，提高学校福利设施、改善学生福利。在实施过程中，英国政府不断根据时代的需求和教育发展状况等对该法进行修正，尽管 1996 年的撤销了《1944 年教育法》的多条内容，但通过几十年的实施，该法的基本条款内容已经内化到英国教育体系之中，依然是影响当前英国教育体系的重要法律。

《1988 年教育改革法》(*the Education Reform Act 1988*)：是英国继《1944 年教育法》之后，对英国教育发展影响最大的法令，推动英国教育走向市场化发展的道路。该法全面反映了以撒切尔夫人为首的保守党政府的教育政策，推动英国基础教育在提高质量的努力方面进入一个新阶段。[1] 该法由中小学、高等与继续教育、内伦敦地区教育、其他与总论四部分构成，共 238 条，其中中小学部分的内容 119 条，占法令篇幅的一半，说明《1988 年教育改革法》的核心在基础教育。中小学部分主要涉及四个方面的内容：第一，实施全国统一的国家课程，统一规定教学科目、目标与内容；第二，结合国家课程的实施，实行全国成绩评定

---

〔1〕 王璐. 重在提高基础教育质量——英国《1988 教育改革法》评介[J]. 外国教育动态，1990(5)：10-14.

制度,弱化考试的选拔功能;第三,改革地方与学校管理体制,扩大学校和校长的办学经费使用权和教师管理权;第四,设立新型中等学校——城市技术学院,以回应市场需求。

《1992 年继续教育与高等教育法》(*Further and Higher Education Act 1992*): 是影响英国高等教育发展的重要法令,其出台直接导致英国 38 所多科技术学院升格为大学,以及全国统一的高等教育拨款机构 HEFCE 和 FEFC 的设立,并使继续教育学院脱离地方政府控制。它以法律形式确立经费与质量的挂钩,设立专门的高等教育质量保障局,全面负责高等教育质量评估工作。该法结束了长期以来英国高等教育领域大学与非大学的二元格局,为 20 世纪 90 年代以来的高等教育改革奠定了政策基础。

《1992 年(学校)教育法》[*Education(Schools) Act 1992*]: 该法的出台标志着女王督学时代的结束与教育标准局时代的开启。该法明确规定所有公里学校要定期接受督导,同时对实施教育督导的机构、督导过程等做出明确规定。在该法的基础上,20 世纪 90 年代以来,英国教育督导相关的法律不断更新。1996 年制定出台了《1996 年学校督导法》(*School Inspections Act* 1996),赋予地方教育当局督导本地区的权力;1998 年出台《1998 年学校标准与框架法案》(*School Standards and Framework Act* 1998),规定了教育督导的管理方法、实施细则、评估结果的应用及评估质量监控等问题,推进英国教育督导的完善;2006 年出台《2006 年教育与督导法》(*Education and Inspections Act* 2006),赋予学校更大的自由,以及教师适当惩戒学生的权力等。与英国基础教育改革的走向一致,教育督导制度在《1992 年(学校)教育法》的基础上,不断补充和完善,开始关注学校层面的成功。

《教育管理条例》(*the Education Regulations*): 是辅助教育法具体实施的政策工具之一,根据各个时期的法律变化情况分领域进行具体规定。因此,英国的《教育管理条例》并不是一个政策文本,而是多领域管理条例的集合。《教育管理条例》自 1980 年开始颁布,覆盖学校设置与管理、教师工资与待遇、学生管理与福利、招生与收费、学校评价等学校教育的方方面面。

后记

本书是近三年来笔者学习和研究英国基础教育的初步成果。从着手准备到最终成稿,笔者投入了大量的时间和精力,也获得了对英国基础教育更为深刻和全面的认识。本书使用了大量的一手数据和资料,着眼于当下英国基础教育改革的最新动态,力图为读者呈现一个全景式画面。

本书付梓之际,感激之情油然而生。首先我要感谢中国教育科学研究院国际比较教育研究中心,让我有机会参与丛书的写作,不仅激励我不断学习也让我有机会打开另一扇窗。还要由衷地感谢朱维炳先生,在本书的写作过程中,提出了许多宝贵意见。最后要感谢我的家人,始终给与我无私的关爱,爱人王晓东的鼓励和支持是我坚持完成本书的强大后盾。

感激之余,限于笔者水平有限,更多的是忐忑不安。作为比较教育专业出身的笔者,借助语言优势主要关注日本和英语国家,在教育研究的道路上刚刚启程。由于自身学术水平和文献资料的局限,书中一定存在不少疏漏谬误之处,恳请学界前辈、同仁和广大读者批评指正。

李建民

2015 年 7 月